K리그 구단 경영, 어떻게 하지?

김기호 지음

K리그 구단 경영, 어떻게 하지?

초판 1쇄 발행 _ 2019년 11월 11일
지은이 _ 김기호
펴낸이 _ 김명석
편집인 _ 김소율
마케팅 _ 김미영
제작인쇄 _ 정문사
펴낸곳 _ 도서출판 엘티에스 출판부 "사람들"
등 록 _ 제2011-78호
주 소 _ 서울시 관악구 신림동 103-117번지 5F
전 화 _ 02-587-8607
팩 스 _ 02-876-8607
블로그 _ http : //blog.daum.net/ltslaw
이메일 _ ltslaw@hanmail.net

* 이 책의 판권은 지은이와
　도서출판 엘티에스 출판부 "사람들"에 있습니다.
　양측의 서면 동의 없는 무단전재 및 복제를 금합니다.
* 저자와의 협의 하에 인지는 생략합니다.

ⓒ 2019
ISBN 979-11-6081-009-7 13690
정가 14,000원

추천의 글

김기호 선생님의 책을 본 혹자는 이렇게 말하곤 한다. "현실적으로 실현되기 어려운 사안들이다." "뜬구름 잡는 소리다." "열정은 인정하는데, 혼자 다른 세상을 사는 것 같다." "이렇게 목소리를 내봤자 아무 소용없다." "김기호 씨가 누군데 이런 말을 하는 건가?"

과연 그럴까?

이런 말들은 김기호 선생님 글의 요지를 제대로 파악하지 못했기 때문에 나오는 거라고 생각한다. 김기호 선생님의 글은 '이상'보다는 오히려 상당히 '이성'적이다. 그리고 그 현실에 대한 냉철한 통찰을 바탕으로 본인만의 아이디어를 더하며 새로운 방향성을 제시한다. 이게 김기호 선생님의 글에서 나타나는 큰 특징 중 하나다. 국내 축구계 현안을 있는 그대로 꿰뚫어보고, 그 본질을 정확히 조명한 후에 대안을 내놓는데 그 대안들이 원론적인 부분에서 출발하기 때문에 전혀 거창하지 않다.

김기호 선생님의 제안들이 대단하고 혁신적이다? 아니다. 적어도 나는 전혀 그렇게 생각하지 않는다. 오히려 혁신적이고 독창적인 아이디어는 연맹에서 간간이 실시하는 아이디어 공모전에서 자주 나온다. 하지만 대부분은 한국 축구를 바라보는 통찰력이 떨어진다. 재미있고 신박하지만 현실 반영이 덜 되어 있기 때문에 실현될 가능성이 떨어진다는 것이다. 아무래도 공모전 등에 참여하는 사람들은 현장에 있는 축구인들이 아니고, 김기호 선생님처럼 대한민국 축구를 사랑하는 마음 하나로 축구 현장을 오랜 기간 동안 연구해 오신 열정 가득한 분들도 아니기 때문에 어찌 보면 당연한 것일지도 모른다.

한국 축구가 진정으로 발전하려면 공모전 등에서 나오는 현상을 반영한 아이디어를 실행하기 이전에, 내부에 깊숙하게 뿌리박혀 있는 곪은 사안들을 조명하고 덜어내는 작업이 선행되어야 한다. 그러기 위해서는 축구 현장에 있는 축구인들이 발 벗고 나서야 한다. 하지만 구조상 그걸 기대하기는 힘든 실정이다. 현재 우리나라 축구계에 형성되어 있는 시스템은 소위 말하는 축구계 기득권층의 편의에 맞춰 갖추어진 것이다. 그리고 이것은 별다른 수정 없이 대물림되는 과정에서 병폐로 굳어졌다.

하지만 현 시스템을 부정하면 축구계 기득권층이 그간 지켜온 모든 것들이 박살난다. 현 시스템의 잘못된 점을 지적하는 바른 말들이 먹히지 않는 가장 큰 이유다. 즉 원론과 상식이 이상이 되고 곪은 병폐가 곧 현실이 되는 것이 바로 현 축구계다. 그래서 김기호 선생님 같은 축구계 이단아(?)가 내뱉는 바른 목소리는 뜬구름 잡는 소리라며 묵살된다. 축구를 사랑하는 젊은 인재들이 푸른 꿈을 안고 각종 관련 기관에 들어가지만 곧 그곳의 병폐를 실감하며 도망을 친다. 심지어 목소리를 내는 사람들은 소위 말하는 '나댄다' 는 이유로 배척된다.

현실이 이러하다 보니 목소리 내는 걸 포기하는 축구인들이 대다수다. 대부분 그저 그러려니 하고 받아들인다. 심지어 병폐를 이해하려 드는 분들도 있다. 어찌 보면 이런 현실에서 바른 목소리를 내고 그걸 토대로 새로운 아이디어를 내는 것은 무모한 짓인지도 모른다. 추천의 글 첫 문단에서 언급된 말들은 김기호 선생님의 생각 자체가 '뜬구름' 잡는 게 아니라 바른 말 자체가 먹히지 않는 현실을 꼬집는 말일지도 모른다.

그럼에도 불구하고 김기호 선생님은 계속 정진하고 있다. 본인의 아이디어가 전혀 반영이 되지 않더라도, 한국 축구 발전을 위해 끊임없이 바른 목소리를 내고자 노력하고 있다. 바른 목소리는 쓰고, 쓴 소리는 들으려는 시늉조차 하지 않는 축구계를 향해 목이 터져라 외치고 있다.

어찌 보면 우리가 김기호 선생님의 글에서 주목해야 할 것은 그 글 속의 내용이 아닐지도 모른다. 물론 내용 자체를 정독하는 것 역시 중요하겠지만, 더 중요한 것은 축구계를 향해 바른 목소리를 내고자 하는 용기와 의지, 한국 축구를 진정으로 사랑하는 마음이라고 생각한다. 많은 축구인 분들이 이런 부분을 충분히 느끼셨으면 한다. 그리고 용기를 내는 법을 배웠으면 한다. 김기호 선생님처럼 냉정하고 단호하게 바른 목소리를 낼 수 있는 축구인들이 많아졌으면 하는 바람이다.

축구 칼럼니스트
이 수 열

저자 서문

K리그 구단 경영, 어떻게 하지?

누구나 알고 있듯이 여러 가지 요인으로 한국경제는 점점 어려워지고 있다. 알토란같은 기업이 해외로 떠나고 있다. 국내 취업자 수는 그만큼 영구히 사라지고 관련 업체도 타격이 크다. 2~3년 일감이 있어도 공장을 매물로 내놓은 기업주가 한 둘이 아니다. 부도와 파산으로 문을 닫은 공장이 즐비하다. 기업 환경이 그만큼 나빠졌다는 이야기다. 여기저기서 경보음이 들려오고 있다. 슈퍼 리치들이 미국 호주 캐나다 싱가포르 등으로 빠져 나가고 있다. 이런 일들이 예년에 비해 가파르게 증가하고 있으니 문제가 아닐 수 없다. 자영업자들의 아우성이 전국에 가득하다. 중산층이 저소득층으로 이동하고 있다. 세계 경제는 위축기에 들어갔고 한국 경제는 극심한 침체기로 몸살을 앓고 있다. 스마트폰 반도체 생활가전 2차 전지 등 몇몇 분야에 압도적으로 의존하는 수출도 불안감을 부추기고 있다. 여기에다 미 중 무역 분쟁과 일본의 수출 규제는 예측하기 어려운 경제 상황으로 몰아가고 있다.

이런 상황에서 한국축구가 해마다 100조 원 이상 벌어들인다면 한국경제에 획기적으로 공헌할 것이다. 함께 힘 모아 이런 일을 할 것을 제안한다. 가능하다고 확신한다. 누구는 허황된 생각이라 할 것이다. 그런 사람들은 시도조차 하지 않을 것이고, 그 어떤 성과도 발생하지 않는다. 자연의 법칙과 달리 인간 세상에서는 하는 만큼 이루어지지 않는가. 브라질은 해마다 600~1,000명 이상의 프로 축구선수를 해외로 진출시킨다. 이와 함께 여러 축구산업으로 매년 90조 원 이상을 벌어들인다. 이제 한국 축구는 관점을 전환해야 한다. 이런 생각을 해본 적도 없고, 그 어떤 시도도 없었다. 크고 가치 있으며 대담한 목표를 세우고, 기어코 성취해야 한다. 최고 최선의 방안을 찾아내어 실행에 전력투구하면 기적이 일어난다.

2019년 K리그가 약진하고 있다. 2018년과는 확실히 다른 모습이다. 잘하고 있다. 2018년 러시아 월드컵에서의 독일전 승리와 아시안게임 우승 후광도 컸다. U-20 월드컵(폴란드) 2위 성적도 K리그 흥행에 큰 도움이 되고 있다. '어떻게 하면 K리그를 더 성장시킬 수 있을까?' 라는 과제를 달성하기 위해 한국프로축구연맹(이하 프로연맹)이 부지런히 일하고 있다. 그 성과인지 올해 2019년은 지난 해와는 다른 바람직한 소식들이 들려오고 있다. 무엇보다 반가운 건 관중 증가다. 대구 FC의 전용경기장 건립과 만원 관중, 최초의 경기장 명칭 사용권 판매는 신선하고 고무적이다. 경기 중계도 늘어났고, 팬들의 미디어 접근도 증가했다. 이 외에도 여럿 있다. 이 흐름을 증폭 확산시켜 하루 속히 세계적인 리그로 정착해야 한다.

프로연맹은 많은 일을 하고 있다. 하지만 아쉬움도 여전하다. K리그는 구단 사무국의 혁신 역량, 계속되는 적자경영 탈피, 메이저 스폰서 유치, 경기력 배가, 혁신적인 마케팅, 현저하게 탁월한 유스 육성 등 핵심적인 여러 분야에서 여전히 세계 경쟁력이 많이 부족하다. K리그의 전략사령부인 프로연맹의 정책이 22개 프로구단에 얼마나 침투되어 실행되고 있는지도 궁금하다. K리그는 37번의 리그를 치르고 있지만 이렇다 할 획기적인 발전이 있었는가? 22개 프로구단은 '실패 시스템'으로 적자 행진을 계속해 왔다. 올해는 이런 악순환의 고리를 단번에 끊어버리고 '성공 시스템'을 만들 수 있는 절호의 기회로 만들 수 있을까? 뛰어난 제품과 서비스를 지속적으로 생산해낼 수 있는 시스템과 매뉴얼이 시급하다.

U20 대표팀 미디어데이 행사(2019. 5. 2, 파주 NFC)에서 이강인은 "목표는 우승이다. 조별리그는 어떻게든 통과하면 된다. 그 뒤에 계속 이기면서 올라가서 우승하고 싶다."라고 말했다. 2019 U-20 월드컵 우승? 호연지기에 박수를 보낸다. FIFA 주관 대회에 출전하면서 이렇게 말한 선수가 그전에 한 명이라도 있었던가? 이렇게 말한 감독 코치를 본 적이 있었던가? 이런 말을 하는 선수 감독 코치가 마구 마구 등장하기를 학수고대하고 있다. 인류 역사에서 꿈같은 말을 한 사람이 꿈같은 일을 이루었다. 결승에 올랐고 2위를 성취했다. 세네갈과의 연장전 없이 최고의 컨디션으로 결승전을 치렀다면 우승도 가능하지 않았을까? "생각의 크기가 성공의 크기다", "크게 생각할수록 크게 이룬다"라는 말이 저절로 떠오르지 않는가?

자연의 법칙과 인간의 법칙은 다르다. 가을 겨울이면 피었다 이우는 상원산 산구절초, 해마다 봄이 오면 가득히 돋아나는 눈록색 나뭇잎. 이처럼 자연의 법칙은 인간의 노력과 의도와는 관계없이 주어진 속성대로 발현하는 '저절로 법칙'이다. 그러나 인간의 법칙은 이와 다르다. 철저하게 하는 만큼만 변화가 일어난다. K리그도 마찬가지다. 라이트 형제가 비행기를 만들겠다고 했을 때 세상 사람들이 보인 반응이 어땠는가? "미쳤다", "어처구니없다"였다. 공기보다 무거운 물체가 날 수 없다고 생각했기 때문이다. 그들은 온갖 새들이 허공을 비행하는 걸 한 번도 보지 못했단 말인가? 지금은 우주왕복선이 오가는 시대이고, 그 시작은 라이트 형제의 창발력이었다. 1900년 하베이 화이어 스톤(Harvey Firestone)은 안에 공기가 들어가는 타이어를 만들겠다고 사람들에게 말했을 때 즉시 미친 사람 취급을 받았다.

이처럼 많은 사람들이 자신의 눈높이로 생각하고 판단한다. 자기 자신이 못하니 안 되고 불가능한 일이라고 규정해버린다. 이 책 내용에 대해서도 이렇게 생각하는 K리그 관계자들이 있을지도 모르겠다. 뇌과학에서는, 뇌는 새로운 것에 대해 거부 반응을 보인다고 한다. 불편하고 적응하는데 힘이 들기 때문이다. 사람들이 혁신을 배격하고 저항하며 파괴하려고 하는 것도 이와 같다. 그러나 변화를 거부할 수 없다. 어느 분야나 끊임없는 경쟁 속에서 생존을 위협받고 있고, K리그 역시 그러하다. 프로야구 영화 게임 프로농구 휴대폰 등 여러 분야가 이미 K리그를 능가하고 있다. K리그 팬들을 이탈시키는 분야가 속속 등장하고 있는 현실이다. 갈대처럼 흔들리는 팬들은 더 매력적인 세계로 빠져나간다. 변화하지 않으면 변화당한다. 가장 탁월한 변화는 선제적으로 변화를 만들어내는 것이다. 구조가 결과를 결정한다. 지금의 K리그는 세계 경쟁력을 만들어낼 수 없는 구조다. K리그 종사자들에게 기업가정신이 시급하고도 절실하게 요구되고 있다. 비전기업은 어떻게 성공했는가? K리그는 지금의 방법을 계속 고수해야 하는가?

이 책에서 크게 17 분야를 제안하고 있다. 이전에 거론된 분야도 있고, 새롭게 제시하는 분야도 있다.
여기서 주목해야 할 점이 있다. 17개 분야 하나같이 세계 최고를 목표로 하여 반드시 성취하자고 부추기고 있다. 동종업계 세계 1위 기업인 비전기업은 모두 크고 가치 있으며 대담한 목표를 가지고 있다. 조그마한 목표는 조그마한 성과를, 평범한 목표는 평범한 성과만을 낼 수 있을 뿐이다. 대한축구협회와 산하 8개 연맹, 각급 국가대표팀, K리그 프로구단 그리고 협회에 등록된 모든 팀이 세계 수준에 뒤져 있는 가장 큰 원인 중의 하나가 세계 최고 수준의 목표를 가지지 않았기 때문이다. 한 번이라도 그런 목표를 세운 적이 있었던가? 프로연맹과 K리그

22개 구단의 발전이 정체되어 있는 가장 큰 원인 중의 하나가 목표가 조그마하다는 것이다. 조그마한 목표로는 큰 성취를 결코 이룰 수 없다. 생각을 크기를 무한정 키워야 한다.

K리그를 프리미어리그를 능가하는 세계 1위 리그로 만들겠다, 대한축구협회 행정을 세계 으뜸으로 세우겠다. 해마다 월드 클래스 선수를 1명 이상 배출하겠다(감독 코치), 메시 호날두를 넘어 월드 클래스 중 첫째가 되겠다(선수). 한국을 선수 대비 세계 1위의 프로선수 수출 국가로 만들겠다, 세계의 선수와 감독 코치, 축구행정가 등이 한국으로 유학 오도록 만들겠다, 이런 이야기를 한 번이라도 들은 적이 있는가? 그런데 이런 말들이 일상적으로 오가는 한국 축구계가 되어야 하나 현실은 그 누구도 이런 말을 하지 않는다. 말로 하면 두 배의 힘을 얻게 되고, 글로 쓰면 열 배의 힘을 얻게 된다.

프로연맹이 K리그 유스 비율이 31%로 스페인(23.7%) 프랑스(19.4% 이상 2016년 기준)보다 높다고 발표했다. 양에서는 그렇다. 나쁘지 않다. 그러나 질에서는 아예 세계 무대와는 비교 자체가 되지 않는다. 1983년 5월 8일 K리그 출범 이후 이적료 신기록은 김기희 선수의 540만 유로(70억 원)이고 2위는 김신욱(535만 유로) 선수다. 이들은 유스 출신이 아니라 일반고를 졸업했다.
2019년 6월, 주앙 펠릭스(19세, 벤피카 리스본)가 스페인 아틀레티코 마드리드로 이적했다. 이적료는 1억 2,600만 유로(1,656억 원)였다. 대한축구협회의 1년 예산을 훌쩍 뛰어넘는, 2년 예산에 육박하는 금액이다. 잘 알려진 그대로, 킬리안 음바페(당시 18세)의 이적료는 2,400억 원이었다. 래시포드(1,176억 원) 제수스(1,160억 원) 등 10대 유망주에게 1,000억 원 이상의 몸값이 매겨지는 시대가 왔다.

그러나 이 같은 뉴스는 한국 축구계에는 그림의 떡이다. 2019년 7월, 2019 FIFA U-20 월드컵 준우승의 주역 수비수 이재익(20, 강원 FC)이 카타르의 알 라얀으로 이적했다. 강원 FC는 그의 이적을 막을 수 없었다. 바이아웃 조항 때문이다. 강원이 책정한 바이아웃 금액이 8억 원이었고, 알 라얀이 이보다 높은 금액을 베팅했다. 한국 축구의 미래 유망주 정우영의 이적료는 10억 원이었고 김정민의 이적료는 9억 원이었다. K리그는 왜 계속 이래야 하는가? K리그의 유스 육성 역량이 이 정도 밖에 되지 못하는가? 그 무엇보다 유스 스타 이적료 1,000억 원 이상을 목표로 추진 중인 구단이 하나라도 있는지 궁금하다.

삼성전자의 시작은 어떠했는가?

정말이지 삼성전자의 시작은 어떠했는가? 조그마하고 미약했으며 서툴렀다. 지금은 어떠한가? 메모리 반도체에서 세계 1위다. 133조 원을 투자하여 비메모리 분야에서도 세계 1위를 달성하겠다고 발표했다. 성취할 것이라고 확신한다. 휴대폰 생산 판매에서도 그렇다. TV 등 생활가전에서도 세계표준으로 지구촌을 선도하고 있다. 이외에도 많다. 삼성전자가 해냈으니 프로연맹과 K리그 22개 구단도 해낼 수 있지 않을까? 지나친 비약인가? 진정으로 하고자 하는 사람은 방법을 찾고 그렇지 않은 사람은 변명거리를 찾는다. "안 된다", "할 수 없다"와 결별하고 대담한 계획을 세우고 한번 시도해보자.

BTS(방탄소년단) 경제적 효과 56조 원 '올림픽보다 커'
'외국인 관광객 수 79만 6천 명 이상' 소비재 수출액 증가 효과

공연을 앞두고 일주일째 텐트를 치고 노숙하는 팬들, 수만 명에 이르

는 팬을 실어 나르기 위해 미국 뉴욕시는 공연장을 오가는 지하철 차편도 늘려야 했다. 지난 2018년 10월 방탄소년단 공연이 열린 미 뉴욕시 시티필드 스타디움 인근에서 펼쳐진 진풍경이다.
— BTS '이름값은 얼마?' / 중앙일보 2018. 12. 18

한국경제연구원의 '방탄소년단의 경제적 효과' 보고서 내용에 따르면 2014년부터 2023년까지 10년 동안의 총 경제적 효과가 56조 1,600억 원에 달할 것으로 예상했다. 평창동계올림픽의 경제 효과를 웃도는 규모다. BTS의 생산 유발 효과는 연평균 약 4조 1,400억 원으로 계산되며, 부가가치 유발효과는 연 약 1조 4,200억 원으로 추정된다고 밝혔다. 생산 유발 효과는 최종 수요와 관련된 직간접 산업 분야의 국내생산 단위다.
역대 한국의 대중가수가 BTS처럼 지구촌에 열정적이고 두터운 팬층을 가지고 미국 빌보드차트 1위를 석권한 적이 있었던가? 지금 지구상에서 방탄소년단보다 인기 높은 가수가 있는가? 최근 BTS를 비롯한 몇몇 아이돌 그룹이 등장하기 전에는 상상도 못한 일이었다. 그전에는 유명 외국 가수들을 추종하기에 바빴다. 비틀즈, 아바 이런 그룹들에 열광했고 '별이 빛나는 밤에'에 마구 엽서를 보내 이들의 노래를 들려주기를 간청했다. 현재 지구촌 최고의 대중가수는 누구인가?

목표를 작게도, 크게도 가질 수 있다. 작은 목표는 위대한 성취의 가장 큰 장애물이다. 크게 생각할수록 크게 이룬다. 사람은 자신의 능력을 1%도 사용하고 있지 못하다고 하니 용기가 나지 않는가? 함께 힘 모아 한국 축구를 세계 축구의 표준으로 만들어야 한다. 세계에 앞서 있는 축구 시스템을 창출하여 축구 행정, 코칭, 마케팅, 축구과학, 구단 경영, 유스 육성, 생활축구 등을 지속적으로 세계에 수출하면 나쁘지 않다.

언제까지 유럽 일본 미국을 벤치마킹만 하는 '바보'가 되어야 하는가? 이제는 할 수 있다. 달성하고 나면 어렵지 않은 일이었다는 걸 깨닫게 된다.

책을 읽어가면서 자신의 생각과 다르다고 저자를 비난하는 축구 관계자들이 있을 지도 모르겠다. "죄는 미워하되 사람은 미워하지 말라"라는 말씀이 있다. 세상의 모든 사람을 존중하고 사랑한다. 책 내용은 업무에 대해 이야기할 뿐 결코 사람을 공격하거나 폄하하지 않는다. 이 점 오해가 없기를 당부드린다. 어느 분야에서나 개선을 위한 노력을 끊이지 않듯이 축구도 그러해야 한다. 지속적인 혁신이 먼저 그 자신의 역량을 배가시키고, 나아가 주위 사람들을 행복하고 건강하게 만들어준다.

이 책은 "K리그도 세계적인 축구 리그로 만들 수 있다"라는 확신에서 출발하고 있다. 아시안게임 우승이나 U-20 월드컵 2위 등 통제할 수 없는 외부 상황에 휘둘리지 않고 스스로 시장을 창조해야 한다. 앞서 있는 시스템으로 항상 경쟁자보다 높은 시장 점유율을 확보하고 있어야 하는 것이다. 현실은 과거의 반영이다. 통계는 현재 상황을 적확하게 보여준다. 실패 시스템을 계속 고집하는 건 결코 성공하지 않겠다는, 계속 실패하겠다는 어리석은 짓이다. 과거의 K리그 실적으로 이미 상황 파악이 끝났으니 새로운 방안을 적용해야 한다.

일례로, 22개 프로구단 모두 유스 육성에 열중하고 있다. 그러나 그 결과는 신통찮다. 정우영(대건고)의 이적료로 바이에른 뮌헨이 인천 유나이티드에 10억 원을 지급했다. 황희찬(포철고, 포항스틸러스 유스)의 이적료로 잘츠부르크는 5억 원을 제시했다. 당시 초고교급으로 한국 서열 1~3위를 다투는 선수의 이적료가 이러했다. 비슷한 나이대의 킬리안 음바페(2,400억 원), 비니시우스(570억원, 16세), 헤나투 산체스(450억 원) 등 수백억 원대의 선수들이 즐비하다. 호드리구(18, 브라질 산투스)가 이적료 4천 5백만 유로(601억 원)에 2019년 7월 레알 마드리드 유니폼을 입는다. 후앙 펠릭스(19)는 1,656억 원의 이적료로 벤피카에서 아틀레티코로 이적했다. 데 리흐트도 1,000억 원을 넘어섰다.

그동안 K리그 22개 구단은 왜 월드 클래스를 단 한 명도 육성하지 못하고 있나? 제대로 하면 고교 3년 안에 얼마든지 가능한데 이걸 왜 못하고 있는가? 이 쉬운 걸 하지 못하고 있으니 안타깝다. 손흥민 이강인은 K리그가 키운 선수가 아니다. 혁신하지 않으면 천재의 재능을 박제로 만드는 낭비를 계속할 뿐이다. 항상 세계 축구와 경쟁하여 성과를 내어야 하건만 국내에서 도토리 키 재기를 하고 있는 형국이다. 가령, K리그 프로 유스의 한 고교 선수가 특정 대회에서 우승, 최우수 선수상, 득점왕이라는 3관왕을 먹어도 세계적인 선수로 성장하지 못하면 무슨 의미가 있는가? 지금까지 이런 선수들이 여럿 있었지만 하나같이 월드 클래스에 이르지 못했다. 만족하는 순간 발전이 멈춘다. 스스로 잘하고 있다는 자아도취가 세계 경쟁력을 가로막는다. 오십 보 백 보, 찻잔 속의 태풍, 도토리 키 재기, 우물 안의 개구리가 되어서는 안 된다. 지금 여기에서 무엇을 혁신하고 무엇을 폐기해야 하는지 적확하게 알아야 한다. 방향과 타이밍이 정확할 때 성과를 낸다.

유스 육성에서 구단 사무국이 항상 주목해고 있어야 할 결정적이고 핵심적인 요소가 있다. 감독 코치의 코칭 철학이다. 감독 코치로서의 성공과 실패를 판가름 짓는 요인이다. 가장 많이, 가장 자주 사용된다. 지도자의 정신세계로 코칭 철학이 그의 생각 말 행동을 결정한다. 그 모든 것이 코칭 철학의 결과물이다. 건강한 코칭 철학과 추악하고 병든 코칭 철학은 확연하게 다른 결과를 도출한다. 선수 성장을 가로막기도 하고 획기적으로 발전시키기도 한다. 세계 최고 수준의 코칭 철학만이 월드 클래스를 육성할 수 있다. 하지만 아직 단 한 명의 월드 클래스를 육성하지 못한 K리그 프로구단 사무국과 감독 코치는 시급히 소속 감독 코치의 코칭 철학을 점검해야 한다. 혁신할 건 바로 혁신하고 폐기할 건 즉시 폐기해야 한다. 이렇게 한 후에 유스 육성에 들어가야 한다. 혹시라도 쓰레기로 가득한 더러운 몸에 값비싼 옷을 입고 있는 꼴이 되어서는 그 아무것도 성취할 수 없다.

이 책은 처음부터 끝까지 효과적인 K리그 프로구단 경영에 천착하고 있다. 22개 프로구단과 프로연맹이 첫 번째 메시지 수신자다. 이 책을 읽고 구단마다 연수와 토론을 하고, 구단 경영 매뉴얼을 만들어 시행하기를 권유드린다. 이전과는 차원이 다른 획기적인 발전이 일어날 것으로 확신한다. 구단이 필요하여 요청하면 저자가 직접 책 내용을 자세히 전달하고 구체적인 방안을 손에 쥐어줄 수도 있다.

이 책은 여러분의 도움으로 출간될 수 있었다. 온갖 선행 지식과 정보의 도움이 컸다. 인터넷, 관련 서적, 신문 자료, 스마트폰, 이면지, 필기구, 책상 의자, 스탠드를 비롯한 집필에 필요한 도구를 만든 분들의 노고에 감사드린다. 추천의 글을 주신 이수열 선생에게 깊은 감사의 마음을 전한다. 한국축구와 세계축구의 성장과 혁신을 준비하는 분이며 세월 속에서 갈수록 큰 업적을 내놓을 것으로 확신하고 있다.
오준서 선수와 최범준 선수가 표지 사진 모델로 수고해주셨다. 예사롭지 않은 경기력으로 주위로부터 칭찬받는 선수들이다. 공부와 축구 모두에서 탁월하게 성취하기를 기원드린다. 이 사진을 보내준 장윤석 선생님에게 고마운 마음을 전한다. 제주의 대표적인 유소년 축구클럽인 '제주유소년FC'의 단장으로서 1998년 10월부터 제주특별자치도에서 축구 꿈나무들을 미래의 스타 선수로 육성하고 있다.

인류가 살아갈 수 있도록 날마다 환하게 빛나는 밝은 태양, 호흡하는 공기와 마시는 물, 자고 나면 날마다 활용할 수 있는 24시간을 주머니에 넣어주시는 분이 누구신가?

여기서 조금 엉뚱한 이야기를 하고자 한다. 선수, 감독 코치는 왜 축구를 하는가? 몸이 있기 때문이다.

몸이 있기에 축구 뿐만 아니라 여러 가지 일을 할 수 있다. 아마 세계의 직업의 종류가 9만 가지도 넘을 것이다. 이들에게 당부드린다. 축구에서의 성공은 중요하다. 그러나 그것과 비교할 수 없이 소중한 것이 영혼의 평강과 안식이다. 모두가 이걸 꼭 이루기를 소망한다. 인생에서의 성패는 여기에 달려있고, 이보다 중요한 일은 그 아무 것도 없다.

사람에게는 3가지 생명이 있다고 한다. 셋째가 돈, 둘째가 몸이다. 돈은 몸을 위해 사용된다. 몸이 있기에 축구를 하지만 몸의 수명은 길어야 100년 내외다. 이러하기에 돈과 몸은 한시적인 생명이다. 영원한 생명이 아니다. 불멸하는 영혼만이 영원한 생명이다. 몸과 영혼이 분리되는 현상인 사망 이후에는 몸은 흙으로 돌아가고 영혼은 어디에선가 거처하게 된다. 세상에서 가장 위험한 게 영적 무지다. 선수로서, 감독 코치로서 또는 축구 관계자로서 목표를 달성할 수도 있고 실패할 수도 있다. 그러나 영혼의 세계에서는 반드시 성공해야 한다. 다시 한번 강조한다. 모두가 이걸 이루기를 기원드린다.

처서 지나 가을 초입이다. 구원(久遠)한 역사의 한반도 가을 하늘 아래를 걸어가는 모두의 마음에 평강이 있기를 소망한다. 세상은 더없이 매력적이지만 영혼을 파괴해버리는 온갖 유혹으로 가득하다. 강력하고 조금도 지칠 줄 모르는 유혹은 1초도 쉬지 않고 끝없이 사람을 공격한다. 유혹이 사용하는 무기는 돈 권력 쾌락 명예다. 이걸 가지고자 미친 듯이 달려가다 깊은 낭떠러지로 떨어지는 부질없는 인생들이 너무나 많다. 어둠의 세력 악령의 궤계에 결코 넘어가서는 안 된다.

꽃은 시들고 풀은 마르고 120년을 살아도 영원 속에서 순간보다 짧은 찰나 같은 나그네 인생이다. 축구보다 인생이 비교할 수 없이 더 소중하다. 축구에서 성공할 수도 실패할 수도 있다. 그러나 한 번 뿐인 인생에서는 절대로 실패해서는 안 된다. 인생에서 가장 중요한 과제가 무엇인가? Memento mori(죽음을 기억하라. 모두가 반드시 죽는다는 것을 기억하라). 이 세상 살다가 어느 순간 그토록 사랑했던 돈 권력 명예 쾌락 등 지구의 모든 것과 이별한다는 걸 한시도 잊지 말아야 한다. 그다음 불멸하는 영혼이 가야 할 영원한 거처가 기다리고 있다. '죽음' 이후를 생각하면서 사는 삶이 가장 건강한 삶이다.

항상 깨어 있고 힘써 노력하여 영혼의 평강을 반드시 이루어내어야 한다. 유혹 많은 세상을 살아가는 지구별의 인류 모두가 영적 전쟁에서 반드시 승리하기를 기원드린다.

2019. 8. 25
고요하고 온화한 땅 용성에서
저자 김 기 호

APOSTLLE

이 책의 성격과 활용 방법

왜 이 책을 출간했으며 어떻게 활용하는가? 이걸 명쾌하게 알면 더 빠르게, 더 효과적으로 프로구단에 적용할 수 있다. 최고로 활용하여 프로구단의 획기적인 발전에 기여하기를 희망한다.

쉽고 명쾌하며 현저하게 효과적인 이 제안을 온전하게 실천하면 구단 자생력 확보, 월드 클래스 유스 육성, 관중 배가 등 현재 K리그 구단이 성취하고자 하는 거의 모든 일을 달성할 수 있다.

이 제안은 이러한 성격을 가지고 있다.

1) 한국 프로축구 연맹과 K리그 22개 프로구단의 '자생력' 확보 방안을 담고 있다.

제안을 올바르게 수행하면 K리그 모든 구단이 자생력을 확보할 수 있다. 외부 상황에 흔들리지 않는 자생력 확보하기, 모든 구단이 즉시 실행해야 할 과제다. K리그 프로구단의 최우선적 과제인 구단 자생력 확보 방안을 제시하고 있다. 초 중 고 대학 K3 실업팀이나 다른 종목의 프로구단(야구, 배구, 농구 등)이 채택할 수 있는 내용도 많다.

2) 어느 구단이나 쉽게 실천할 수 있는 방안을 제시하고 있다.

현실과 동떨어진 현학적인 이론이 아니다. 실행에 특별한 기능이나 조건을 요구하지 않는다. 의지를 내면 누구나 쉽게 실천할 수 있다. 읽어가면서 바로 책 내용을 이해할 수 있고 3시간 정도면 읽을 수 있다. 적확한 방향을 제시하면서 핵심 분야를 다루고 있다. 질문하면 해답이 나온다. 실행하면 결과물이 나온다. 때론 1g의 행동이 1t의 생각보다 세상을 변화시킬 때가 많다. 어렵고 난해해서 실천하기 어려운 건 없다. 실행 의지를 갖고 그냥 하면 된다.

3) 실행하면 효과가 바로 나타난다.

실행하는 만큼 효과가 바로 나타나는 게 많다. 매우 실전적이다.

4) 우선순위를 명쾌하게 제시하고 있다.

한정된 인력 재정 자원 시간이기에 먼저 해야 할 분야를 선명하게 제시하고 있다.

5) 이제까지 K리그 J리그 유럽 그리고 MLS가 시도하지 않은 분야가 여럿 있다.

J리그와 유럽 축구에서 찾아볼 수 없는 효과적인 방안을 여럿 담고 있다. 여기 제시한 아이디어를 바탕으로 생각을 전개해 나가 또 다른 창발적인 방안을 마구 마구 창출하기를 기대한다.

6) 고객(팬, 지역주민)의 요구를 충실하게 반영하고 있다.

물고기처럼 생각하는 낚시꾼이어야 조과를 올릴 수 있듯이 고객 중심으로 과제를 선정하여 풀어가고 있다. 구단이 지레짐작하여 고객(지역민)의 요구와 동떨어진 과제를 정하고 실천하는 우를 범해서는 안된다.

7) 취사선택해서 적용할 수 있다.

각 구단의 상황에 맞게 취사선택하여 적용할 수 있다. 그러나 가능한 이 책이 제시하고 있는 내용을 모두 실천하기를 권장한다. 하나같이 중요하기 때문이다.

8) 이 제안의 실행 여부는 프로구단 사장의 혁신 의지에 달려 있다.

프로구단의 최고 결정권자인 사장이 한결같은 혁신을 추진하기를 기대한다. 투철한 기업가정신을 발휘해야 할 때다. K리그에 해답을 제시하겠다는 이런 제안은 프로구단의 목표 달성을 결정적으로 돕는, 마치 가뭄에 단비같이 요긴한 역할을 한다.

9) 추진력을 높이는 가장 효과적인 방법 중 하나가 'TF 팀' 운영이다.

'TF 팀'(Task Force 임시 업무 조직)을 조직 가동하자. 사무국 직원과 코칭 스태프 모두가 이 책을 읽고 몇 차례에 걸쳐 토론하고, 최적의 '실행 설계도'를 작성하자. 분야별 책임 실행자, 도달 목표, 완성 시기 등을 확정하고 과제를 성취해내자.

10) 각 분야별로 세계 최고를 추구하고 있다

각각의 제안마다 세계 최고 수준의 성취를 지향하고 있다. 지구촌 첫째를 추구하라고 권장하고 있다. 크고 가치 있으며 대담한 목표를 세우고 성취하자. 결코 조그마한 목표에 만족해서는 안된다. 크게 생각할수록 크게 이룬다.

한국을 세계 축구의 중심으로 만들면 나쁘지 않다. 선수 대비 프로 선수 수출 1위, 화수분처럼 등장하는 10대의 월드 클래스, 한국으로 유학 오는 세계 각국의 선수 감독 코치 축구 행정가, 축구 산업으로 해마다 100조 원 이상 벌어들여 한국 축구가 지금의 경제난 극복의 원동력이 되는 것 등 이런 걸 이루어내어야 하는 것이다. '할 수 없다' 장례식을 치르고 통념을 깨고 이전에 없었던 꿈같은 업적을 이루어낼 수 있다. 결코 자기 자신을 제한하지 말라.

11) 감독 코치가 가져야 할 덕목(자질) 중 코칭 철학을 가장 강조하고 있다.

감독 코치로서의 성공과 실패를 결정짓는 가장 핵심적인 요소가 무엇인가? 코칭 철학이다. 코칭 철학이 알파요 오메가다. 시작이요 끝이다. 감독 코치의 생각 언어 행동은 그의 코칭 철학이 밖으로 드러난 것이다. 공부하느냐 하지 않느냐, 정직한가, 상습적으로 금전 비리를 저지르고 있는가, 선수에게 깊은 책임감을 가지고 있느냐 무책임한가? 모두 코칭 철학에 의해 결정된다.

코칭 철학이 건강하지 못하고 추악한 감독 코치는 결코 월드 클래스를 육성할 수 없다. 이런 사람은 자신이 가진 역량이 약할 뿐만 아니라 소유하고 있는 역량조차도 100% 발현할 수 없기 때문이다. 마치 도둑놈과 사기꾼이 정정당당하게 생활할 수 없는 것과 마찬가지다. 이러하기에 프로구단은 감독 코치를 채용할 때 그 무엇보다도 그의 코칭 철학을 가장 중시하고 철저히 검증해야 한다. 코칭 철학이 허약하고 탐욕스러운 감독 코치를 절대로 채용해서는 안 된다. 확실하게 실패하는 길이기 때문이다.

12) 프로구단이 혁신을 시도할 때 저자를 활용할 수 있다.

아마 이 책이 담고 있는 문제의식과 해결 방안을 가장 깊이, 가장 많이 생각한 사람이 이 책을 쓴 저자일 것이다. 저자는 K리그 프로구단에서 이 책 내용을 실현하고자 하는 의지를 가지고 있다. 저자를 먼저 활용하는 프로구단은 두고 두고 크나큰 혜택을 누릴 것이다. 먼저 전화(HP 010. 3776. 5935)하는 순발력과 타이밍이 경쟁 구단보다 더 먼저 성공을 가져다줄 수도 있을 것이다.

CONTENTS

제1부　한국프로축구연맹의 고군분투

01. 참으로 많은 일을 하는 한국프로축구연맹 ·········· 004
02. 시너지 효과 창출을 위한 3가지 제안 ················ 023

제2부　K리그 프로구단의 5대 최우선 과제

01. 구단 사무국 업무 역량 배가 ····························· 034
02. 구단 자립 기금 조성과 활용 ····························· 060
03. '이전에 없었던' 세계에 앞서 있는 유스 육성 ···· 079
04. 세계에 앞서 있는 생활축구 모범 지역 만들기 ···· 126
05. 지역민의 요구를 능가하는 지역밀착 마케팅 ····· 141

제3부   K리그 프로구단의 12대 핵심과제

01. 프로 축구단에서 스포츠클럽으로 166
02. 세계에 앞서 있는 〈지도자 강습회〉와
    '평생교육 프로그램' 운영 179
03. 공정하고 적확한 성과 보상제도 191
04. 적극적인 해외 마케팅 192
05. '집단지성' 조직 및 활용 204
06. 각종 축구 대회 및 리그 운영 207
07. 연중 제안제도 시행 213
08. 관중 배가 218
09. 출판사 운영 233
10. 감독 코치의 지도력 향상과 경기력 고양 243
11. 철저하고 온전한 셀링 구단 되기 256
12. 벤치마킹 팀 운영 265

■ 함께 일할 프로 축구단을 찾고 있습니다! 270

■ 참고문헌 277

우리가 갖고 있는 심각한 문제들은
그 문제를 만든 생각과 동일한 수준에서는
해결되지 않는다.
--- 알버트 아인슈타인

제1부

한국프로축구연맹의 고군분투

01
참으로 많은 일을 하는 한국프로축구연맹

K리그 팬들 중에 한국프로축구연맹(이하 프로연맹)을 비난하는 이들이 적지 않다. 프로연맹이 일을 제대로 못하고 있다, 구태의연하다, 방향이 잘못되어 있고 업무 역량이 뒤진다, 폐쇄적이다 등이 주된 불만 사유다. 그러나 이는 상황을 파악하지 못하고 지레짐작해서 하는 비난이다. 실상은 이와 다르다. 올바른 지적도 있고 틀린 지적도 있다.

프로연맹은 정말이지 많은 일을 하고 있다. K리그의 전략 사령부로서 리그를 세계적인 수준으로 성장시키기 위해 오늘도 부지런히 일하고 있다. 프로야구와 프로농구의 전문가를 스카우트해 그들의 노하우를 적용하려고 시도하고 있다. 읽어가면서 새로운 사실을 알게 될 것이다. 그리고 프로연맹의 근면과 고심과 노고에 문득 응원을 보내고 싶은 마음이 일어날지도 모를 일이다. 한정된 지면이기에 프로연맹의 업적 중 15분야만 제시하며 여기에 열거하지 않은 사업도 많다. 프로연맹은 참으로 많은 사업을 진행해 왔고, 조금도 지치지 않고 지금도 왕성하게 추진하고 있다.

전반적인 K리그 시스템도 지속적으로 향상되고 있다. 그 성과도 여기저기서 나타나고 있다. U-20 월드컵에서 결승에 올라 우승할 뻔했다. K리그 관중이 지난 해보다 50% 이상 증가하는 등 변화의 기운이 감지되고 있다. 이는

1998년, 2002년의 반짝 흥행 후 제자리로 돌아간 것과는 다르다. 그동안 꾸준한 준비와 노력, 즉 시스템에 의한 한국 스포츠 시장 점유율의 증가이기 때문이다. 이러하기에 앞으로 어떤 변화와 발전을 보여줄지 기대가 크다.

'좋은 것을 더 좋게!'라는 어느 운동의 구호 그대로 잘 하고 있는 프로연맹에 몇 가지 생각거리를 제시한다.

(1) 생각의 크기를 무한히 크게 가지기를 주문한다.

우주가 무한하듯이 생각의 크기도 그러하기를 바란다. 어떻게 하면 K리그를 세계 1위 리그로 만들 것인가에 천착하고, 실행하여, 하루속히 성취하기를 기대한다.

(2) 비전기업(동종업계 세계 1위)을 능가하는 기업가정신과 업적을 기다리고 있다.

혁신과 마케팅에서 전 지구적인 모범을 창출하고 전파해주길 바란다.

(3) 이제 K리그도 월드 클래스를 배출해야 한다.

올해 한국 축구 역사 138년(1882 ~ 2019), 이 오랜 기간 한국 축구는 단 한 명의 월드 클래스도 배출하지 못했다. 올해 2019년 후앙 펠릭스(이적료 1,700억 원), 데 리흐트(이적료 1,000억 원) 등 10대 미래 스타들이 이적료 1,000억 원 이상을 기록했다. 그러나 K리그 구단에게 이런 뉴스는 '그림 속의 떡'이다. 2019년 한해 동안 한국의 해외 진출 선수 이적료를 모두 합해도 데 리흐트 선수 한 명의 이적료에도 미치지 못한다.

이들에 비하면, 한국 최고 유망주들인 정우영(이적료 10억 원, 바이에른 뮌헨), 김정민(이적료 9억 원, 레드불 잘츠부르크), 이재익(바이아웃 8억 원, 알 라이얀)의 이적료는 아예 비교 자체가 되지 않는다.

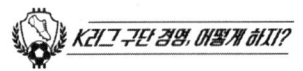

K리그 고교 유스는 늦어도 3년 안에 얼마든지 월드 클래스로 육성할 수 있다. 어렵지 않다. 쉽다. 건강한 코칭 철학으로 날마다 세계 최고 최선의 코칭을 하면 3년이면 충분하고도 남는 기간이다. 이제는 K리그도 월드 클래스를 육성해야 한다.

프로연맹이 '유스 트러스트'를 제정하여 전파했다고 만족할 때가 아니다. 지금도 K리그 유스에서 월드 클래스가 등장할 미세한 기미조차 없다.

(4) K리그 구단, 언제 흑자를 낼 것인가?

프로구단은 기업이다. 철저하게 기업의 논리로 경영되어야 한다. 1983년 출범 이후 지금까지 마치 약속이나 한 듯 적자경영을 계속하고 있다. 이러고도 유지되는 게 기적이다. 프로연맹이 더욱 치열해야 한다. 흑자를 낼 수 있는 구체적이고 실전적인 방안을 개발하여 K리그 구단에 보급해야 한다.

(5) K리그 경기력 배가와 관중 증가가 시급하다.

올해 K리그 1 평균 관중수 1만 명 이상 구단이 5곳이다. 서울 전북 수원 울산 대구 등이다. 2만 명이 못된다. 이래서는 흑자경영도, 메이저 스폰서 유치도 어렵다. 최소 3만 명 이상을 넘겨야 한다. 소중하고 고마운 관중에게 '매우 만족' 경기를 보여 주어야 하나 아직 그 수준에 이르지 못하고 있다. 그들은 왜 K리그 경기를 구입하지 않는가? 언제나 비고객이 시장을 움직인다. K리그 1군 뿐만 아니라 초중고 유스 감독 코치의 지속적인 코칭 철학 성장과 세계에 앞서 있는 지도력이 절실하다. 프로연맹이 이 일도 하루 속히 이루어야 한다.

이 외에도 여럿 있지만 한정된 지면이기에 이 정도로 하고, 다음에 기회가 되면 토론하기를 기대한다. 여기서 한 가지를 홍보하고자 한다. 프로

연맹, K리그 22개 구단, 대한축구협회, 각급 축구팀이 중요한 과제를 수립하려고 하거나, 시급한 당면 현안이 풀리지 않거나, 이 외 축구 관련 어떤 일이라도 저자와 의논하여 주기 바란다. 거의 대부분의 분야에서 여러분의 상상 그 이상으로 차원이 다른 성취를 경험할 것이다.

1) 2019년부터 구단별 재정 공개

구단별 스폰서십, 지자체 지원금, 선수단 인건비 등이 확인 가능해졌다. 한국형 재정적 페어플레이(FFP)를 도입하고 재정 현황을 토대로 구단별 컨설팅도 한다고 한다.

또 하나의 방안

구단별 재정 공개는 반드시 해야 한다. 필수적이다. 늦은 감이 크다. 여러 프로구단이 온갖 걱정으로 반대했지만 이제는 거스를 수 없는 시대의 대세다. 물론 초기에는 일정 부분 부작용이 발생한다. 그러나 이걸 거쳐야 더 크게 발전할 수 있다. 성장에서 창조적 파괴는 거의 필연적이다. 증기 시스템이 파괴되어야 전기 시스템으로 갈 수 있다. 증기 시스템이 계속 유지되는 한 전기 시스템이 도래할 수 없다.

프로연맹의 구단별 재정 공개는 올바른 방향이다. 문제는 어떻게, 무엇으로 흑자경영을 할 수 있는지 해답을 제시하지 못하고 있다는 점이다. K리그 구단은 1983년 5월 8일 출범 이래 변함없이 적자 행진을 계속해오고 있다. 프로구단은 기업이다. 성적보다 흑자 경영이 더욱 중요하다. 그리고 프로연맹은 K리그 22개 구단이 매년 흑자경영을 이룰 수 있는 쉽고도 효과적인 방안을 제시해야 할 과제를 안고 있다. 이 책에서는 여기에 대한 또 하나의 쉽고도 효과적인 방법을 제시한다.

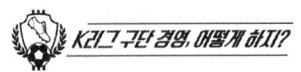

2) 유스 트러스트 (Youth Trust)

유스 트러스트란 K리그 각 팀들의 유스 시스템을 평가하고 인증해 좀 더 체계적이고 효율적 발전을 이끌어내려는 프로연맹의 장치다. 지난 2017년 처음 시작했으며, 2017년 8월 무렵 K리그 구단 실사를 통해 조사하고 2017년 9월 19일 오후 축구회관 대회의실에서 'K리그 YOUTH TRUST' 발표회를 개최하였다.

이는 최근 세계 축구 강국으로 성장한 벨기에의 '더블 패스'를 비롯해 유럽 주요 강국들이 도입한 시스템으로, 프로연맹은 지난 2016년 K리그만의 유스 시스템 평가 인증제를 만들기 위해 연구개발에 착수해 유스 트러스트를 만들어냈다.

조금 다르게 생각하기

유스 트러스트는 유스 육성 방안을 구조화시켰다는 강점이 있다. 2017년 9월 채택 후 약 2년이 지났다. 결코 짧은 시간이 아니다. 2년, 최고로 활용하면 고교 유스를 월드 클래스로 육성할 수 있는 충분한 시간이다. 유스 트러스트 아니어도(채택 이전에도) 고교 유스는 늦어도 3년 안에 월드 클래스를 얼마든지 배출할 수 있다. 누구는 이미 그 방법을 알고 있고, 또 누구는 여전히 모르고 있을 뿐이다. 모르면 그 누구도 실행할 수 없다.

그런데 이런 주장을 받아들이는, 동의하는 감독 코치 그리고 구단 관계자는 아마 없을 것이다. 이해가 된다. 사람은 현재의 자기 자신의 경험과 인식으로 세상을 해석하기 때문이다. 자기 자신을 무조건적으로 감싸고 보호하려는 본능도 크게 작용한다. 자신이 할 수 없으면 다른 사람도 못한다고 생각하는 사람들이 적지 않다. '할 수 없다'라고 믿는 사람은 절대로 그 일을 하지 못한다. 유리 상자에 갇힌 벼룩의 점프력처럼, 밧줄에 매인 어린 코끼리가 커서도 밧줄을 당겨 뽑거나 끊을 생각을 아예

못하는 것처럼…

그리고 유스 트러스트에도 여전히 약점이 많다. 하루속히 이걸 깨달아야 보완책을 만들 수 있다. 벤치마킹하고 수정 보완하여 만들었지만 만든 이의 인식과 그 한계를 보여주고 있다. 핵심적인 요소가 많이 빠져 있다. 한번 만들어 계속 사용하는 게 아니라 지속적인 업그레이드도 필요하다. 월드 클래스를 단 한 명도 배출하지 못한 K리그 유스 육성, 가장 큰 책임이 구단의 사장에게 있다. 두 번째가 구단 사무국에 있다. 감독 코치의 잘못은 세 번째다. 이게 무슨 말인가? 문제는 유스 트러스트 제도 시행 이후에도 여전히 월드 클래스가 배출될 기미조차 없다는 것이다.

3) 'K리그 발전위원회' 운영

프로 축구 현직 종사자가 아닌 외부 전문가들로 구성된 프로연맹 자문 기구다. 외부인 시선으로 리그 발전안을 모색하고 있다. 2018년 발족하여 활동하고 있다. 2018년에는 5번의 회의를 가졌고, 2019년 3월에는 올해 들어 첫 회의를 진행했다.

또 하나의 풍경

'K리그 발전위원회' 위원들은 각자 해당 분야에서 절정 고수인 것 같다. 허정무 프로연맹 부총재가 위원장을 맡고 이용수 세종대 교수, 정희준 동아대 교수, 이동연 한예종 교수, 정윤수 성공회 대학원 교수, 주정대 변호사, 이중재 변호사, 이영표 전 KBS 해설 위원이 동참했다. 이와 같은 조직은 잘 운용하면 매우 바람직한 결과물을 만들어낼 수 있다. 각 분야별로 더 많은 기구를 만들어 활성화시키면 어떠할까? 그런데 'K리그 발전위원회'는 해마다 많아야 고작 3~5 차례 모임을 갖는다. 거기에다 유급 상근이 아니기에 결정사항이나 권장사항에 대한 실행 책임이 프로연맹에게 넘

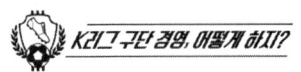

겨진다. 기대와 한계가 교차하는 부분이다.

피카소는 그림을 그리기 전에 밑그림을 수천 번씩 그렸다고 한다. 빈센트 반 고흐도 그랬다고 전해진다. 경기를 앞둔 선수가 연습에 열중하는 것과 비슷하다고 여겨진다. 이런 사전 연습이 축적되어 작품이 나온다. 즉, 질을 결정하는 것은 양이다. 양이 누적되면 어느 순간 질적인 변화가 일어난다. 마찬가지로 비정기적인 K리그 발전위원회 운영도 좋으나 사안별로 역량 있는 조직에 외주를 주거나 프로연맹이 직접 챙기는 것도 나쁘지 않다. 이 경우 책임 소재가 명확해지고 완성 시점이 나오기에 추진력이 훨씬 높다. K리그 발전위원회 회원은 상근직원이 아니라는 한계가 상존하고 있다. 그들은 각자 자신의 직업이 있다. 그 무엇보다 이들을 훨씬 능가하는 전문가가 오히려 외부에 여럿 있다. 프로연맹이 이들을 찾아내어 활용하면 'K리그 발전위원회'보다 월등하게 더 창발적이고 실전적인 방안들을 소유하게 될 것으로 예상한다.

4) 중, 고 유스 주말리그 진행

U18 주말리그에 이어 2019년부터 U15 주말리그를 실행하고 있다.

조금 다르게 응시하기

U18과 U15의 주말리그 시행, 바람직하다고 생각한다. 혁명적인 경기력 향상이 빠르게 일어나기를 기대한다. 하루에 세 탕 네 탕 연습하는 등 연습량이 단연 세계 최고 수준이고 지나칠 정도로 많이 경기(공식경기 연습경기 자체경기 등)를 하고 있다. 그 결과로 완성된 선수가 배출되고 있는가? 아니다.

이는 유스 트러스트를 적용해도, 적용하지 않아도 큰 변화가 없을 것이다. 그 이유가 무엇일까? 유스 트러스트가 만능이 아니다. 유스 트러스트 실

행 중에 이루어지는 세밀함과 구체성에서 여전히 유럽과 남미에 많이 뒤지고 있어 경쟁 자체가 되지 않는다. 22개 프로구단 담당자 중 유스 트러스트를 100% 온전히 알지 못하는 경우도 있을 것 같다. 가령 이걸 연수 받고 10시간 복습해야 100% 이해할 수 있다면, 2시간 복습에 그치면 20% 정도 이해하고 전혀 복습하지 않으면 제대로 알지 못하게 된다. 100% 이상 알고 이걸 바탕으로 획기적인 방안을 찾아내어야 할 과제가 유스 트러스트 담당자에게 주어져 있다.

거기에다 우리가 유스 트러스트에 열중하고 있을 때 유럽 미국 일본 남미 등에서 보다 효과적이고 새로운 방안을 만들어 적용하고 있다. 모방의 한계다. '후발성의 주자'가 겪는 불리함이다. 이걸 아는 게 너무나 중요하고 시급하다. 열심보다 방향이 더욱 중요하다. 방향이 틀리면 오히려 목적지에서 더 멀어질 뿐이다. 방향과 타이밍이 유기적 화학적으로 조화를 이루어야 비로소 성과가 나온다.

감독은 축구 기술자를 지나 축구 경영자가 되어야 한다. 감독은 경영에 무지하지 않고 밝게 알아야 한다. 감독이 경영을 공부해야 하는 이유다. "개인이나 조직 그리고 국가가 파산하는 가장 큰 이유는 그들이 경영을 모르기 때문이다"(피터 드러커)는 지적은 축구에서도 그대로 적용된다. 가령 경영을 모르지만 축구 기술에 밝은 감독이 운영하는 팀과 축구는 모르지만 경영에 해박한 사람이 운영하는 팀 중 어느 팀에서 뛰어난 선수가 더 많이 그리고 지속적으로 배출될까? 나는 서슴없이 후자에 한 표를 던진다. 시장의 크기, 혁신 역량, 기업 문화 등에서 축구는 기업 경영에 비교조차 되지 않는다. 거기에 더해 경영에 해박한 팀 경영자는 인맥 학맥에 구애되지 않고 최고 중의 최고 감독 코치를 채용할 것이다.

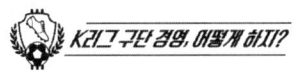

5) K리그 유스 지도자 해외 연수 프로그램

프로연맹은 지난 2013년부터 '유스 지도자 해외 연수 프로그램'을 진행하고 있다. 각 구단의 유소년 지도자 25명을 대상으로 한다. 기간은 보통 11일 ~ 13일 정도다. 올해 2019년 12월에는 일곱 번째 유럽 연수를 갈 것이다. 프로연맹은 "K리그 지도자 해외 연수는 해외 선진 축구의 유소년 육성 철학과 코칭 방법론을 습득해 우수한 유소년 육성 체계를 만들며, K리그 유소년 정책 발전에 대한 공감대를 형성하는 것"이라며 연수의 목적을 설명했다.

(1) 해외 연수 사례

\# 스페인 연수 / 2014년 12월

2014년 12월 11일부터 23일까지 11박 13일의 일정으로 스페인 연수를 떠났던 K리그 산하 유소년 지도자들은 레알 마드리드와 아틀레티코 마드리드, FC 바르셀로나, 에스파뇰 등 4개 클럽을 방문해 유소년 팀 훈련 및 경기를 참관했다. 유소년 아카데미 운영 체계, 스페인 축구 협회 강사의 이론 및 실습 교육을 수강하며 스페인 유스 선수 훈련법에 대한 이해를 높였다.

"연수를 통해 정말 많은 것을 배웠다. 무엇보다 발표를 통해 각 구단이 얼마나 체계적으로 유소년팀을 운영하는지 상세하게 들을 수 있어 큰 도움이 되었다. 현장에서 보고 기록한 훈련 프로그램도 응용해서 바로 활용할 계획이다. 유소년 선수를 육성할 때 팀 성적이 아니라 개개인의 발전에 초점을 맞추고 있다는 점이 가장 인상적이었다. 지도자가 성적보다 선수 육성 자체에 집중하도록 하는 시스템을 우리나라에도 접목시킬 수 있으면 좋겠다. 지도자들뿐만 아니라 축구계 전반적인 인식의 변화도 필요한 부분이라고 느꼈다."

―― 신라중 김 00 코치

\# 독일 분데스리가 참관 연수… "학구열로 한국형 유스 시스템 구축 탄력 낸다" / 2015년 12월

\# K리그 유스 지도자들 잉글랜드 연수 현장, '질문과 토론으로 뿌리 튼튼히' / 2016년 12월

\# K리그 유스 지도자들, 잉글랜드 독일 등 다녀와 / 2017년 12월

\# K리그 유스 지도자 대상 해외 연수 실시 / 2018년 12월

네덜란드 아약스, 잉글랜드 볼턴 원더러스, 사우샘프턴 등 체계적인 유스 시스템을 갖춘 프로구단을 방문하여 경기 진행 과정을 참관하며 현지 지도자들과 토론 세션도 진행했다.

(2) 조금 다르게 생각하기

이런 해외 연수는 중요하기에 지속적으로 진행해야 한다. 유스 육성에 대한 코칭 철학, 유스 정책이 도달하고자 하는 목표, 최신 지도법, 첨단 스포츠과학과 그 효과 등을 직접 확인하고 배울 수 있다. 이걸 귀국해서 취사선택하여 팀에 적용할 수도 있다. 동기부여로 작용하기도 한다. 때론 누구에게는 관점을 전환하고 코칭 철학을 새롭게 혁신하는 단초가 되기도 할 것이다. 과거의 자신과 결별하는 기회가 될지도 모르겠다. 예상되는 해외 연수의 순기능이다.

그러나 현실은 그리 만만하지 않은 것 같다. 여전히 세계 경쟁력 있는 유스 출신 선수가 등장하지 않고 있다. 혹자는 이렇게 말할지도 모르겠다. "선수는 오랜 세월 속에서 완성된다."라고. 하지만 이건 그의 생각이다. 그리고 대부분 이런 생각을 가지고 있다. 일종의 고정관념이요 미신이다. 아래는 이와 다른 사고를 보여주고 있다. 어느 쪽을 선택하느냐에 따라 결과는 다르게 나타날 것이다.

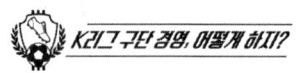

완성된 고교 유스, 3년이면 충분하다!

시간을 어떻게 사용하느냐에 따라 고교 유스는 3년 안에 각기 다른 수준의 선수로 등장한다. 최고로 활용할 때 3년이란 아주 긴 시간이며, 고교 선수를 완성시켜 유럽 빅 3(잉글랜드 스페인 독일) 명문 구단에 주전으로 진출시키기에 충분한 시간이다. 적어도 해마다 1명 이상, 그것도 이적료 200억 원 이상으로. 아직 한국에는 이런 사례가 없다. 이렇게 말하는 감독 코치도 한 명 없다. 선언하고 이루어내면 아름다운데 유스 감독 코치 그 누구도 왜 말하지 않는지 궁금하다. 자신이 없는가, 치열하게 노력할 엄두가 나지 않는가?

그런데 이게 어렵지 않다. 생각보다 쉽다. 얼마든지 가능하다. 아는 사람은 이미 그 해답을 가지고 있고, 모르는 사람은 계속 모르고 있다. 모르는 감독 코치 그리고 구단은 결코 이걸 해낼 수 없다. 아쉽게도 지금의 유스 시스템으로는 불가능하다. 월드 클래스를 육성할 수 없는 구조적 한계를 가지고 있지만 혁신되지 않고 세월만 가고 있다. 지금까지의 결과가 이걸 생생하게 증거하고 있다.

"손흥민 발견에 만족하면 안 된다. 손흥민의 탤런트는 한국이지만, 한국 시스템이 만든 선수는 아니다. 밖에서 비판을 하면 '우리 선수는 잘한다. 손흥민 등 여러 선수를 배출하지 않았냐'라고 주장하는데, 그것은 위험한 생각이다.

— 온더 요르트귀벤

감독 코치는 외부에 자신의 목표를 말과 문서로 선명하게 발표해야 한다. 목표가 클수록 더 크게 이룬다. 유스 감독 코치는 자신의 목표가 '전국 대회 우승' 또는 'K리그 진출' 등 이런 지나치게 조그마한 목표를 가지고 있지 않은지 이 글 읽는 순간 바로 점검해주기 바란다. 한국 축구를 선수 대비 프로선수 수출 세계 1위로 만들어야 한다. 화수분처럼 월드 클래스를

마구마구 배출하는 한국 축구가 되어야 한다. 정말이지 3년이면 충분하고도 남는 시간이다. 이걸 왜 못하는가? 2013년부터 이 연수를 시작했으니 만 5년이 지났다. 그런데 이렇다 할 성과, 즉 세계 경쟁력 있는 선수는 여전히 등장하지 않고 있다. 의식을 전환하고 새롭게 시작하자. 그리하여 고교 졸업 이전에 유럽으로 마구마구 진출시키자. 어렵지 않다. 쉽다. 단지 역량이 되지 않아 못하고 있을 뿐이다. 할 수 있는 역량을 기르면 된다.

왜 유럽으로 연수 가느냐, 유럽 감독 코치가 한국으로 연수 오게 하자!

연수 후 약속이나 한 듯 이구동성으로 "많이 배웠다"라고 말한다. 배웠으면 성과를 내어야 하지 않는가? '배우기만 하고 업적을 내지 못하는 바보'가 되어서는 안 된다. 언제까지 유럽으로 배우러 가야 하나? 유럽에 가면 유럽의 초일류 감독 코치를 가르치고 와야 한다. 언제까지 그들에게 배우기만 하고, 성과를 내지 못하는 '평범한 지도자'로 있어야 하나? 한국을 세계 축구 교육의 중심으로 만들어 유럽과 남미의 지도자와 선수들이 유학 오도록 만들 수 없을까? 아니 그래야 한다. 이 역시 어렵지 않다.

지금과 같은 유럽 연수로는 유럽을 절대 이길 수 없다. '지식의 연속성과 순차성'으로 인해 유럽에서 배운 지식과 경험은 한국에 도착하는 순간 지나간 낡은 지식이 되어 버린다. 교과서에 그 교과서 출판 이후에 나온 첨단 지식을 담을 수 없는 것과 같다. 거기다 적용할 수 있는 토대, 축구 문화도 많이 다르다. 무엇보다 코칭 철학이 다르다. 한국에는 선수와 학부모 위에 군림하는 코칭 철학이 날뛰고 있다. 이는 선수의 성장을 가로막는 크나큰 폐해로 작용한다. 이런 전근대적인 코칭 철학이 천재의 재능을 둔재로, 박제로 만들고 있지 않은지 스스로 점검해보아야 한다.

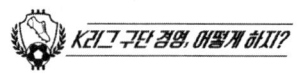

유럽 연수보다 '평생교육 시스템' 정착이 시급하고 더 중요하다

감독 코치는 세계 경쟁에서 앞서 있는 자기 자신만의 '평생교육' 프로그램을 가지고 있어야 한다.

무엇을 어디에서 어떻게 공부해야 하는지 해박하게 알고 있어야 가능하다. 하여 소유한 지식과 경험을 서로 융합, 확장, 창조, 분석, 응용, 혁신, 연결, 전환, 도약할 수 있어야 비로소 선수를 제대로 육성할 수 있다.

감독 코치는 스스로 세계 최고가 되겠다는 가장 높은 목표를 설정하고, 지극하게 공부해야 한다. 앞서 말했듯이 유럽 연수에서 얻는 게 분명 있다. 동시에 그 한계도 명확하다. "이 세상에서 경쟁자는 오직 자기 자신뿐이다"라는 말 그대로 자신과의 싸움에서 이길 때 작품을 만들어 낼 수 있다. 프로연맹은 유럽 연수를 계속하되, 이보다 더 비중 있게 감독 코치의 평생교육 시스템을 만들고 침투시키는 게 더 효과적이다. 즉, 유스 지도자에게 자기주도적 학습 능력을 길러주는 것이다. 물론 22개 프로구단과의 협력은 필수다.

정철희 교수(건국대)는 "자기주도 학습(self-directed learning)이란 학습자가 주도권을 가지는 학습 과정으로, 학습자는 학습목표를 설정하고, 학습 자원을 확인하며, 중요한 학습전략을 선택하고, 학습결과를 평가하는 일련의 작업을 수행하는 것"을 의미한다고 들려준다. 자기주도 학습법의 핵심 전략은 나 스스로 공부하는 시간을 매일 만들고, 나만의 공부 계획을 세워 꾸준히 실천하는 것이다. '매일 조금씩, 일정한 시간에, 일정한 장소에서, 정해진 분량을' 지속하는 것이다. 감독 코치는 매일 최소한 5시간 이상은 공부해야 한다.

공부의 핵심 개념은 '스스로'이다. 현재와 미래는 이미 평생학습 사회이다. 아무리 최신 지식을 습득한다 해도 빠르게 쓸모없는 낡은 지식으로 되어 버린다. 공부는 영원히 끝나지 않는 과정이다. 축구에서도 이 원칙은

그대로 적용된다. 주마간산 격으로 13일 정도 둘러보는 유럽 연수보다 스스로 하는 평생교육이 훨씬 더 중요하고, 비교할 수 없을 정도로 효과적이다. 이러하기에 프로연맹과 22개 프로구단은 하루속히 감독 코치에게 '자기주도적 학습 시스템'을 손에 쥐어줘야 한다. 이걸 지도자 스스로 해내기에는 아직 시기상조이다. 프로구단과 협력하여 침투시켜야 한다. 대한축구협회의 지도자 강습회와도 긴밀하게 조율할 필요가 있다. 감독 코치는 공부하여 아는 만큼만 가르칠 수 있다. 그의 지도력이 세계 최고 수준이라면 자연스럽게 세계 최고 수준의 선수를 육성할 수 있다.

6) 축구산업 아카데미

프로연맹은 2013년부터 국내 스포츠 단체 중 최초로 축구산업 아카데미를 설립해 매년 스포츠 행정 분야의 미래 인재를 배출해오고 있다. 11개 과정이며 이 과정을 거쳐 프로구단에서 일하고 있는 경우가 적지 않다. 좋다. 아주 바람직하다.

7) K리그 아카데미

'축구 산업 아카데미'가 K리그 미래 역군을 배출하는 게 목적이라면 'K리그 아카데미'는 현직 종사자의 역량 배가가 목적이다. 현장에 바로 적용할 수 있는 실전적인 내용을 전달하기에 현장에서 매우 요긴하게 활용할 수 있다.

8) 22세 이하 국내 선수 의무 선발 출전 및 명단 등록 규정

2019 시즌부터 기존의 23세 이하 국내 선수 의무 선발 출전 및 명단 등록 규정의 기준 나이가 22세로 변경되었다. 2018 시즌의 경우 K리그 2에서는 이미 시행되고 있었다. 올해는 그 범위가 K리그 1까지 확대되었다.

9) '프로 축구단에서 스포츠클럽'으로 육성 추진

2018년 4월 17일 프로연맹은 K리그 구단이 주체가 돼 비영리법인을 통한 종합형 스포츠클럽을 설립해 운영하는 방안을 연구 중이라고 설명했다. "현재 지방을 연고로 한 기업구단 두 곳이 종합형 스포츠클럽 운영을 추진 중"이라며 "연맹도 적극적으로 지원할 예정"이라고 밝혔다.

바르셀로나는 단순히 프로 축구단인가?

아니다. 스포츠클럽이다. 축구뿐만 아니라 여러 종목의 스포츠 팀을 운영하고 있다. 선수가 아닌 생활체육을 향수하는 지역민들이 회원의 대다수를 구성하고 있다. 이처럼 종합 스포츠클럽 체제는 외연을 엄청나게 확장할 수 있고, 이를 토대로 다양하고 활활발발한 시너지를 창출할 수 있다. K리그 22개 구단처럼 단순히 축구 한 종목만을 운영하는 게 아니다.

바이에른 뮌헨도 스포츠클럽이다. 레알 마드리드도 그러하다. 이처럼 유럽은 거의 대부분 스포츠클럽 체제로 유지 운영되고 있다. 스포츠클럽은 K리그 22개 구단이 하루속히 이뤄내야 할 핵심 과제다. 프로야구 등 경쟁자보다 앞서 시장을 선점하는 게 무엇보다 중요하다. 프로구단의 당면 현안을 일거에 해결하는 역할을 할 개연성이 높다.

10) '클럽 라이선스 제도' 도입

프로연맹은 K리그 클럽 라이선스 규정을 발표했다. 이 규정은 스포츠, 기반시설, 인사·행정, 법률, 재무 5개 분야로 이뤄졌다. 예를 들어 스포츠 기준 분야를 보면 선수 육성 구조, 유소년 육성 프로그램, 의료지원 서비스 등으로 세분화돼 있다. 기반 시설은 시설 인프라를 주로 살핀다. 프로연맹은 "AFC 클럽 라이선싱 규정을 바탕으로 K리그 참가를 위한 라이선싱 규정을 별도로 만들었다. 큰 차이는 없고 좀 더 국내 현실을 감안했다"라고 밝혔다. 전문 인

력 확보를 통해 구단의 경쟁력을 끌어올리는 게 클럽 라이선싱 제도가 추구하는 바다.

11) 주 6일 K리그 경기

매주 목요일을 제외한 요일에 경기가 열린다. 최대 6일간 경기가 열린다. 토일 경기는 금요일에도, 수요일 경기는 화요일에도 개최된다. 여기에 '먼데이 나이트 풋볼'이라는 이름으로 진행해오고 있는 K리그 2의 월요일 경기가 있다. 금요일 첫 경기는 2019년 3월 29일 오후 7시 30분 울산이 문수경기장에서 제주와 하나원큐 K리그 홈경기였다. K리그 1의 12개 팀이 한 번씩 돌아가며 금요일에 경기를 연다. 미디어 노출 빈도를 늘리기 위한 프로연맹의 시도이다.

12) 구단 사무국 역량 강화 정책

유럽 미국 일본 등에 비해 K리그 구단 사무국 직원 수가 많이 적다. 몇 개의 업무를 동시에 맡기도 하여 선택과 집중에 취약하며 업무 부하가 과중한 경우도 적지 않다. 이러하기에 프로연맹은 구단 사무국 직원의 증원을 권장하고 있다. 특히 마케팅·유소년·지역 밀착 등 구단 자립에 도움이 되는 분야에 집중할 수 있게끔 돕고, 경영진과 실무진의 역량을 극대화하는 한편 구단 경영과 선수단 운영을 분리할 수 있도록 유도하고 있다. 또한 K리그 1과 K리그 2에 맞는 표준 구단 조직도를 제작한 뒤 배포했고, 이를 통해 각 구단이 장기적 목표와 비전 설정을 정착할 수 있게끔 했다. 앞서 소개했던 11개의 K리그 아카데미 역시 구단 사무국 역량 강화를 돕는 것과 궤를 같이 한다. 각 구단이 지금보다 체계적으로 역량을 갖추고 세일즈와 팬 서비스 등에 힘을 쏟을 여건을 마련한다면, K리그 전체가 지금보다 더 풍요로워질 것은 자명한 사실이다.

―― 리그 발전을 위한 노력 / 베스트일레븐 / 안영준 조남기 기자

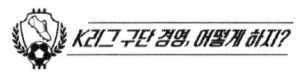

적확하게 현실 바라보기

구단의 투자 순서는 다음과 같다. 1순위가 구단 사무국이다. 2순위가 코칭 스텝이다. 3순위가 선수단이다. 구단 사무국은 전략 사령부다. 모든 계획이 여기서 나오고 집행된다. 구단의 성장 발전이 사무국의 역량에 정확하게 비례하여 나타난다. 다음 순위가 코칭 스텝이다. "용장 밑에 약졸 없다"라는 말 그대로다. 유능한 감독 코치는 선수를 성장시키나 어처구니없는 감독 코치는 선수의 성장은커녕 발전을 가로막는다. 구단 사무국 역량 강화는 '제2부 K리그 프로구단의 5대 최우선 과제' 중 '1. 프로구단 사무국 역량 강화'에 자세히 있으니 참고하기 바란다.

13) 'K리그 통합 데이터 포탈' 구축

프로연맹은 2018년 8월 'K리그 통합 데이터 포탈'을 공식 오픈했다. 6개월간의 구축 작업의 결과다. K리그 경기별 공식 기록과 경기 분석 부가 데이터들을 통합적으로 관리하고 열람 검색할 수 있는 포털 사이트다. 여기에는 경기 분석도 포함된다. 볼 경합 성공 횟수, 전방 패스, 키 패스, 인터셉트 등 다양한 부가 데이터를 제공해 K리그 팬들도 전문적이고 특별한 자료를 기반으로 한 콘텐츠를 즐길 수 있게 했다.

매우 탁월!

여기서 프로연맹이 잊지 않고 기억해야 할 게 있다. 이 성공 경험을 두고 두고 계속 활용해야 한다는 것이다. 외주 주고 때가 되니 이루어졌다. 즉, 외주회사를 선정하여 계약하고 관련 자료를 제공하니 약속한 날짜에 훌륭하게 완성되었다. 이게 외주의 힘이다.

올해는 프로연맹이 지상파 3사와 중계권료 협상을 한다. 아마 어려움을

겪을 것 같다. 지상파 3사가 K리그 중계에 난색을 표하고 있기 때문이다. 중계 시 광고 효과가 미미하여 적자이며, 지상파 3사도 유튜브 등 미디어 권력의 지각 변동으로 어려움을 겪고 있다. 최근 해마다 K리그 타이틀 스폰서를 유치하기 위해 여러 기업과 의논했으나 번번이 실패했다. 어쩔 수 없이 권오갑 연맹 총재가 사장을 지낸 현대오일뱅크가 6년(2011 ~ 2016) 연속 맡았다. 그러다 2017년부터 4년간 하나은행이 타이틀 스폰서가 되었다. K리그가 외부 타이틀 스폰서를 유치하기는 1995년 이후 22년 만에 처음이다.

중계권료와 타이틀 스폰서는 설득을 통한 협상 작업이다. 그러나 프로연맹은 받으려고만 하고 주는 데는 매우 인색하지 않은지 점검해보길 바란다. 필요 재정도 있으니 외주를 적극적으로 주라. '과제'를 선정한 후 적임자나 조직을 발굴하여 맡기는 것이다. 그러면 'K리그 통합 데이터 포털' 구축과 같은 놀라운 일들이 일어난다.

14) 체계적인 심판 교육을 위한 KRMS

2018년 2월 K리그 심판 교육 관리 시스템(KRMS)을 개발해 2018년 6월부터 시행 중이다. KRMS는 심판 판정의 모든 데이터와 영상을 집대성한 포털 사이트 개념으로, 심판과 심판 위원들이 평가 및 교육하는 자료로 사용 중이다. 앞으로 더 획기적인 부가 서비스를 제공할 예정이라고 한다.

15) 관련 자료 제작 보급

프로연맹은 지속적으로 여러 책자나 자료집을 발간하여 22개 프로구단과 관계자들에게 배포한다. 정성 들여 충실하게 만든 이들을 부지런히 활용하면 크게 요긴하나 던져 놓고 보지 않으면 폐지나 다름없다. 구체적일수록 설득력이 있기에 많은 자료 중에서 12가지만 제시한다. 여러분은 다시 한 번 프

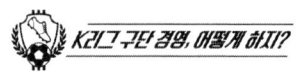

로연맹의 열심을 실감하게 될 것이다.

(1) 일본 J리그 벤치마킹 리포트(2012)
(2) 2017 K리그 아카데미 - CEO 과정
(3) 중국 슈퍼리그(2017)
(4) 외국인 선수 운영에 관한 매뉴얼(2014)
(5) J리그 프로필(2014)
(6) K리그 스포츠마케팅 및 티켓 세일즈 세미나(2009)
(7) 2018 K LEAGUE CSR REPORT
(8) 2014 K리그 신인 선수 교육
(9) EPL - West Ham United Youth System Benchmarking Report(2014)
(10) 사회 공헌 & 지역 커뮤니티 프로그램 Manual(2013)
(11) 유소년 활성화(2013)
(12) 마케팅, 사회 공헌(2013)

또 다른 활용 방법

프로연맹에서 낸 책자나 자료들을 읽어보면 많이 도움이 된다. 공부 재료로 훌륭하다. 충실하게 만들었구나, 하는 생각이 저절로 우러난다. 그런 만큼 누구나 언제나 어디서나 그리고 더 쉽고 효과적으로 접근할 수 있는 통로를 제공할 필요가 있다. 이 좋은 텍스트를 두고두고 활용하면 나쁠 게 있는가? 프로연맹 홈페이지를 활용하는 것이다. 분량이 방대할 것 같으면 또 하나의 홈페이지를 개설하면 더욱 좋다. 독립된 메뉴를 만들고, 여기를 다시 유스 육성, 마케팅, 해외리그 벤치마킹 등 홈페이지 메뉴를 여러 분야로 세분화하여 올리는 것이다. 이 작업을 프로연맹이 조속히 해주기를 제안한다. 일손이 부족하면 이 역시 외주를 주면 간단하게 해결된다.

02
시너지 효과 창출을 위한 3가지 제안

잘하고 있는 프로연맹이 더욱 성과를 낼 수 있도록 3가지 제안을 한다.

1) 통합 매뉴얼 만들기

이처럼 프로연맹은 부지런히 일한다. 쉼 없이 더 효과적인 방안을 찾고 있다. 어떻게 무엇으로 지금보다 K리그를 발전시킬 것인가에 한결같이 천착하고 있다. 성과도 나오고 있다. 더 크고 강력하며 보다 효과적인 시스템을 만들기 위해 오늘도 바삐 움직이고 있다. 그런데 위에서 살펴본 여러 제도는 프로연맹이 소속 22개 프로구단에 침투시켜 실행하게끔 하는 방안이다. 다시 말하지만 전달 방법이 주로 책자, 직접 연수, 이메일, 강연, 세미나, 워크숍, 프로연맹 홈페이지, 해외 연수 등이다. 이런 방법은 일정 부분 한계가 있고, 지속적인 활용도 어렵다. 좋은 방법이 없을까?

일례로, 'EPL – West Ham United Youth System Benchmarking Report'(2014)이란 책자를 프로연맹이 발간하여 배포했다. 일정 기간 동안 자료를 모으고 정보를 취합하며 열과 성을 다해 연구하여 프로연맹의 누군가가 만들었다. 제작 배포 활용에 적지 않은 돈이 투입되었다. 내용도 충실하고 프로구단이 적용할 수 있는 요긴한 정보들이 수두룩하다. 그런데 이 책자가 누구에게 배포되었는가? 아마 아무리 많아도 200곳도 되지 않은 것 같다. 22개 프로구단과 대한축구협회와 산하 7개 연맹 그리고 몇몇 관련 기관과 축구

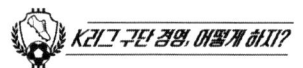

관계자들에게 전달되었을 것이다. 공들여 만든 노력과 요긴한 책 내용에 비해 좁은 범위 안에서 수공업적으로 배포되었다. 당연히 파급 효과도 그리 크지 않다.

2014년 배포된 이 책이 2019년 8월 현재 어디에 어떤 모습으로 있는가? 어느 구단의 서가에 꽂혀 있는 것도 있을 것이다. 이게 활용되고 있을까? 이미 폐기되어 고물상에 간지 오래된 책자가 대부분일 것이다. 이처럼 시일이 지나면서 책자가 없어 활용하지 못하거나 십중팔구 책자가 있어도 깊이 잠자고 있을 것이다. 그 무엇보다 이런 책자가 있다는 걸 알게 된 개인이나 조직이 활용할 수 없다는 건 낭비라고 하지 않을 수 없다. 이런 점을 근원적으로 예방하고 해결할 수 있는 방안을 마련해야 한다.

그리 어렵지 않다. 조금 더 시간을 들여 생각하면 누구나 그 방법을 찾아낼 수 있다. 전혀 기발하지 않다. 상식적인 방법이다. 그것은 매뉴얼(manual)을 만들어 프로연맹 홈페이지에 올려놓는 방법이다.

(1) 분야

필요하다고 판단되는 모든 분야를 담고 있는 통합 매뉴얼이어야 한다. 구단 행정, 경기력, 유스 육성, 마케팅, 흑자경영, 선수 이적과 영입 등 프로 구단이 일상적으로 만나는 모든 분야를 하나도 놓치지 않고 모두 다루어야 한다. 내용이 방대할수록 좋다. 구체적일수록 현장에서 바로 그리고 쉽게 활용할 수 있다.

각 분야별로 메가 분류, 대분류, 중분류, 소분류, 미세 분류 등으로 나누어 통합성과 구체성을 동시에 제공한다. 일례로 '경기력의 구성 요소' 중 전술을 매뉴얼화한다고 가정하면? 경기력의 4대 구성 요소를(메가 분류) 체력 개인기 전술 정신력으로(대분류)로, 이 중 전술을 **지역(중분류)**, 인원(중분류), 시스템(중분류), 전술 변천사(중분류), EPL 현재 전술 흐름(중분류) 등을 중분류로 배치하고, 다시 **지역을** 수비 전술(소분류) 미드필

드 전술(소분류) 공격 전술(소분류) 등으로, 다시 **수비 전술을** 센터 백(미세 분류) 사이드 백(미세 분류) 등으로 나누어 배치하는 것이다.

(2) **콘텐츠 작성 담당처**

상황에 따라 아래의 한곳이 담당하거나 3곳이 분야를 나누어 실행할 수 있다.

프로연맹

외주회사(프로연맹의 의뢰를 받아)

그 외(국내외의 개인 및 조직의 자체 제작)

이 경우는 허락을 받아 올린다. 저작권법 관련을 준수하기 위해서다.

(3) **걸러내기와 통합하기**

내용이 중복되거나 올릴 만한 가치가 없는 것은 선별하여 올리지 않는다. 읽는 이의 시간과 노력을 존중해야 한다. 그리고 수시로 또는 정기적으로 관련 내용을 통합(서로 연관되는 내용을 합쳐서 새로 만드는 과정 중에 수정 보완 폐기 등이 이루어짐) 하는 작업이 이루어져 활용 가치를 높여야 한다. 고객에게 "그 홈페이지에 가면 내가 찾는 정보가 있다"라는 확신을 심어주어야 방문자 수가 지속적으로 증가할 것이다.

(4) **홈페이지 만들기 및 관리**

여러 가지 방법이 있을 수 있다. 이런 방법은 어떠할까? 처음에는 외주를 준다. 'K리그 통합 데이터 포탈' 구축이 어떻게 완성되었는가? 외주 주

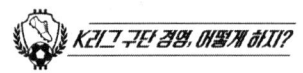

고 약속한 시일이 되니 완성되어 있었다. 이런 성공 경험을 다른 분야에도 적용해야 한다. 활용하지 않을 이유가 없다. 1차 완성 후에는 프로연맹 담당자가 관리하는 것도 한 방법이다.

(5) 한국 양궁협회의 '양궁 대표팀 운영 매뉴얼'과 그 한계

한국 양궁은 세계 최강이다. 태산북두다. 반짝 최강이 아니라 계속 압도적인 최강 위치를 차지하고 있다. 올림픽과 세계선수권 등 메이저 대회에서 금 은 동메달을 휩쓸고 있다. 감독 코치가 세계로 진출하여 가르치고 있다. 이런 양궁 대표팀에는 '양궁 대표팀 운영 매뉴얼'이 있다. 700 페이지가 넘는 두꺼운 책자인 이 매뉴얼 첫 장에는 대표 선수들이 태릉선수촌에 소집된 첫날 할 일을 세세하게 기록해 놓았다. 지도자들이 숙지해야 할 세부적인 운영안도 들어 있다. 매뉴얼은 계속 업그레이드된다. 자원 시간 노력을 최적화해 최대의 효과를 누리고 있다.

잘하고 있다. 그러나 매뉴얼 범위가 '대표 선수단 운영'이라는 분야에만 국한되기에 다른 분야를 포괄적으로 담고 있지 못하는 한계를 가지고 있다. 프로연맹은 이걸 극복하여 22개 프로구단이 만나는 전 분야에 걸쳐 매뉴얼을 만드는 것을 목표로 한다. 그리고 하루속히 만들어 활용할 수 있게 하여야 할 책임이 있다.

(6) 매뉴얼은 힘이 세다

삼성SDS 직원들은 '아리샘'을 보물단지처럼 여긴다. 모든 업무 처리 방식을 매뉴얼화한 아리샘이 구축된 뒤 업무 효율이 높아졌기 때문이다. 이 회사 이동희 부장은 "몇 년 전만 해도 부서를 옮기면서 선배 도움 없이 일을 배우거나 업무 처리를 하는 게 어려웠다"라며 "모든 업무를 매뉴얼화한 뒤 정보를 공유하자 업무 효율이 뛰기 시작했다"라고 말했다. 삼성SDS가 지식경영시스템을 도입한 것은 1996년이다. 하지만 초기엔 개인

이나 부서 중심의 지식 정보로 국한되어 모든 직원이 공유하지 못했다는 문제점을 가지고 있었다. 이를 2004년 경영 트렌드, 기술, 업무, 혁신(이노베이터) 등 4개 분야로 정리해 모든 직원이 활용할 수 있도록 바꿨다.

— 매뉴얼은 힘이 세다 / 중앙일보 2007. 6. 8. 金. E6

매뉴얼이 모여 시스템이 된다. 매뉴얼은 이해당사자들이 경험과 지혜를 농축하여 만든 업무 처리 표준이다. 건국 초기 양치기 무리에 불과하던 로마인들이 서방 세계 전역을 지배한 원동력은 '체계적인 '매뉴얼(manual 교범)'이었다. 강력한 주변 민족들 틈바구니에서 살아남기 위해선 조직력이 최우선이었다.

로마는 각종 전투 시나리오별 매뉴얼과 시스템으로 체계적 군사력을 구축, 영토를 확장해 나갔다. 전쟁에서 패하는 건 용서해도 매뉴얼을 안 지키는 것은 용납하지 않았다.

2) 종합 데이터베이스 만들기

조금만 생각해도 K리그 자원의 데이터베이스화의 유용함을 알 수 있다. 시간을 성큼 절약해준다.

곧바로 필요한 정보를 만날 수 있다. 다양한 선택을 가능하게 하고 최적의 선택을 도와준다. 업무 효율성으로 연결된다. 인재와 지식의 활용도를 높인다. 시장의 구조를 보여 준다. 나아가 어떤 분야의 시장을 개척해야 하는지에 대한 영감을 불어 넣어 주기도 한다. 과거와 현재를 바탕으로 미래를 예측하는 자원으로 활용되기도 한다. 지명도가 낮지만 갓 시장에 진입한 최신 학문으로 무장한 신규 인재가 누구인지 알 수도 있다.

무엇을 데이터베이스화하는가? 고객이 필요로 하는 걸 만들면 된다. 많이 있다. K리그 22개 구단 정보, 한국의 각급 축구 자격증 소지자 명단, UEFA 자격증 소지자 명단, 전국의 인조잔디 및 천연잔디구장 현황, 축구 대리인, 전

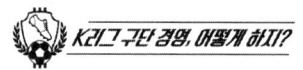

국 17개 시, 도 협회 등록 팀, 지금까지 출간된 한국어판 축구 서적, 축구 관련 구직 구인 정보, 축구용품 및 시설, 피지컬 코치 명단 등 얼마든지 있다.

가령 유럽에서 발급하는 각급 지도자 자격증(UEFA-A, B, Pro)을 소지한 한국인이 누구인지 알려면 어떻게 하는가? 관련 데이터베이스(DB)가 없으면 일일이 발품을 팔아야 하고, 그래도 놓치는 경우가 많다. 최적의 적임자를 찾지 못하는 경우도 있을 것이다. 반면에 프로연맹이 데이터베이스화해 놓으면 바로 그리고 당사자 모두를 알 수 있다. 이런 지도자를 프로구단 유스 지도자로 활용하려면 언제든지 살펴볼 수 있다. 유럽까지 가서 자비로 스페인에서 잉글랜드에서 독일에서 등등 공부하여 자격증을 취득한 그 열정에 큰 박수를 보낸다. 한국 축구의 보물이다.

프로연맹의 DB화 작업은 선택이 아니라 필수다. K리그 성장에 계속 그리고 크게 기여할 것이다. 이 일은 개개의 프로구단이 하기에는 벅차다. 인적 물적 자산을 가지고 있는 프로연맹이 해야 한다. 분야와 내용이 방대하나 창조가 아닌 정리와 통합의 성격이 강하기에 그리 어려운 일도 아니다. 구축 후에도 관련 정보를 지속적으로 올려야 한다.

가. 먼저, 기존 정보를 분야별로 홈페이지의 독립된 메뉴에 올린다.
나. 새로운 정보를 접하면 바로 올린다.
　새로운 정보를 제공할 수 있는 장소(홈페이지, 이메일, 전화 등)를 명시하고 축구 관계자와 팬들에게 수시로 알린다. 제보 받아 확인 후 즉시 올린다.
다. 데이터베이스 분야의 신규 인재들은 스스로 또는 주위의 제보로 프로연맹에 알려 등재되도록 한다.
라. 수시로 점검하여 항상 살아 있는 DB가 되도록 관리한다.
　소멸 변경 신규 등 변화가 있으면 신속 정확하게 정보를 고친다.

마. 등재 시에는 사전에 확인과 점검을 거쳐 '정확성'을 유지한다.
과장 축소 왜곡 굴절 등을 걷어내고 객관적인 정보를 제공하여 신뢰도 타당도를 극대화한다.

3) 연중 제안제도 활용하기

개인이나 어느 조직이든 현재 소유하고 있는 지식 정보 경험은 한계가 있다. 가용할 수 있는 시간과 자원도 그러하다. 이걸 효과적으로 보완할 수 있는 방법이 없을까? 그중 하나가 제안제도의 활용이다. 기업에서는 널리 활용하고 있다. 축구 인재들은 크게 두 영역에 자리하고 있다. 제도권과 비제도권이다. 대한축구협회와 프로연맹 그리고 22개 프로구단 같은 제도권과 이 밖의 비제도권이다. 세상은 넓고 비제도권에도 초절정 고수들이 적지 않다.

이런 일이 있다. 1882년 한국 축구가 시작된 이래 축구 서적을 가장 많이 출간한 출판사가 어디일까? 서울 관악구 신림동에 있는 '사람들' 출판사(대표 김명석)다. '축구에 관한 모든 것' 시리즈를 내고 있는데 2019년 11월 현재 21권을 상재했다. 메이저 출판사가 아니기에 모르는 사람들이 많다. 좀 더 자세히 살펴보자.

■ 축구에 관한 모든 것 시리즈

1. 스타디움 / 박정운
2. 아시아 / 이범수
3. 광고 / 이승종
4. 팬 / 박재림
5. 에이전트 / 윤거일
6. 프리메라리가 / 이용욱
7. 유럽챔피언스리그 / 이도희

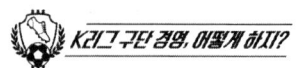

8. 참사 / 이준석
9. 전술 / 고병현
10. 라이벌 / 임형철
11. 월드컵 / 김정훈
12. 심판 / 윤거일
13. 축구와 사회 / 오윤록
14. 감독 / 김승학
15. 분데스리가 / 이명수
16. 명승부, 명장면 / 윤호식
17. 스캔들 / 권동훈
18. 축구룰 / 정재헌
19. 아메리카리그 / 유득모
20. 피파(FIFA) / 윤거일
21. 유럽축구선수권대회 / 박용찬

이 책들을 낸 이는 모두 재야의 축구 고수들이다. 프로구단의 감독 코치, 제도권의 축구 명망가, 프로연맹 직원들의 식견에 조금도 뒤지지 않는다. 이들은 스스로 좋아서 축구를 공부하고, 그 공부가 축적되어 자연스럽게 책으로 드러나게 되었다. 고도의 자발성의 결과물이다. 읽어보면 내용이 충실하고 새롭고 획기적인 이야기들이 도처에 즐비하다. 이들의 역량을 한국 축구 발전에 연결해 활용할 수 없을까, 하는 생각이 저절로 일어난다. 하지만 현실은 전혀 그렇지 못하다. 제도권 축구계에서는 우리끼리 잘할 수 있고, 또 잘하고 있다고 생각하고 있는 것 같다. 철저하게 인맥 카르텔의 늪에 빠져 있어 인재 활용에 오늘도 실패하고 있는 제도권의 축구인들이 재야의 이들에게 그 어떤 관심도 두지 않는 것 같고, 이들의 뜨거운 열정이 낭비되고 있으니 안타까운 마음 금할 수 없다. 이 역시 끝없이 경쟁 우위를 추구하는 기업과는 극명하게

대비되는 무사안일과 개척정신의 무기력이 아닌지 제도권 축구인들이 스스로 점검해볼 일이다.

여기에다 이 책을 쓴 저자도 이 출판사에서 3권의 축구 서적을 낸 적이 있다. 〈헤딩〉, 〈1등 축구팀을 만드는 비결〉, 〈3시간 만에 배우는 프로 축구선수 육성 비결〉이다. 다시 여기에 더해 〈축구 전술사〉(이수열 지음), 〈프리미어리그 전술 백배 즐기기〉(서현규)가 있다. 모두 **26권의** 축구 서적을 출판했다. 이보다 더 많은 축구 서적을 낸 출판사는 아직 없다. 참으로 고마운 일이다. 올해 12월 초에 열리는 〈K리그 대상〉에서 '공로상'(축구 서적 출판 부문)을 시상할 것을 프로연맹에 제안 드린다. 이 출판사 김명석 사장은 축구 서적 판매 수익금의 1%를 대한축구협회에 기증해오고 있다.

'연중 제안제도'는 대중의 지혜로 최고의 방법을 찾는 브레인스토밍의 하나다. 그리 어렵지도 않다. 프로연맹이 예산을 책정하고, 홍보하면 된다. 채택된 방안에는 소정의 아이디어 사용료를 제공한다. 기발하고 독창적인 아이디어가 쏟아져 들어올 것이다. 그리고 이들을 프로 축구의 광팬으로 정착시키는 것도 반드시 해내어야 할 과제다. 연중 제안제도는 22개 프로구단도 실행하기를 권유 드린다.

"경기는 기나긴 준비 과정의 끝이며
그 결과는 준비 단계에서 결정이 난다."
--- 에드워드 W 스미스

제**2**부

K리그 프로구단의 5대 최우선 과제

01
구단 사무국 업무 역량 배가

이 점은 매우 중요하다. 아니, 이 책에서 제안하는 과제 중에서 가장 핵심적이고 시급한 사안이다. 일은 누가 하는가? 사람이다. 누가 성과를 내는가? 역시 사람이다. 프로구단도 그러하다. 그중에서도 사무국은 프로구단의 전략사령부와 같다. 구단이 나아가야 할 방향, 우선순위 결정, 자원의 분배와 투입 등 그 모든 것을 정하고 실행한다. 선수를 지도하여 경기력을 향상시키는 코칭스태프나 직접 경기를 보여 주는 선수들보다 훨씬 중요하다. 이러하기에 코칭스태프나 선수단보다 최우선적으로 업무 역량을 강화해야 한다. 국가나 기업뿐만 아니라 어느 조직이나 핵심 조직 구성원들의 역량에 따라 성패가 결정되기 때문이다. 구단 사무국의 업무 역량 강화는 가장 우선적으로 그리고 반드시 달성해야 할 과제다. 이게 부족하면 목표 성취에 계속 어려움을 겪게 될 것이다. 아예 목표 달성 그 자체가 불가능하다.

유럽 축구계에 자주 회자되는 명언이 있다. "한 시즌 행복하려면 좋은 선수, 5년 행복하려면 좋은 감독이 필요하다. 10년 행복을 위해선 좋은 직원이 중요하다." K리그 구단들에 한번 묻고 싶다. 정말 100년 구단을 바라보느냐고. 명문으로의 도약을 꿈꾸느냐고.

― 투자 = 전력 강화? K리그는 정말 건강한가요? / 스포츠동아, 남장현 기자

정말이지 적확한 지적이다. 구단의 모든 계획이 사무국에서 나오고 집행되며, 성과도 책임도 사무국이 져야 한다. 한마디로 사무국이 구단을 움직인다. 미국 프로야구(MLB)에 이런 말이 널리 퍼져 있다. "성적은 단장이, 마케팅은 감독이 책임진다." 한국 프로축구는 이해하기 힘든 말인가? 감독이 성적을 낼 수 있도록 단장은 최적의 지원으로 성적을 낼 수 있도록 하여야 하고, 감독은 흥미진진한 경기로 만원 관중을 창출해야 한다. 맞는 말이다. 모든 마케팅의 근원은 경기력이고, 나머지는 경기력에서 우러나오는 파생상품인 것이다.

인류 역사와 기업의 흥망성쇠가 생생하고도 선명하게 증명해 왔다. 동종업계 세계 최고의 기업을 '비전기업'이라 한다. 2위 기업을 '비교기업'이라 부른다. 이는 결국 기업 내 인재들의 업무 역량 차이가 낳은 결과다. 일례로, 비행기 생산에서 보잉과 더글러스가 치열하게 경쟁했다. 결과는 보잉의 승리였다. 지금은 더글러스를 흡수한 보잉과 유럽의 에어버스가 경쟁하고 있다.

두 가지가 요구된다. 첫째, 가능한 최고의 인재를 영입하는 것이다. 바로 성과를 낼 준비가 되어 있는 준비된 인물을 채용하는 것이다. 이들이 스스로 찾아오도록 기업문화와 인센티브를 잘 갖추어 놓는 게 필요하다. 인맥에 의해 채용하는 것은 실패를 예약한 것과 다름없다. 둘째, 사무국의 역량을 지속적으로 향상시키는 것이다. 만족하는 순간 경쟁에서 뒤처지게 된다. 자기 주도적 학습을 지원하고 문제 해결력을 높이는 다양한 방안을 끊임없이 제공해야 한다. 한마디로, 구단 사무국이 구단 사무국 이전에 현저하게 탁월한 학습조직이 되는 것이다. 이건 평균 이상의 상당한 부하를 주기에 처음부터 공부하는 습관이 되어 있는 사람을 사무국 직원으로 선발하는 게 필수적인 조건이다.

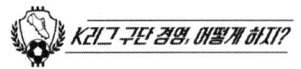

■ 인재의 힘

은(殷) 나라는 왜 멸망했는가? 주(周) 나라는 어떻게 중국 천하를 일통했는가? 당시 은나라는 중국을 지배하는 가장 강력한 나라였다. 여기에 비해 주나라는 서방의 조그마한 제후국으로 시작했다. 이 판도를 뒤집어버린 인물이 등장했으니 바로 '강태공'이다. 강태공의 이름은 '강상' 또는 '강여상'으로 불렸다. 강태공은 살림이 가난해 데릴사위로 들어갔다가 구박을 받아 쫓겨났다. 당시는 농경사회, 부지런히 농사 지어 달라고 데릴사위 삼았는데 농사에는 마음이 없고 허구한 날 공부에 천착해 있으니 그들에게는 쓸모없는 인간이었다.

그 후 호구지책으로 돼지 잡는 백정이 되기도 했다. 중국 천하를 떠돌아다녔다. 한마디로 노숙하면서 개구리 밥풀처럼 흘러갔다. 이 와중에서도 공부는 한시도 게을리하지 않았다고 한다. 강태공은 자신의 뜻을 펼 수 있는 사람을 찾고 있었던 것이다. 그 어느 날 사냥을 마치고 돌아오는 주 문왕(文王) 서백 창(西伯 昌) 일행에게 들리도록 자천담에 드리운 낚싯대를 들어 올리면서 벽력같이 외쳤다. "내가 중국 천하를 낚아 올리리라!" 이렇게 하여 강태공과 주 문왕 서백 창이 대화를 나누게 되었고, 바로 강태공을 스카우트하여 궁으로 돌아갔다.

'최고만이 최고를 알아본다.'가 실현된 순간이었다. 이 순간이 바로 중국 천하의 판세를 결정짓는 터닝 포인트였다. 강태공이 있기에 주나라는 결코 패배하지 않았고, 결국 '주지육림 포락지형'으로 악명을 떨친, 중국 천하를 다스리고 있던 은나라 주왕은 멸망했고 자기 자신도 지키지 못했다. 당시 주 문왕 서백 창은 절실하게 인재를 찾고 있었다. 은나라 주왕에 의해 감옥에 갇혔다가 가까스로 풀려난 적도 있어 항상 위험을 느끼고 있던 차에 만난 인물이 강태공이었다. 태공망(太公望) 강상은 이후 주 문왕 서백 창의 아들 무왕(武王)을 도와 은

나라를 멸하고 중국을 통일하는 일등 공신이 되었다. 이 공로로 제나라(산둥반도) 제후로 봉해졌고, 그의 후손이 700여 년이나 영화를 누렸다. 춘추전국시대에 춘추 5패의 시초였던 제 환공도 강태공의 후손이다. 용병술의 교과서 격인 〈태공망 병법서〉를 남겼는데, 후일 장량이 이 책으로 병법을 공부했다는 일화가 전해지고 있다. 시중의 소설 〈선불영웅전〉 (허중림 지음 / 여강출판사 / 1992. 5. 1 / 전 5권)도 강태공과 깊은 관련이 있는 책이다.

또 하나의 사례다. 명문 귀족 가문의 항우가 변두리 시골의 깡패 출신의 유방에게 연전연승을 거두고 있었다. 어느 순간 초나라 항우와 한나라 유방의 중국 쟁패를 결정짓는 시점이 있었다. 유방이 장량을 등용한 순간이었다. 이때 성패는 정해졌고, 항우에게는 더 이상의 기회가 없었다. 항우는 초한 전쟁의 최고의 명장 한신도 활용하지 못했다. 항우 진영의 장수였으나 항우의 그릇을 간파하고 유방 진영으로 가버렸기 때문이다.

세상에는 드물게 일당천이 있고, 그 위에 만인적(萬人敵 군사를 쓰는 전술이 매우 뛰어난 사람)이 있고, 최고의 경지에 시스템 창조자가 있다. 아르헨티나에 가려면 아르헨티나 가는 비행기를 타야 한다. 비행기 시스템을 누가 만들었는가? 오늘날 전기 없이 하루, 아니 한 시간을 버틸 수 있는가? 전기 시스템을 만든 이는 누구인가? 마이클 페러데이다. 어둡고 비좁은 실험실에서 50년 동안 끊임없이 연구한 페러데이 덕분에 현대 문명의 수많은 이기가 탄생할 수 있었다. 가난한 집안 형편 때문에 식빵 한 덩이로 1주일을 버텨야 할 때도 있었다. 1871년 프랑스 전기 기술자 그람이 상업적 가치가 있는 전동기를 최초로 선보였고, 1879년 토머스 에디슨이 백열등을 발명했다.

이처럼 시스템 창조자는 인류에게 영속하는 혜택을 주고 있다. 결과적으로 시스템 창조자는 인류를 가장 사랑하는 사람이다. 강태공과 장량은 그 당시 한 시대의 시스템 창조자였다. 그들은 초국가적 인재였다. 마이클 페러데이

도 그렇다. 이게 인재의 힘이다. 조직 구성원의 역량이 성패를 결정한다. 프로구단에서 인재 찾기에 얼마나 힘을 쏟아붓는가? 기업은 전력투구하고 있다. 직원을 그들만의 인맥 카르텔로 선발하는 건 실패를 자초하겠다는 더없이 멍청한 짓이다.

■ 첫 단추는 유능한 인재 채용하기

기존의 사무국 직원들의 업무 능력을 배가시키려는 다양한 시도는 중요하고 반드시 필요하다. 그러나 그전에 해야 할 일이 있다. 공정하고 합리적인 방법으로 뛰어난 인재를 채용하는 일이다. 이게 구단을 튼튼하게 만드는 출발점이요 시작이다. 평범한 능력의 직원을 각종 연수를 통해 유능하게 만들려면 너무나 많은 시간 노력 자원이 투자된다. 그렇게 해도 의도대로 성장한다는 보장도 없다. 사람과의 대화를 꺼리고 혼자 조용히 지내는 걸 좋아하는 사람을 고객 응대하는 서비스 직원으로 채용하면 문제를 일으키고 회사 이미지를 실추시킬 개연성이 높다. 그가 내는 성과도 미미하다. 즉, 준비된 사람을 채용해야 하는 것이다.

거기다 성장 잠재력이 크면 더욱 좋다. 너나없이 누구나 세상 유혹에 약하고 온갖 욕망에 흔들리는 부족하고 연약한 동물이 사람이다. 프로구단 사장이나 고위직은 자신이 아는 인맥으로 직원을 채용하고 싶은 유혹이 강하게 일어난다. 힘 있을 때 사용하고 싶고 칼 있을 때 휘두르며 베고 싶은 것이다. "누구를 뽑아라"라는 시, 도의원의 강력한 압력과 로비가 들어오기도 한다. 시장과 도지사를 비롯한 시, 도의 고위 공직자들의 거부하기 어려운 청탁이 쇄도하기도 한다.

그러나 힘써 용기를 내어야 한다. 우선 편하려고 구단을 약화시키는 채용은 절대로 하면 안 된다. 이런 압력을 피해 가고 유능한 인재를 선발하는 방법 중

하나가 '채용 인사위원회'를 구성하여 일임하는 것이다. 이 위원회에 구단 직원은 20% 이내로만 참가하고, 80% 이상은 외부의 신뢰받는 인물들로 구성해야 한다. 청탁이나 압력을 원천 봉쇄하기 위해 인사 위원 정보를 철저하게 비밀로 해야 한다. 무늬만 '채용 인사위원회'이고, 면면은 한 통속이라면 지원자와 팬들을 속이는 가증스러운 행위다. 실제로 이렇게 하는 경우가 비일비재하다. 세상에 알려져 문제가 된 경우도 여럿 있다. 마찬가지로 '감독 코치 선발위원회'를 통해 감독 코치를, '선수 선발위원회'를 통해 선수를 선발해야 한다. 이 역시 80% 이상을 외부 인사로 구성해 공정성을 최대한 확보해야 한다.

채용 홍보도 다양한 방법으로 해야 한다. 기간도 적어도 1달 전에 내보내야 한다. 형식적으로 일주일 정도, 그것도 자신의 프로구단 홈페이지에 알리는 정도가 적지 않다. 이는 자기들끼리 해먹겠다는 의심을 받기에 충분하다. 미리 내정해 놓고 '채용 공고'를 내는 추악한 행태도 적지 않다. 이건 '승부 조작'이나 다름없다. 선수가 '승부 조작'하면 영구 제명이라는 무겁고 가혹한 처벌을 받는다. 청년 취업 절벽 시대에 채용 비리가 드러나 형사 처분 받는 뉴스가 한 둘이 아니었다. 탈락한 지원자의 노력과 준비와 희망을 좌절시키는 범죄 행위다.

■ 구단 사무국 역량 배가, 어떻게?

K리그 구단 사무국 직원들은 하나같이 부지런히 일하고 있다. 당면 과제 해결에 동분서주하고 있다. 하지만 성과에는 의문이 든다. 세계 경쟁력도 여전히 부족하다. 한국에는 K리그보다 팬층이 많은 대체상품들이 여럿 있다. 프로야구 영화 게임 등 적지 않다. 이들을 능가하고 축구 선진국에 비해 경쟁 우위를 확보하기 위해 사무국의 역량을 지속적으로 향상시키는 일이 시급하고 절실하다.

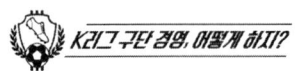

개인적인 경험이라서 조심스럽지만 용기를 내어 공유하고자 한다. 경험을 통하여 적지 않은 구단 직원들에게서 전반적으로 불친절하다는 인상을 받는다. 업무가 많아서인지 만성피로에 빠져 있는 직원이 한 둘이 아니라고 느낄 때가 많다. 업무 역량에서도 기업에 뒤진다는 생각이 들 때가 자주 있다. 기본적인 전화 응대도 서툰 직원이 한 둘이 아니었다. 그때 문득 이동통신사 3사 직원들의 전화 응대가 떠올랐다.

무엇보다 프로구단 사장에게 제안서를 우송하면 깊은 물속에 돌을 던진 격으로 제때에 답신한 적이 한 번도 없었다. 기다리다 지쳐 전화를 걸면 직원이 도중에 틀어쥐고 전해주지 않는 경우가 대부분이었다. 사장에게 전해지지 않고 도중에 제안서가 폐기되곤 했다. 아예 빠르게 제안서를 반송해온 경우도 있었다. 제안하는 행위가 파렴치하고 위법인가? 출간한 책을 보내어도 제대로 전해졌는지 알 수가 없었고, 그 누구도 "보내준 책 잘 받았다"라는 전화 한 통화 없었다.

한편으로는 조금은 이해가 될 듯도 했다. 한국 축구계에 무명소졸에 지나지 않은 사람이 제안서와 책을 보내었으니 가볍게 여겨 그럴 수도 있다는 생각도 들었다. 제안서가 업무를 가중시킬 수 있으니 오히려 귀찮을 수도 있을 것이다. 누구나 쉽게 제안서를 낼 수 있는가? 프로구단 사무국 직원 중 한 번이라도 중대한 제안서를 낸 사람이 있는가? 개선과 혁신을 향한 열정이 제안서에 가득하다. 기업이라면 검토하고 필요시 만나고 채택하기도 한다. 프로구단은 그 자체가 기업이다. 철저하게 기업의 논리로 조직되고 운영되어야 한다. 하지만 K리그 구단의 현실은 그렇지 않다.

기업가정신으로 충만해야 오래가고 건강해진다. 반면에 프로구단에게서 기업가정신이 실종되었다는 느낌을 받을 때가 한두 번이 아니다. 거의 매번 긴 한숨을 쉬게 된다. 만약 대통령이 같은 제안서와 책을 보냈다면 어땠을까? 아마

난리가 났을 것이다. 바로 전화하고 검토하느라 분주해질 것이다. 인격자는 남에게 불친절할 필요성을 조금도 느끼지 못한다. 거지부터 대통령에 이르기까지 공평하게 대한다. 업무 역량 이전에 '기본이 되어 있지 않다'라는 느낌을 주는 사무국 직원이 없는지 22개 구단은 스스로를 점검해보기를 권유 드린다.

다시 제자리로 돌아와서, 어떻게 사무국 직원의 창의성과 업무 역량을 배가시킬 것인가? 효과적이고 다양한 방법이 있을 것이다. 또 다른 효과적인 방안을 찾아내어 실행하면 더욱 좋다. 아래에 제시한 방안이 가장 적확한 해답일 수도, 그렇지 않을 수도 있다. 판단하는 개개인에 따라 다르기 때문이다. 또 같은 방안이라도 적용 방법과 지속력에 따라 효과가 달라질 것이다. 아래에 제시한 방안보다 더 과학적인 방안이 있을 수도 있다. 그러나 이 정도 하기도 쉽지 않다. 실제로 이만큼 하는 K리그 구단 하나도 없다. 단언하건대, 이것만 제대로 실행하면 구단 사무국 직원의 업무 능력에 혁명이 일어날 것이다. 핵심은, 의도적으로 변화를 주어 사무국 직원의 열정, 창발성, 업무 역량을 나날이 높여가는 것이다. 적극 추진하기를 권유 드린다.

사무국 역량 강화에 대한 22개 프로구단의 입장은 조금씩 다르다. 어떤 구단은 최우선 과제로 선정하여 실행하고 있을지도 모르겠다. 또 어떤 구단은 당면 현안 해결에 급급하여 아예 생각조차 못 할 수도 있다. 또 다른 구단은 이걸 추진할 수 있는 조건을 갖추고 있으나 대표이사의 의지 부족으로 시도조차 않고 있을지도 모르겠다. K리그 22개 구단의 전문성이 축구 선진국에 뒤지고 있어 시급한 처방과 그 실천이 절실하다.

1) 결의하기 ; 지속적인 업무 역량 배가를 위한 전진

'한결' 감독은 하루 5시간 이상 한결같이 공부한다. 의도적이고 과학적 구조적 통합적 유기적 구체적으로 작성한 교수학습지도안 교안대로 가르친다. 자

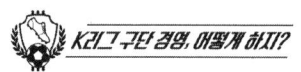

연스럽게 코칭 수준이 탁월하고 선수들의 만족도도 높다. 선수들의 빠른 성장을 지켜보며 한결 감독은 다음 날 코칭이 기다려진다. 왜냐? 자신의 수업이 우수하기에 무엇보다 자기 자신에게 강력한 동기부여가 되고 있기 때문이다. 그는 잘 가르치는 자신이 자랑스럽다. 반면에 '어처구니' 감독은 자신의 수업이 지루하고 구태의연하다. 이렇다 할 준비 없이 선수 시절의 경험과 다른 팀의 연습을 단편적으로 훔쳐 와 가르치기 때문이다. 스스로도 자기 자신의 수업 품질이 조악하다는 걸 알고 있지만 마냥 세월만 흘러간다. 성적도 나오지 않고 선수의 성장도 정체되어 있다. 학부모의 불만이 부글부글 끓다 비등점을 향해 가고 있다. 감독도 코치도 선수도 무기력에서 벗어나지 못하고 있는 형국이다.

프로구단 사무국 직원도 이와 같다. 자기주도적 개혁으로 쉼 없이 자신의 역량을 향상시켜 가는 직원은 어떤 업무에도 자신감이 있다. 실제로 잘 해내고 있다. 실력을 인정받고 있다. 승진이나 근무평가 그리고 인센티브에서도 유리하다. 반면에 낙하산을 타고 들어온 직원 중에 업무 역량이 젬병인 직원은 주어지는 업무가 무섭다. 제대로 해낼 능력이 없어서다. 자신의 과제를 출중하게 해내고 옆자리의 동료를 도와주는 직원은 보물과 같다. 사무국 직원 모두를 이 수준으로 향상시켜야 한다.

그 출발이 '스스로와 결의하기'다. 자기주도적 학습으로 업무 능력을 배가하고, 큰 목표를 정하고 도전하여 성취할 것을 스스로와 결의하는 것이다. 사무국장 단장에 이어 프로구단의 대표이사 사장이 되고, 나아가 프로연맹 총재, 대한축구협회 회장, AFC 회장, FIFA 회장을 목표로 하고 이루어내겠다는 결의를 하는 것이다. 한결같이 실천하면 못해도 프로구단의 대표이사 사장은 할 수 있을 것이다. 이러한 마음을 사무국 직원 모두가 가지고 실천할 수 있도록 구단이 설득하고 내면화시키는 것이다.

일에 대한 태도는 사람마다 다르다. 마지못해 일하는 사람은 성과를 낼 수 없을 뿐만 아니라 스트레스 속에서 일하게 된다. 건강에 치명적인 스트레스와 함께 할 필요가 있을까? 일에 대한 올바른 가치관을 정립할 때 의욕이 솟아날 것이다. 사실 일할 수 있다는 건 특권이다. 심신이 건강하다는 증거다. 요양원에 있는 사람은 일할 수 없고 세상을 떠나야 그곳에서 졸업한다. 사람은 직업을 통해 자신의 존재감을 확인하고 자아를 실현한다. 그리고 사회에 공헌하고 가족을 부양한다. 이 어려운 시대에 프로구단에서 일한다는 건 행운이요 축복이다.

구단이 사무국 직원 모두에게 자신이 하는 일에 대한 사명감을 각인시켜야 한다. 이 바탕 위에서 최고가 되려는 전진을 계속하도록 지원하고, 앞서 있는 기업 문화를 조성해야 한다. 구단과 사무국 직원이 줄탁동시로 업무 역량을 극대화하려는 노력을 경주해야 한다. 이게 구단 사무국 역량 강화의 시작이요 성패를 결정짓는 가장 중요한 핵심 요소다. 이게 없으면 결코 탁월한 성과를 낼 수 없다. 그저 평범하거나 졸렬한 성적표를 받아 팬들로부터 외면당할 것이다.

2) 구단 경영이념 만들기 및 공유와 실행

경영이념이란 무엇인가? 사람에게 비유하면 '인생관'과 같다. 가치관이요 세계관이다. 정신세계다. 즉, 나는 누구이고, 지향하는 바가 무엇이며, 나의 존재 목적이 무엇인가를 담고 있다. 도둑놈은 도둑놈의 가치관이 있고, 성폭력범은 성폭력범의 정신세계가 있다. 그가 하는 생각과 말 그리고 행동은 그의 인생관의 표현에 다름 아니다. 기업에서 경영이념이란 '영원히 변하지 않는 그 기업의 핵심가치'다. 프로구단도 기업이기에 반드시 경영이념을 가지고 있어야 한다.

K리그 22개 프로구단에 몇 가지 질문을 드린다.

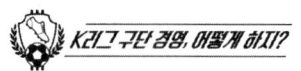

> # 경영이념을 가지고 있는가?
> # 있다면 무엇인가?
> # 어떤 과정을 통해 만들었는가?
> # 사무국 코칭스태프 선수 팬 지역주민 그리고 구단 관계자들이 선명하게 경영이념을 알고 있는가?
> # 모든 업무 진행이 경영이념의 바탕 위에서 이루어지는가?

경영이념은 사무국의 몇몇 사람이 의논하여 결정해서는 안 된다. 사무국 코칭스태프 선수단 서포터스 팬 지역주민 등 가능한 많은 사람들이 참가하여 진지한 토론 후에 정해야 한다. 그러나 현실은 그렇지 않다. 구단의 소수의 사람들이 의논하여 정해버린다. 그 결과 그들만의 경영이념으로 국한되는 결과를 초래한다. 박제된 경영이념으로 소수의 사람들에게만 적용되고 있을까 말까 하는 정도에 그치고 있다. 그 외 사람들은 아예 모르고 있다. 대중은 자신이 한 말에 책임을 진다. 일방적인 지시나 전달은 오래 지속되지 못한다.

경영이념은 세월이 지나도 변하지 않는 그 조직의 핵심가치다. 모든 업무는 이 바탕 위에서, 즉 경영이념에 맞게 생각하고 말하고 행동해야 하는 것이다. 모두에게 경영이념이 시퍼렇게 살아 역동적으로 기능해야 하는 것이다. 여러분의 프로구단은 이렇게 하고 있는가? 지금 경영이념을 점검해야 한다. 올바르면 지금이라도 보다 많은 사람들에게 알리고 침투시켜 펄펄 살아 있어야 한다. 경영이념이 적절하지 않으면 폐기하고 보다 많은 사람들이 참가하여 새롭게 만들어야 한다.

참고로 기업에서 경영이념이 왜 그렇게도 중요한지 잠시 살펴보자. 경영학에서 동종업계 세계 1위의 기업을 '비전기업'이라 하고, 세계 2위의 기업을 '비교기업'이라 부른다. 왜 이런 차이가 나는가? 많은 경영학자들이 경영이념의 차이가 혁신, 학습문화, 리더십, 기업 지배 시스템, 제품 교체, 얼라인먼트, 이사회의 감시, 전략 등의 우열을 초래하고, 그 결과 기업의 성과가 달라진다고 들려주고 있다.

경영이념은 실로 중대하고 결정적이다. 경영이념이 없는 개인 기업 그리고 국가는 끊임없이 위기에 직면하게 된다. 이들은 일관성도, 시스템도 없으며 위기 극복 방법으로 종종 손쉽지만 올바르지 못한 선택을 하기에 상황을 더욱 악화시키곤 한다.

반면, 올바른 경영이념은 어떤 역할을 하는가? 첫째, 위기 상황에서도 고객이 신뢰할 수 있는 선택을 하게 한다. 둘째, 크고 가치 있으며 대담한 목표를 설정하고 달성하는 에너지를 지속적으로 제공해준다. 비전기업들은 예외 없이 이러한 목표를 추구하고 있으며 목표 달성 후에도 안주하거나 만족하지 못하게 하는 '불만족 제도'를 실행하고 있다. 셋째, 조직 구성원들의 열정과 창의성을 최고로 촉발시키는 원동력이 된다. 탁월한 경영이념이 높은 수준의 조직 문화(기업 문화)를 만든다. 이런 조직 문화의 토양 속에서 전설적인 신화를 창조하려는 조직원들이 속속 등장하게 되는 것이다. 세계적인 제약회사 메르크(Merck)의 사례를 살펴보자.

인류의 생명을 지키고 삶의 질을 향상시키는 것이 우리의 사명이다.
우리 사업의 성패는 이 사명을 얼마나 달성했느냐에 달려 있다.
―― 메르크, 사내 경영 지침서에서, 1989

기업 경영에 있어서 가치관에 관한 논란이 유행하기 수십 년 전인 1935년, 조지 메르크 2세(George Merck 2)는 "우리는 의료 과학의 발전과 인류 봉사를 위해 일하는 사람들이다."라고 밝힘으로써 그의 기업 이념을 명확히 했다. 그 후 56년이 지나 사장이 세 번이나 바뀐 1991년에도 메르크의 최고경영자 로이 베젤로스(P. Roy Vagelos)는 "우리의 성공은 무엇보다도 질병에 대한 투쟁의 승리요, 인류에 대한 봉사에 있음을 명심해야 할 것이다."라고 변함없는 기업 정신을 밝혔다. 메르크는 회사의 역사를 통해 고귀한 경영 이념과 실용적인 자기 이익을 동시에 추구해 왔다. 조지 메르크 2세는 1950년 이러한 역설에 대하여 다음과 같이 설명하고 있다. "나는 우리 회사가 지지해 온 원칙을 종합적으로 결론짓고자 한다. 우리의 의약품이 환자를 위한 것임을, 그리고 인간을 위한 것임을 잊지 않으려고 노력한다. 의약품은 이익을 위한 것이 아니고, 이익 자체는 부수적인 것임을 기억하는 한 이익은 저절로 따라다닌다. 이러한 점을 명심할수록 이익은 더욱 커졌다."

일례로, 메르크가 멕티잔(Mectizan)이라는 리버 블라인드니스(river blindbess : 제3 세계의 수백만 명이 감염되어 있는 병으로, 기생충이 신체 조직에 침투하여 실명에 이르는 병) 치료제를 개발하기로 했다는 것은 놀라운 일이 아니다. 수백만이라는 고객은 기업의 입장에서 -그들이 치료약을 구입할 만한 능력이 없다는 점을 제외하면- 매우 큰 시장임에 틀림없다. 메르크는 이 프로젝트가 많은 수익을 가져다주지 못할 것임을 알고 있었지만, 치료약이 나오기만 하면 정부나 제3의 단체에서 이 약을 구입하여 나누어 줄 것이라는 희망을 갖고 프로젝트를 진행시켰다. 그리고 메르크는 환자들이 이 약을 사용할 수 있도록 회사 자체 비용으로 약의 배포 활동에 참여했다. 제2차 세계대전 후 일본이 결핵에 신음할 당시 스트렙토마이신을 제공한 곳도 메르크였다. 그러나 같은 시기의 파이저(Pfizer, 한국에서는 화이저라고 발음하기도 한다) 사장 존 매킨(John Mckeen)은 "가능한 범위 내에서 우리가 할 수 있는 모든 것을 다해 이익을 추구한다"라는 편향된 관점을 보였다. 메르크 2세가 연구와 의약품 개발을 위해 자본을 축적할 때 매킨은 미친 듯이 합병에 열을 올려 4년 만에 14개 회사를 사들였다.
—— 성공하는 기업들의 8가지 습관 / 짐 콜린스 외 / 김영사 / 1996. 7.5 / P 73 ∼ 76

3) 정기 초청 강연 개최

사람은 어디에서 배우는가? 사람, 책, 인터넷이다. 책은 어디에나 있고 손쉽게 읽을 수 있다. 고급 정보가 담겨 있다. 심원하다. 생각하면서 읽을 수 있고 읽고 난 뒤 활용하기도 수월하다. 인터넷은 정보의 즉시성과 다양성이 강점

이다. 구하는 정보를 바로 찾을 수 있고, 관련 정보도 다양하다. 그러나 책보다 깊이가 얕다. 논문과 같은 고급 정보에 접근할 수 없는 경우가 많고, 비용을 지불해야 볼 수 있는 경우가 대부분이다.

사람에게 직접 배우면 책과 인터넷에 없는 여러 강점이 있다. 질문하고 답하는 쌍방향 소통, 핵심을 빠르게 전달받는 효과적인 배움, 한 세계에 일가를 이룬 대가의 전문 분야 향수, 추후 전화나 이메일로 언제든지 궁금증을 질문할 수 있는 통로 확보 등 많이 있다. 한 분야의 태산북두 전문가에게 배우기, 이걸 도입하는 것이다. 처음 1년간은 매달 2회의 전문가 강연을, 다음 해부터는 월 1회 강연을 권장한다. 해당 분야 최고의 전문가 강연을 통해 빠르게 깊게 넓게 배울 수 있다. 혼자 그 분야를 공부하는 것에 비해 엄청나게 시간을 절약해준다. 이때 구단 사무국 직원뿐만 아니라 필요하다면 코칭스태프, 선수, 학부모가 함께 들으면 더욱 좋다. 강연 동영상을 만들어 필요하면 복습할 수 있게 한다. 강연을 듣고 나면 인식이 성큼성큼 깊고 넓어지고 자신의 한계가 그만큼 줄어들었다는 걸 체감하게 될 것이다. 문제해결력에 대한 자신감이 점점 배가된다.

그리고 정기 초청 강연 외에도 지역에서 열리는 강연에 참가해도 좋다. 초청 강연을 준비하는 노력 없이 가서 들으면 된다. 쉽다. 강연 주최 측을 고무하는 결과도 있다. 선수단의 경우 경기나 대회 후에 미리 섭외한 그 지역의 대가에게 강연을 듣는 방법도 있다. 배움은 전에는 절대로 할 수 없는 것을 가능하게 한다. 배움이 곧 마법이다.

4) 독서 발표회 운영

2주에 1권 읽고 2명이 20 ~ 30분 발표한다. 그리고 60 ~ 90분의 토론을 가진다. 이 과정에서 저절로 의식이 고양되고, 아이디어가 솟아나며, 문제해결력이 높아진다. 동기부여되고, 창발적인 사고력이 길러진다. 심사숙고하여

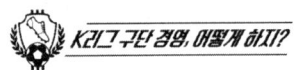

26권(1년은 52주)을 엄선하여 독서할 책 순서를 매기고 읽으면 된다. 이때 진행은 처음에는 외부 전문가 1인이 한다. 어느 시기에 익숙해지면 사무국 직원이 번갈아가면서 진행한다. 이 역시 동영상과 기록으로 남겨둔다.

'스마트폰 뇌'는 결코 '독서 뇌'를 이길 수 없다. 책은 최고의 평생교육 수단이다. 에디슨 처칠 아인슈타인의 일화에서 알 수 있듯이 독서는 바보를 천재로, 그것도 초지구적 천재로 만든다. 이게 독서의 위력이요 힘이다. 책 읽기는 간단하지만 그 효과는 여러분의 상상 그 이상이다. 독서량에 비례하여 자주성이 배가된다. 책을 읽으면 저절로 상황파악력과 문제해결력이 향상된다. 창발력의 원천이 독서다. 공감 능력도 성큼 높아지며 자기 자신을 통제하는 절제력도 길러진다. 처음에는 힘들어하던 직원도 읽어가다 어느 시점에 책 읽기의 가치를 알게 되고, 이때부터 스스로 읽는다. 책 읽기와 발표, 구단이 반드시 해야 한다. 의지만 있다면 쉽게 할 수 있다. 그냥 읽고 발표하고 대화하면 된다.

5) 당면 과제 연구 및 발표

개선의 여지는 어느 조직에나 있다. 프로구단도 그렇다. 사무국 직원(사장 단장 포함)과 코칭스태프(프로 및 초 중 고)가 대상이다. 이들이 해마다 2가지의 당면 과제를 구단의 '과제 선정위원회'에 제출한다. '과제 선정위원회'의 심사를 통과해야만 연구할 수 있다. 통과하지 못하면 다른 과제를 제출한다. 예를 들면, 〈초 중 고 유스 선수들의 개인 시간 활용 극대화 방안〉, 〈효과적인 코칭 상품과 적용〉, 〈지역 주민과의 심층 면담을 통한 요구 사항 확인 및 마케팅 과제 선정〉, 〈세계에 앞서 있는 천연잔디구장 조성 방안〉, 〈현실적으로 실행 가능한 J리그 벤치마킹의 종류와 예상되는 효과〉, 〈선수에게 효과적인 최고 최적의 영양제 제조회사와 그 종류〉, 〈지역 기업 및 자영업자와 구단과의 협력 방안〉 등 얼마든지 있다.

당면 과제를 풀어갈 수 있는 효율적인 방안이 나오면 성취 가능성이 높아지는 것이다. 방법이 있으면 필요한 노력과 자원을 순차적으로 투입할 수 있다. 가령, 매년 45명이 발표하면 90가지의 당면 과제(방향)와 해결 방안이 제시된다. 5년이면 450가지, 10년이면 900가지다. 그리고 이걸 책으로 엮어 공유하고, 구단은 문헌정보자료실에 보관하여 누구나 활용할 수 있게 한다.

가. 1월 초 사무국(사장 단장 포함)과 코칭스태프가 발표할 과제를 제출하고, 통과되면 연구를 시작한다.
나. 1인 1주제를 원칙으로 하되 자원할 경우 2편 이상을 연구해도 된다.
다. 의논을 거쳐 발표 시기(연월일 시각 및 장소)를 결정하여 당사자에게 통보한다.
라. 1편당 책정된 소정의 연구비를 지급한다. 연구를 돕고 책임감도 주기 위해서다.
마. 정해진 시기에 발표한다. 이때 소책자나 리포트 용지에 발표 내용을 담아 발표 전에 배포한다.
바. 상벌을 준다. 우수 연구는 시상하고, 졸렬 연구는 그에 상응하는 페널티를 준다.
사. 발표 내용을 타당도 객관도 현실성을 고려하여 구단 운영에 적용하고 실천한다.

6) 연중 제안제도 실행

개개인의 지식과 경험은 모두 다르다. 능력도 그러하다. 누구는 그 일을 할 수 있고, 또 누구는 저 일을 할 수 있다. '연중 제안제도'는 구단 사무국과 코칭스태프가 생각하지 못한 아이디어를 확보하는 작업이다. 이렇게 하는 기업이 많고, 실제로 큰 효과를 내는 경우도 적지 않다. 인식과 그 한계를 극복하고자 하는 시도이다. 대중의 지혜는 거의 언제나 소수의 지혜를 능가한다.

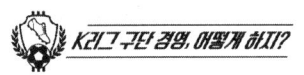

'연중 제안제도' 실행은 '어떻게 하면 지금보다 잘 할 수 있을까?'에 대한 해답을 대중의 아이디어로 찾는 지름길 중 하나다.

구단 홈페이지에, 편지로, 직접 방문해서 등 제안을 받는 통로에는 제한을 두지 않는다. 세계인 누구나 제안할 수 있게 한다. 채택된 제안은 반드시 돈으로 지급하여 아이디어에 보상한다. S급, A, B, C, Z급으로 나누고 Z급을 제외한 제안에 '상금'을 책정하고 지급한다. 구단의 체육복이나 상품 등 물품으로 주어서는 안 되고 꼭 돈으로 주어야 한다. 반드시 채택된 제안에 돈으로 사례해야 한다. 그래야 제안이 계속 들어오기 때문이다. 제안은 모두 데이터베이스화해 두고 정기적으로 점검해야 한다. 담당자를 정해야 가능하다. 지금은 아니지만 미래의 어느 시기에 실행할 수 있는 제안도 있다. 이런 제안도 저장했다가 적절한 시기가 오면 활용할 수 있다.

7) 공정하고 적확한 성과보상 제도

수시로, 또는 해마다 구단이 사무국 직원과 코칭스태프에게 아파트 한 채씩 선물하면 어떨까? 나쁘지 않다. 아니, 매우 바람직하다. 그런데 이게 가능할까? 그럴 수도 있고, 불가능할 수도 있다. 구단이 어떻게 하느냐에 따라 달라진다. 지금까지 K리그에는 이런 전례가 한 번도 없었다. 그러나 얼마든지 만들어낼 수 있다.

이렇게 할 수 있는 다양한 방안 중 하나가 이적료 수익이다. K리그 A 구단이 '호연지기'(가명) 선수를 바르셀로나 구단에 1,000억 원 이상의 이적료에 보내면 된다. 이걸 읽는 순간, "그걸 어떻게 할 수 있어! 불가능해!" 하는 사람이 한 둘이 아닐 것이다. 그렇다. 이렇게 생각하고 말하는 사람은 절대로 할 수 없다. 그의 뇌가 '할 수 없다'라는 판단에 맞추어 움직이기 때문이다. 그리고 실제로 그렇게 된다. 전형적인 '도마뱀 뇌'의 작동이다. 동시에 그와 같은

생각은 자신의 역량이 거기에 못 미치고 있다는 걸 스스로 인정하는 것이다. 그런 시도를 할 의지도 없다는 걸 알려주는 것이다.

이적료 1,000억 이상? 얼마든지 가능하다. 단, 지금의 유스 육성 방법으로는 백년하청이요 연목구어다. 그들은 왜 월드 클래스를 육성하지 못하고 있는지 그 원인을 모르고 있는 듯하다. K리그 22개 구단의 유스 육성 역량은 세계와 비교하면 '도토리 키재기', '찻잔 속의 태풍' '오십 보 백 보' '우물 안 개구리'에 지나지 않는다. 실패 시스템을 반복하고 있다. 지금까지 출중한 선수를 육성하지 못한 게 생생한 증거다. 천재의 재능이 적지 않은데 너무나 안타까운 현실이다. 개선으로는 불가능하다. 혁신해야 한다. 그것도 지속적인 혁신이 요구된다. 변화에 앞서가는 가장 좋은 방법, 변화를 만들어 내는 것이다. 지금 여기에서 무엇을 혁신하고 무엇을 폐기해야 하는가?

조그마하게 생각하면 큰일을 할 수 없다. 킬리안 음바페를 비롯하여 최근의 2019년 7월 후앙 펠릭스 등 여러 10대의 1,000억 원 이상 이적료 선수들, 그들이 해냈으니 우리도 할 수 있는 것이다. 한결같이 혁신을 계속하면 그들보다 더 많은 선수를 이적시키고, 더 높은 이적료를 발생시킬 수 있다. 고요히 마음을 가다듬고, 목표를 세우고, 최고 최선의 방법을 찾아 지속적으로 그리고 지극하게 노력하면 결과가 나온다. 처음 시작할 때 세계무대에서 존재도 없었던 삼성전자는 어떻게 오늘 세계를 선도하는 세계 일류기업이 되었는가?

1년 살림을 살고 나니 K리그 B 구단은 100억 원의 흑자를, C 구단은 200억 원의 적자를 내었다면 어떻게 해야 하나? B 구단은 사무국과 코칭스태프에게 금전으로 보상해야 한다. 선수들에게 용돈도 주자. C 구단은 특단의 대책을 세워야 한다. 이래야 공정하다. 실제로 K리그 구단은 이렇게 하는가? 사람들은 공정하지 않을 때 조직의 발전을 정체시키는 불만을 가지게 된다. 반면에

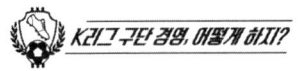

보상은 사람을 움직이게 한다. 강력한 동기로 작용한다. 공정하고 적확한 성과 보상제도, 채택하지 않을 이유가 조금도 없다.

'연중 제안제도 모집'은 구단 직원과 외부인 모두를 대상으로 한다. '성과급 제도'는 구단 소속 모든 직원과 선수들을 대상으로 한다. 사장 단장 사무국 코칭스태프 선수 그리고 청소부에 이르기까지 모두가 대상이다. 기업은 오래전부터 적극 시행하고 있다. 소위 '가장 변화가 느리다'라는 공무원 세계에서도 이미 적용되고 있다. 그러나 이렇게 하는 프로구단이 있는지 궁금하다. 한 곳도 없다면 시행하지 않는 이유가 무엇인가? 이 간단하고도 너무나 효과적인 제도를 왜 채택하지 않고 있는가? 프로구단 소속 모두에게 성과를 내겠다는 의욕을 촉발시키고, 그렇게 할 수 있는 기업문화를 만들며, 실제로 성과에 현금으로 보상하는 것이다. 성과 범위 안에서 보상하기에 구단에게도 막대한 이익이 창출된다. 서로 윈-윈이 된다.

성과를 내면 현금으로 포상하는 제도다. 구단이 제도로 문서화하여 공유하고 그대로 실행하는 것이다. 강력하게 동기 유발한다. 역동적인 변화를 일으킬 수 있다. 개개인의 자발성을 최대한 이끌어낼 수 있다. 그의 업적을 알리고, 그의 열정을 격려하며 칭찬하는 구단의 배려다. 더 뛰어난 업적을 창출해달라는 은근한 메시지다. 몇 가지를 들어 보자.

1년 살림을 살고 흑자를 내면 흑자의 30%(비율 책정은 구단 자율)를 구단 소속 모두에게 배분한다.

흑자 달성의 의지가 더욱 충만해질 것이다.

유스 선수를 육성, 많은 이적료 수익을 발생시킨 선수에게 이적료의 일정 금액의 보너스를 지급한다.

그 선수는 구단에 참으로 많은 수익을 가져다준 고마운 선수다. 100억 미

만은 5%, 100억 이상 200억 미만은 10%, 200억 원 이상은 15%를 지급한다고 공고한다. 선수의 경기력 향상 의지를 강력하게 이끌어내고 감독 코치 그리고 사무국을 동기부여하자.

이때 이적료의 30%를 사무국 직원과 코칭스태프에게 기여도에 따라 차등 지급한다.

1,000억 원의 이적료면 300억 원이다. 아파트 한 채씩 사주고도 몇 억 원을 성과급으로 줄 수 있는 금액이다. 월드 클래스를 육성하려는 의욕과 실천이 보다 치열해질 것이다.

스폰서 계약을 성사시킨 직원에게는 스폰서 금액의 5%를 지급한다.

그 직원이 메이저 스폰서를 유치하고 아파트까지 보너스로 지급받는다면?

어느 지역 취미반 축구교실(인원 30명 이상)을 창설한 직원에게는 매달 수익의 10%를 1년간 지급한다.

여러 팀을, 보다 많이 창설할수록 수익도 증가한다. 이 제도는 생활축구 활성화의 한 내용이다.

관중 배가에 획기적, 결정적으로 공헌한 직원에게는 매 경기 입장 수입의 3%를 1년간 지급한다.

자연의 법칙은 저절로 이루어지고 인간의 법칙은 하는 만큼 이루어진다.

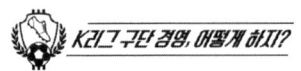

최적의 선수를 스카우트하여 구단에 이적료 수익을 듬뿍 안긴 스카우터에게 이적료 차액(이적료 - 영입비)의 1%를 지급한다.

말컹, 아드리아노, 조나탄을 능가하는 선수를 마구마구 발굴할 것이다.

천연잔디와 인조잔디 포설 비용을 확보한 직원에게는 확보 비용의 2%를 지급한다.

세계적인 생활축구 모범 지역(도시)으로 만들고 지역 주민의 건강 증진에 더 많은 인조구장이 필요하다. 인조잔디구장 확보는 생활축구 활성화에 반드시 필요하다.

8) 신문기사 스크랩북 활용

신문은 현재 그 사회의 생생한 반영이요 거울이다. 현재의 트렌드를 알려준다. 주요 쟁점사항을 보여준다. 미래를 예측할 수 있는 영감을 주기도 한다. 관심 깊게 읽으면 글쓰기의 교과서로 활용할 수도 있다.

여러 기자들이 심혈을 기울여 경쟁적으로 취재 작성한 기사 중에서 편집국의 까다로운 심사를 통과하여 구독자와 만나는 신문의 기사는 온갖 정보의 창고다. 이런 기사는 생각을 전개하고, 상상력을 깊고 높게 하며, 현안 문제 해결의 단초를 제공하기도 한다. 이러하기에 읽는 것만으로도 유용한 정보를 얻을 수 있다. 신문기사는 "구슬이 서 말이라도 꿰어야 보배"라는 말 그대로 스크랩북에 담아두어야 언제든지 활용할 수 있다. 그 방법을 찾아보자. 매우 쉽고 간단하다.

첫째, 몇 개의 신문을 구독한다. 중앙 일간지 2 ~ 3개, 지역 일간지 1개, 스포츠신문 3 ~ 4개 정도면 충분하다. 둘째, 7 ~ 10개 분야로 나누어 스크랩북

(400 페이지 권장)을 만든다. 〈구단 경영 기획 1〉, 〈우리 구단 소식 1〉, 〈코칭 1〉, 〈코칭 상품 1〉, 〈축구 인물 1〉, 〈교수학습이론 1〉, 〈코칭 철학 1〉, 〈축구 서적 1〉 등을 제안한다. 더 자세히 응시하면, 〈구단 경영 기획 1〉에는 제목 그대로 구단 경영과 기획에 도움이 되는 온갖 기사를 담는다. 경제 사회 정치 문화 여행 등 축구 이외의 분야에서 더 많이 만날 수 있다. 이들 중에서 취사 선택하여 응용할 수 있는 기사가 많이 있다. 〈코칭 1〉은 코칭에 도움이 되는 기사를, 〈교수학습이론 1〉은 여기에 부합하는 기사를 배치한다.

계속 스크랩하여 연속성을 가진다. 〈구단 경영 기획 1〉을 모두 채우면 〈구단 경영 기획 2〉 스크랩북을 만들어 저장한다. 스크랩북 첫 페이지에 순번, 페이지, 연월일, 기사 제목 등을 적은 차례를 부여한다. 신문기사를 보다 쉽게 찾아보기 위해서다. 특히 중요한 기사는 차례에 형광펜을 칠해도 좋다. 페이지 숫자가 있는 견출지를 해당 페이지에 붙여 쉽게 찾을 수 있도록 한다. 모든 분야의 스크랩북에 있는 차례를 데이터베이스화해 빠르게 검색할 수 있도록 하면 더욱 좋다. 기자와 신문사가 주 5 ~ 6회 알토란같은 기사를 제공해주니 얼마나 고마운 일인가! 어느 구단이나 몇 종류의 신문을 구독한다. 읽고 흘려 버리지 않고 이제부터 최고로 활용하자.

9) 벤치마킹 팀 운영

잘하는 회사(또는 구단, 조직, 국가 등)를 스승으로 삼아 열심히 배워서 결국 사부를 이기고 선두 주자로 나서는 방법을 제시한 것이다. 거의 모든 산업 분야에서 활용되고 있다. 즉, '후발성의 이점'을 최대한 활용하는 방법이다. 앞서가면서 만들어 놓은 길을 뒤에서 따라가니 빠르게 갈 수 있는 것과 같은 이치다. 이러하기에 길을 만들어 내는 데 드는 시간 노력 자원 인력 재정 등을 획기적으로 단축할 수 있다. "성공하는 가장 좋은 방법은 성공한 사람을 따라 하는 것이다"라는 말 그대로다. 학생의 경우 성적 상위 0.01% 학생의 공부 방법을 따라 하는 것이 성적을 성큼 향상시키는 가장 효과적인 방법 중의 하

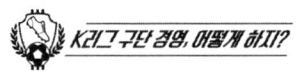

나다. 기업에서 벤치마킹보다 더욱 적극적인, 완벽한 벤치마킹은 그 기업을 그대로 사버리는 '기업 인수합병(M&A)'이다. 지금은 이런 추세가 왕성하다. 그만큼 기술 확보 스피드가 빠르고 인수한 기업의 노하우를 자유자재로 활용할 수 있기 때문이다.

프로연맹과 22개 프로구단이 J리그와 유럽 축구를 배우기 위해 수시로 출국한다. 이들뿐만 아니라 타 종목 프로구단과 미국, 남미도 살펴볼 필요가 있다. 배울 게 많다. 상호성 유사성 타당성 적정성 등을 검토하여 프로구단에 적용할 수 있는 방안이 있다면 적용하지 않을 이유가 있을까? 벤치마킹 팀이 해야 할 또 하나의 업무는 모범 사례나 최신 정보를 해당 분야의 사무국과 코칭스태프에 지속적으로 전달하는 일이다. 일례로, 세비야(스페인)의 유니폼 상의에 팬 성명을 넣는 마케팅 정보를 만나면 이 정보를 바로 마케팅팀에 전하는 것이다. 아주 유익하게 활용될 수 있다.

10) 멘토 조직 소유 및 활용

"의논이 천 냥이다"라는 말이 있다. 살아오면서 제 맘대로 판단하고 선택하다 낭패를 당한 적이 없는가? 누구나 있을 것이다. 실패를 많이 한 사람일수록 더욱 그러했을 것이다. 경험 많은 분에게 의논하여 결정했다면 실패하지 않았을 텐데, 하는 생각을 누구나 한 번쯤 해봤을 것이다. 하지만 지금도 너나 없이 의논하는 게 익숙하지 않다. 대부분 그냥 자신이 판단하고 선택해버린다. 그리고 시행착오를 계속하곤 한다. 이제는 생각을 바꾸어 중요 사안은 항상 주위 분들과 의논하여 처리하면 어떠할까? 역사에서도 배울 수 있다.

고구려를 침공하는 수양제의 100만 대군이 출발하는데 30일 이상 걸렸다고 한다. 좌 12군과 우 12군이 24일 그리고 친위대가 6일 이상 소요되는 엄청난 숫자였다. 그러나 결과는 어떠했는가? 수나라는 멸망했고 수 양제는 제 자신

도 지키지 못했다. 수 양제는 무소불위의 황제 권력으로 자신만을 생각한 사람이었다. 고구려 침공에 앞서 개방적인 분위기에서의 객관적인 회의와 검토는 아예 없었다. 분노와 욕망이 눈앞을 가리고 있었을 뿐이다.

"항우가 웃었다." 이런 내용은 소설 초한지에 한두 번 나올까 말까다. 그 대신 "항우가 불같이 화를 내었다"라는 내용이 여기저기 도처에 즐비하다. 소설이라서 그리고 역사가 승자의 기록이라 어느 정도 객관성이 있는지 모르지만 초한지의 항우는 고집 세고 자기중심적인 인물인 듯하다. 특히 자신만의 '판단의 관성'대로 판단하고 선택하며 일을 처리했다. 어떤 안건이나 제안도 항우의 '판단의 관성'을 통과해야 수용되는데 그 확률이 매우 낮았다. 한마디로 독단적으로 결정했다. 자연스럽게 주변의 뛰어난 인재들을 제대로 활용하지 못했다. 범증은 도중하차했고 당대 최고의 명장 한신은 유방에게로 떠나갔다. 중국 천하 쟁패에서 패배했고 항우 역시 자기 자신도 보존하지 못했다.

사무국 직원 각자가 멘토를 가지면 나쁘지 않다. 사람을 통해 평생교육을 실현하는 것과 같다. 한 세계에서 일가를 이룬 각계각층의 대가들에게 의논하고 질문하는 것이다. 의논하면 길이 보이고 질문하면 해답이 나온다. 일상에서, 가정에서, 업무에서, 그 외 생활의 모든 분야에서 마주치는 이런저런 일들을 이들 멘토에게 내놓고 최선의 방법을 찾는 것이다. 인식과 그 한계를 가지고 있는 자신에게 없는 새롭고 효과적인 방안을 만날 개연성이 성큼 높아질 것이다. 마치 정신질환자가 정신과 의사와의 상담을 통해 치유되듯이. 이때 정신과 의사는 멘토의 역할을 하고 있다.

11) 브레인스토밍의 일상화

전 세계인이 애용하는 위성위치확인시스템(GPS)은 우연적 연결의 대표적인 결과물이다. 연구자 네 명이 점심때 우연히 식당에 앉아 대화를 시작하다가 한 사람이 당시 소련이 쏘아 올린 위성의 궤도를 찾아보자고 제안했다. 이 제안이 꼬리를 물고 발전하면서 GPS가 발명된다. 현 위치에서 위성 궤도를 추적할 수 있으면 알려진 위성 궤도에서 현 위치를 찾아낼 수 있지 않겠느냐는 역발상이 위대한 발명으로 이어진 것이다.

실리콘밸리에서 생겨나는 대부분의 혁신적 아이디어가 낯선 사람과 대화하는 선술집(pub)에서 생겨난다는 인류학자의 연구는 우리 대학들에 시사하는 바가 크다. 오랫동안 풀지 못한 문제에 대한 결정적인 힌트가 우연히 마주친 다른 분야 연구자에 의해서 던져진다는 것이다. 이처럼 융합연구를 위한 창의적인 아이디어는 연구실이나 실험실에서 얻어지는 것이 아니라 연구자들 사이의 일상적인 대화에서 얻어진다. 물론 낯선 지식 간의 교배는 연구자들 사이의 자유로운 교류에 의해 생겨난다.

─ 혁신은 낯선 지식의 교배에서 시작된다 / 김용학 / 중앙 2015. 12. 14. 월. 33면

기업마다 기업문화가 조금씩 다르다. 하지만 비전기업에는 그들만의 독특하고 뛰어난 기업문화가 있다. 3M도 그러하다. 근무 시간의 15%를 마음대로 사용할 수 있는 '15%' 원칙, '실패 축하 파티', '당장 시험해보라' 등 3M의 기업문화를 다른 기업이 차용하기도 한다. 구글은 '20%의 원칙'을 도입하고 있다. 직원의 아이디어를 최고로 발현시키기 위해서다. 1일 8시간 근무한다면 20%는 96분이다. 이 시간 바둑을 두든, 산책을 가든, 목욕하든, 그 외 하고 싶고 마음이 일어나는 대로 할 수 있다.

IBM(International Business Machine)은 치열한 과제 토론으로 유명하다. 특정 프로젝트 수행 이전에 수시로 팀원 서로가 토론을 한다. 획기적인 아이

디어를 모으고 예상되는 어려움을 사전에 예방하기 위해서다. 실제로 효과가 상상 이상이라고 한다. 이처럼 사무국 직원들끼리 적극적으로 대화하고 토론하는 문화를 정착시켜야 한다. 질문하고 아이디어를 내며 토론으로 오류를 바로잡는 노력이 요구된다.

"습관은 제2의 천성이다.
그리고 그것은 본래 가지고 태어난 천성의 10배에 이르는 힘을 가지고 있다."

—— 웰링턴(워털루 전쟁의 영웅)

02
구단 자립 기금 조성과 활용

"해야 할 일은 이용할 수 있는 자원보다 넘쳐난다. 기회는 실현을 위한 수단보다 많다. 따라서 우선순위를 결정하지 않으면 아무것도 할 수 없다."

— 피터 드러커

고속도로 휴게소가 차량과 보행자를 위한 안전설비를 대폭 업그레이드하고 있다. 기흥휴게소가 첫 번째로 작업을 완료했다. 어느 구역에 얼마만큼의 주차공간이 비어 있는지 알려주는 주차 유도 안내판이 설치되어 있다. 주차 공간을 찾아 이리저리 무작정 돌아다니지 않아도 어디에 주차할지 바로 알 수 있다. 주차구획선도 비스듬히 그려져 있다. 기존 주차장들과 달리 후진 전진을 섞을 필요 없이 바로 차를 세우기가 편리하다. 또 차에서 내리면 곧바로 보행자 전용 통로로 연결된다. 기존 휴게소는 보행자 통로가 따로 없어 휴게소 이용객들이 주차 주행 차량들 사이를 위험하게 피해 다녀야만 했다. 휴게소 건물로 이어지는 횡단보도도 도로보다 높이 솟아 있어 차량들이 속도를 줄이도록 했다. 사업 효과는 뚜렷하다. 도로공사 수도권 사업부의 김성엽 차장은 "기흥휴게소를 안전 휴게소로 새로 단장한 지난 9월 13일부터 최근까지 주차 구역 등에서 단 한 건의 사고도 없었다"라고 소개했다.

— 기흥휴게소 새 단장 뒤 사고 0건 / 중앙일보 2016. 12. 26. 월. 14

한국 최초의 고속도로는 경인고속도로다. 1968년 12월 21일에 개통되었다. 그 후 경부고속도로가 1970년 7월 7일에 완공되었다. 고속도로에는 군데군데 휴게소가 있다. 그런데 왜 이제야 안전 휴게소로 바뀌고 있는가? 위에서 보듯이 기흥휴게소에 도입한 이런저런 시설은 새로운 것도, 어려운 것도 아니다. 그 사이에 마냥 세월이 흘러갔고 그 누구도 이걸 시도하지 않았다. 왜 2016년 12월 이전에는 안전 휴게소가 없었나? 그동안 무수히 많은 사건 사고들이 고속도로 휴게소에서 있어 왔다. 그렇다. 자연의 법칙은 저절로 법칙이지만 인간 세계에서는 하는 만큼 이루어진다. '구단 자립 기금' 조성과 활용도 그렇다.

1) 현실

1983년 5월 8일 출범한 K리그는 2019년 8월 20일 현재 37번째 리그를 진행하고 있다. 그러나 구단의 살림살이는 그때나 지금이나 여전히 적자다. 해결될 기미가 보이지 않는다. 올해 2019년에도 22개 프로구단 모두가 적자를 기록할 것이다. 문제는 앞으로도 이러할 개연성이 매우 높다는 것이다. 언제까지 이렇게 해야 하나? 해결 방법이 없는가?

2016년 4월 인천 유나이티드가 전현직 선수들로부터 체불 수당 소송을 당했다. 인천의 임금 체불은 이게 처음이 아니다. 2012년부터 2015년까지 4년 동안 체불 논란에 휩싸이기도 했다. 2016년 광주 FC는 직원과 선수단 월급을 주지 못한 적이 있다. 언제 어느 구단에서 재정 위기가 나타날지 모르는 형국이다.

세계 축구시장의 본고장 유럽 프로구단의 3대 수입원은 관중 입장료, 광고 수입, 중계권료다. 반면에 K리그 22개 구단은 이게 너무나 미미하다. 기업구단은 모기업에, 시·도민 구단은 지방자치단체의 지원에 의존하여 가까스로 1년

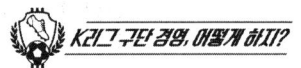

을 버텨 나간다. 구단마다 약간의 차이는 있으나 1년 예산 중 최소 64% 이상을 차지한다. 그리고 1년이 지나면 남는 돈이 없다. 다시 연말에 모기업과 지자체에 1년 예산을 신청하여 다음 해 리그를 치른다. 시, 도민 구단에게 지자체는 모기업이다. 다람쥐 쳇바퀴 돌 듯 해마다 이렇게 반복한다. 언제까지 이렇게 해야 하나?

2017년의 경우, K리그 1 12개 구단은 평균 199억 8천만 원의 수익을 올렸다. 지출은 202억 8천만 원이었다. 이 중 입장 수입은 **4%로** 미미했다. 유스 운영비는 8%였다. K리그 2의 10개 구단은 평균 90억 3천만 원의 수입을 기록했다. 이 중 입장 수입은 단 **3%였다**. 평균 관중수는 AFC(아시아축구연맹) 소속국가 중 10위로 동남아 국가들에도 못 미치는 수준이다.

2016 K리그를 치르고 난 후 정산해보니, 22개 구단 총 수입(평균 금액)이 2,278억 원(189억 원)이었고, 총 지출(평균 금액)이 2,312억 원(192억 원)으로 **평균 34억 원 적자였다**. 이 중 선수단 총 인건비(구단 평균)는 819억 원(68억 원)이었다. 22개 구단 모두 흑자 전환으로 만들기 위해 총력을 기울여야 할 때다.

2019년 1월 8일 프로연맹이 발표한 자료에 따르면, 2018 시즌 K리그 1(12개 구단) 전체 입장 수입은 116억여 원이다. 한 구단의 입장 수입이 10억 원에도 못 미쳤다(9억 7천만 원 내외). 김신욱(16억 5백만 원)과 이동국(10억 2392만 원)의 1년 연봉보다 적다. K리그 2(10개 구단)는 더 초라하다. 총수입이 26억 원인데 구단별 평균 2억 6천만 원이다. 1부의 평균 객단가는 7,326원, 2부는 4,162원이었다. 세부 지출에서 선수단 인건비(56%)와 선수단 운영비(21%)에 75% 이상의 예산이 사용되고 있다. 전문가들이 권고하는 K리그 인건비는 예산의 30% 수준이다. '실패 시스템' 속에서 하루하루를 보내면서 겨우겨우 버티고 있다고 말해도 조금도 지나치지 않다.

2018 K리그 시, 도민 구단별 운영비

(1) **K리그 1**

    강원 FC : 177억 원
    인천 유나이티드 : 155억 원
    대구 FC : 143억 원
    경남 FC : 119억 원
    평균 148억 원

(2) **K리그 2**

    성남 FC : 133억 원
    수원 FC : 106억 원
    대전 시티즌 : 98억 원
    광주 FC : 83억 원
    부천 FC : 74억 원
    안산 그리너스 : 59억 원
    안양 FC : 56억 원
    평균 87억 원

2) 왜 지금까지 시도하지 않았는가?

1983년 K리그 시작 이래 '구단 자립 기금'을 적립하고 있는 구단이 있는가? K리그 관련 정보를 주시하고 있지만 한 번도 이런 정보를 들은 적도, 만난 적도 없다. '구단 자립 기금' 적립은 구단 자생력 확보의 시작이요 마무리다. 알파요 오메가다. 그런데 그 어떤 구단도 실행하지 않고 있다. 원인은 여러 가지다. 몇 가지만 살펴보자.

첫째, 방향 설정이 잘못되어 있다.

무슨 일이든 '열심'보다 '방향'이 더욱 중요하다. 결정적이다. 방향이 잘못되면 목표에서 점점 멀어질 뿐이다. 가령 대전에서 서울 가려는 사람이 전라남도 해남으로 가면 목적지인 서울에서 점점 더 벗어난다. 언제 어디서나 누구에게나 사용할 수 있는 시간 자원 예산 인력 등이 한정되어 있다. 적확한 우선순위가 필요한 이유다. 인식과 그 한계로 인해 '구단 자립 기금' 적립을 그 어떤 구단도 우선순위에 넣지 않는다. 자연스럽게 어떠한 실행도 없다. K리그 프로구단 소속 관계자가

구단 자립 기금의 가치(필요성)를 얼마나 깊이 알고 있는가?
구단 자립 기금을 적립할 수 있는 자원과 재정을 창출하고 있는가?
구단 자립 기금 추진을 채택하는 결정권자는 누구인가?

둘째, 기업가정신의 빈곤이다.

구단 창단 이래 계속 적자를 내면서도 해결하려는 추진력(의지)이 부족했다. 이 점에서 게으르고 둔했다. 혁신과 마케팅, 경영의 핵심인 이 2분야에서 K리그 22개 구단은 아직 경쟁력이 없다. 지금 여기에서 무엇을 폐기하고 무엇을 채택해야 하는지를 치열하게 그리고 지속적으로 점검하고 실행하는 노력이 요구된다.

거듭 말하지만 프로구단은 기업이다. 철저하게 기업의 논리로 경영해야 한다. 83년 리그 시작 이래 2018년까지 계속 적자를 기록하고 있다. 2019년 올해도 그럴 것이다. 이러고도 리그가 유지되고 구단이 존속한다는 게 기적과 같은 일이다. MLS 총재 돈 가버는 3개 프로구단을 퇴출시켰다. 탬파 베이 뮤터니, 마이애미 퓨전, 치바스 USA다. 이 기준을 K리그에 적용하면 퇴출되지 않을 프로구단이 과연 몇이나 있을까?

셋째, 인재경영에서 많이 부족하다.

세계 축구시장에서 K리그 시장은 그리 크지 않다. 축구 문화도 폐쇄적인 면이 적지 않다. 인맥 카르텔로 사람을 채용하는 경우가 지나치게 많다. 구단 사무국의 직원 채용에서도, 감독 채용에서도, 감독의 코칭스태프 구성에서도 여실히 드러난다. 거의 대부분 구단은 자기 구단 출신의 선수를 감독으로 선발한다. 그 감독은 다시 자신의 인맥으로 코치진을 구성한다. 이게 최선의 방법인가? 인재는 이들 밖에 없는가?

프로구단은 기업이다. 끊임없이 존립을 위협받는다. 모기업이 파산하면 산하의 프로구단이 존립할 수 없다. 지자체가 구단을 매각하거나 해체할 수도 있다. 한때 K리그를 선도했던 '대우 로얄즈', 지금은 없다. 이 구단 이름조차 기억하지 못하는 팬들도 적지 않다. 험멜 코리아도 사라졌다. 대전광역시가 대전 시티즌을 매각하겠다고 발표한 적이 있고, 2018년에는 광주광역시가 '광주 FC'를 매각하겠다고 보도했다. 올해 2019년에도 이용섭 광주광역시장이 광주 FC를 매각하겠다고 발표했다.

그러나 '구단 자립 기금'을 적립하여 자생력을 가지면 어떤 외풍에도 흔들리지 않는다. 반면에 기업은 인재 확보에 총력을 기울인다. 전력투구한다. 파격적인 조건으로 인재를 스카우트한다. 조직 구성원의 역량이 성패를 결정하기 때문이다. 가장 변화가 늦다고 평가받는 대학과 초중고에서도 교수와 교사를 초빙하고 있다.

당시 맨체스터 유나이티드를 세계 최고의 축구클럽으로 성장시킨 알렉스 퍼거슨 감독은 '기술코치'의 필요성을 절감했다. 그는 구단 사무국과 코칭스태프에게 적임자를 찾아라고 주문했다. 3개월간 전 세계를 샅샅이 뒤져 여러 후보군을 거른 후 최종적으로 뮬렌스틴과 계약했다. 퍼거슨과 뮬렌스틴은 그전까지는 단 한 번도 만난 적이 없고, 서로 모르는 사이였다. 퍼거슨은 왜 그를 선택했을까? 객관적인 평가와 실기 테스트에서 그가 가장 뛰어났기 때문이다. 이게 합리적이다. K리그에서 이처럼 인재 구하기에 치열하고 뜨거운지 궁금하다.

뉴욕 양키스는 1921년 이후 월드 시리즈에 39번 출전하여 27번 우승했다. 단연 최고의 기록이다. 2위가 11번 우승한 세인트루이스 카디널스다. 무려 두 배 이상의 차이가 난다. 역사상 그 어떤 스포츠팀도 양키스만큼 장기간 우승을 차지하지 못했다. 뉴욕 양키즈의 성공 원인으로 '인재 경영'을 들고 있는 야구 전문가들이 많다. 실제로 최고의 인재들로 구단을 조직했다. 그렇지 못한 사람들은 떠나갔다. 선수들은 스타가 아닌 슈퍼스타로 구성했으며, 구단 사무국 직원들도 초일류였다. 심지어 청소부도 그 분야에서의 최고를 선발했다.

넷째, 지적으로 겸손하지 못하고 교만하다.
자전거 타이어가 펑크 나면 어디 가서 수리하는가? 자전거포에 간다. 거기서 해결한다. 대상포진에 걸리면 어디 가서 치료하는가? 미국 가려면 미국 가는 비행기를 타야 한다. 어디로 가야 하는가? 이처럼 조직(K리그 구단) 자체가 당면 과제를 해결할 역량이 없으면 외부 전문가를 활용해야 한다. 하지만 K리그 구단은 이 점에서도 너무나 느리고 인색하다. 구단 스스로 해결하지도 못하면서 외부 전문가를 활용하지도 않는다. 문제를 끌어안고 마냥 세월만 보내고 있는 경우가 허다하다.

전문가에게 맡기면 해결 방안을 알게 된다. 많은 경우 답은 외부에 있다. 이런 사례는 너무나 많아 일일이 열거할 수 없을 정도다. 스스로 하지 못하면서 왜 질문하지 않는가? 인격자는 자신의 잘못을 부끄러워한다. 다시는 그런 일을 하지 않으려고 힘써 노력하며, 이루어낸다. 인격자는 자신의 무능을 인정하며 부지런히 빨리 무능에서 벗어나려고 노력한다. 22개 프로구단 사무국과

코칭스태프가 모두 업무에서 정직하며 인격자이고 질문하고 외주 주는 용기를 소유하고, 힘써 실천해야 한다.

3) 목표 '구단 자립 기금' 금액 : 5천억 원 이상

'구단 자립 기금'이란 '외부(모기업이나 지자체)의 도움 없이 자주적으로 구단을 운영해나갈 수 있는 재정의 확보와 운용'을 의미한다. 이 금액이면 스스로 구단을 안정적으로 운용할 수 있다. 포기하지 않는다면 세월 속에서 어느 팀이라도 달성할 수 있다. 추진하면 어느 순간 눈덩이처럼 불어난다. 열심이면 더 빨리, 이보다 많이 성취할 수 있다. 10년 내외면 얼마든지 그리고 어느 구단이나 가능하다.

4) '구단 자립 기금' 적립과 활용이 주는 혜택

너무나 많아서 하나하나 밝히기 어려울 정도다. 비유하면, 개인이 은행에 500억 원 이상을 예금해둔 것과 비슷하다. 한 달 이자 수익이나 임대 소득이 1,500만 원 이상이면 평생 생계는 해결된 것이다. 구단 자생력의 시작이요 완성이다. 이 기금으로 상상 이상의 많은 시너지를 만들어낼 수 있다. 구체적일수록 설득력이 높아지기에 여기서는 수많은 효과 중에서 7가지만 살펴보기로 하자.

(1) 구단 스스로의 힘으로 유지, 발전할 수 있다

지금 K리그 22구단 중 이런 구단이 한 곳도 없다. 모기업과 지자체의 지원 예산으로 근근이 1년을 버텨낸다. 약속이나 한 듯 해마다 적자 행진을 계속하고 있다. 하지만 목표한 기금으로 적립해가면서 그리고 목표 기금 이상을 적립해 가면서 저절로 자생력을 확보하게 된다. 모기업의 파산이나 지자체의 예산 지원 삭감이나 중단 등 외부 충격으로 프로구단이 해체

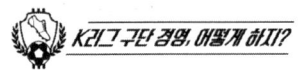

되지 않는 것이다. 구단의 재정적 자립성을 확보하는 것은 프로 스포츠를 영속시킬 수 있는 가장 효과적인 방법이다. 안정환 김주성 등이 활약했고 한때 K리그를 이끌어가는 인기 구단이었던 '대우 로얄즈'(1983 ~ 1999)는 사라지고 없다. 한 영화의 소재가 되었던 한국 프로야구단 '삼미 슈퍼스타즈'(1982. 2. 5 설립, 1985. 6. 21 해체)도 없다. 2007년 12월 프로야구팀 현대 유니콘스가 매각되었다. 한국에서 이미 사라져 잊힌 프로 스포츠 구단이 한 둘이 아니다.

(2) 여러 사업 계획을 세우고 추진할 수 있다

개인이나 조직(기업)이나 국가가 물건이나 서비스를 구입하려면 3가지가 있어야 한다. 가치(필요성)를 알고, 구매력이 있으며, 결정권을 가지고 있어야 한다. 가치와 결정권이 있어도 구매력(돈)이 없으면 구입할 수 없다. 프로구단도 마찬가지다. 재정이 풍부하면 여러 가지 사업 계획을 세우고 추진할 수 있다. 최근의 광주 FC를 주시해보자. 잘하고 있다. 2019년 5월 24일 현재 K리그 2의 선두를 달리고 있다. 승격 가능성이 매우 높다. 축구전용경기장과 클럽 하우스도 올해 완공한다고 보도되었다. 아쉬운 면도 있다. 전용경기장의 좌석수가 8,000석 정도다. 그 이상의 관중을 수용할 수 없다. 입장 수입과 마케팅에 한계를 보일 수밖에 없다. 거기에다 3면 이상의 관중석에 지붕이 없어 자외선에 노출되고 비바람 부는 날 경기 관람이 결정적으로 불편하다. 기금 조성으로 재정이 충족되었다면 경기장을 더 크게, 더 쾌적하게 건립할 수 있을 것이다. 대구 FC 전용경기장 좌석수가 12,000석 정도이며 지붕을 완비하고 있다. 재정 확보의 차이가 이처럼 경기장의 차이로 그대로 나타났다. 물론 대구 FC의 전용경기장의 크기도 졸렬하기는 광주 FC의 8,000석과 오십 보 백 보다. 도긴개긴하다.

구단 재정이 여유롭다면 '무료 공부방 운영', '지역민 건강증진 프로그램', '생활축구 및 생활체육 선진화 사업' 등 다양한 지역 밀착 마케팅도 얼마든지 가능하다. 그러나 현실은 이와는 거리가 멀어도 너무 멀다. 빠듯한 살림에 최대한 아끼면서 겨우겨우 버텨 나가고 있다. 하여 창발적이고 적극적인 사업 전개는 기대하기 어려운 실정이다. 구단은 돈이 없다. 이와 비례하여 원대한 과제 수립과 달성에 대한 열정도 의지도 세월 속에서 얇아져 가고 있는 형국이다. J리그와의 격차는 점점 더 커져 가고 있다.

(3) 월드 클래스 육성에 결정적으로 유리하다

같은 교육을 제공할 때, 보다 재능 있는 학생이 더 높은 성취를 이룬다. 축구도 그렇다. 이러하기에 더 재능 있는, 아니 세계 최고의 재능을 가진 어린 선수를 더 빨리 발굴하여 확보하는 건 실로 중요하다. 이 점에서도 K리그 유스 정책은 마냥 한가하다. 감독이 인맥으로 선수를 선발하는 경우가 흔하다. 주관적인 판단으로 선발하는 경우도 많다. 세계에 앞서 있는 유스 스카우트 평가 기준을 가지고 있는가? 감독이 데려온 선수를 중시하고 우대하여 더 뛰어난 선수를 경기에 출전시키지 않는 등 편애가 판치는 프로 유스도 한 둘이 아니다. 결국 부당한 대우를 받은 이 선수는 소속 상위 유스에도 진학하지 못하고 다른 팀에 가기도 한다. 이리하여 탁월한 재능을 놓치는 경우도 적지 않다. 이런 현실을 구단 고위층은 전혀 알지도 못하고 있는 경우가 대부분이다.

프로연맹이 해마다 22개 산하 구단에 유스 육성 지원금을 배부한다. 그러나 선수에게 돈을 한 푼도 받지 않는 구단은 5 ~ 6곳에 불과하다. 대부분 선수가 매월 일정 금액을 낸다. 심지어 유스 지원비를 전용하는 구단도 있다. 구단의 재정이 열악하기 때문이다.

거듭 강조하건대 뛰어난 재능의 조기 확보는 유스 정책 성공의 출발점이다. 이때 최고의 재능을 확보하는 강력하고도 효과적인 방법이 있다. 유치원 초중고 유스 선수의 부모에게 매달 장학금을 지급하는 것이다. 각기 차등 지급하되 고교 선수는 매달 300만 원 이상 지급하는 것이다. 기금이 점점 늘어나면서 처음에는 20만 원, 30만 원으로 시작하다 50만 원, 70만 원, 100만 원, 180만 원, 300만 원 이상으로 높여 가면 된다. 매달 300만 원 이상이면 한 가정의 생활비가 된다. 강력한 유인 효과로 작용한다. 선수가 부모에게 봉양하는 모양새가 된다. 돈 걱정하지 않고 축구에 집중하게 하니 얼마나 바람직한가. 초중고 선수들은 서울과 수도권 팀을 선호한다. 하지만 지방의 프로구단이 이렇게 장학금을 지급할 때 앞 다퉈 저절로 그리고 경쟁적으로 선수가 찾아온다. 그들 중에서 미래의 슈퍼스타를 선발하면 되는 것이다. 이렇게 하는 K리그 구단 하나도 없다. 돈이 없기 때문이다. 적립한 기금이 한 푼도 없다. 아니 이런 생각조차 못 하고 있다. 그러나 이런 구단이 하루속히 그리고 많이 등장해야 한다.

(4) 적극적이고 공격적인 마케팅이 가능하다

거듭 말하지만 진정으로 하고자 하는 사람은 방법을 찾고 그렇지 않은 사람은 변명거리를 찾는다. 인류 역사는 추구하는 사람들이 만들어간 역사다. 추구하는 사람은 멈추지 않는다. 꿈같은 이야기를 하는 사람이 꿈같은 일을 이룬다.

〈션사인〉지에 의하면, 세계 역사상 최대 업적의 35%를 60 ~ 70세 노인들이, 23%를 70 ~ 80세 노인들이, 6%를 80 ~ 90세 노인들이 성취했다고 한다. 즉, 역사상 업적의 약 64%를 60세 이상의 사람들이 이룬 것이다. 코넬리어스 밴더빌트는 70세에 '위대한 철도왕' 이름을 얻었고, 볼테르, 뉴턴, 스펜서, 제퍼슨 등은 80세 이후에도 활발히 활동해 인류의 지성이 되었다. '할머니 모제스'(Grandma Moses)라는 별칭으로 유명한

화가 안나 메리 로버트슨은 90세가 지나서 명성과 성공을 거머쥐었다. 스탠리 존스는 70세 생일 축사에서 "여러분에게 내 생애에서 가장 중요하고 아름다운 10년간을 선사하려 합니다"라고 말했다.

— 〈믿음이 만든 사람〉(강준민) 중에서

마케팅 지역을 국내로 한정할 이유가 없다. 유럽 빅 5(축구시장 크기순으로 잉글랜드 스페인 독일 이탈리아 프랑스)의 2부 또는 3부 리그 프로구단을 전략적으로 인수할 수도 있다. 경기력 향상을 두고 고심하는 중국이 바로 옆에 있다. 중국의 그 많은 감독 코치 그리고 선수를 가르치는 마케팅을 펼 수도 있다. 구단 자립 기금이 충족되면 이 모든 일을 할 수 있다.

(5) 스포츠클럽으로 확장할 수 있다

바르셀로나가 단순히 프로 축구단이냐? 아니다. 여러 종목으로 구성된 스포츠클럽이다. 바이에른 뮌헨이 단순히 프로 축구단인가? 아니다. 여러 종목을 운영하는 스포츠클럽이다. 유럽의 프로 축구단은 대부분 스포츠클럽 내의 한 종목이다. 단지 축구가 가장 시장이 크고 최고의 인기 종목이기에 언론 노출이 압도적으로 많을 뿐이다. 스포츠클럽은 단일 프로 축구단보다 파급력 확장력이 훨씬 크다. 스포츠클럽은 K리그 구단이 나아가야 할 그리고 하루속히 달성해야 할 과제다.

(6) 일자리를 많이 창출한다

공장의 해외 이전, 로봇 채택, 외국인 노동자 증가, 수축기에 들어간 세계 경제 등으로 갈수록 청년 취업난이 가중되는 시대다. 그러나 프로구단을 제대로 운영하면 많은 일자리를 창출할 수 있다. '생활축구 생활체육 활성화'로 프로구단 한 곳이 1,000명 이상의 코치들에게 일자리를 제공할 수 있다. 지역 내 '무료 공부방' 운영으로 수십, 수백 명의 상근자에게

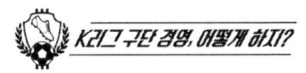

일자리를 줄 수 있다. 이 외에도 외국의 축구 감독 코치 및 선수 교육, 해외에 축구 지도자 파견, 중국 등 해외 축구 선수 지도, 스포츠 시설 장비 사업, 축구 중개인 회사 운영, 출판사 경영, 국민보험공단 외주 사업 등 참으로 많은 일을 할 수 있다. 수 천, 수만 명에게 직업을 제공할 수 있다.

"머리로 생각할 수 있는 것이라면 그 무엇이든지,
 가슴으로 믿을 수 있는 것이라면 그 무엇이든지 여러분은 달성할 수 있다."
—— 나폴레옹 힐

(7) 많은 아이디어를 실현할 수 있는 가능성을 성큼 높인다

세상을 혁신하고 유익하게 할 수 있는 아이디어는 넘쳐난다. 날마다 태어난다. 그러나 거의 대부분 아이디어로 존재하다 사라진다. 아이디어를 실현하려는 끈기와 집념의 사람이 드물고, 거기에다 추진할 때 소요되는 돈도 인력도 없기 때문이다. 마치 예술에 탁월한 재능과 열정을 지닌 사람이 생활고에 시달리다 끝내 포기하는 사람이 그렇게 많듯이.

돈은 강력한 에너지다. 어떤 과제에서 성패를 결정짓는 2대 요소가 사람과 돈이다. 종종 돈은 사람 문제를 해결하곤 한다. 전문가를 스카우트할 수 있다. 여유 있는 재정은 아이디어를 현실로 만드는 열쇠로 기능한다.

5) 조성 방법

조성 방법은 기발하지도, 난해하지도 않다. 매우 단순하다. 그러면서도 많고도 많다. 마치 '보물 찾기' 놀이처럼 K리그 22개 구단이 찾아내기를 기다리고 있다. 문제는 구하지도, 찾지도, 시도하지도 않았기에 마냥 잠들어 있다는 점이다. 선수, 학부모, 팬, 지역주민, 모기업, 지자체 그리고 한국 축구계가 학수고대 오매불망 중이다. 내부 회의를 통해 결정하고 실행하면 세월 속에서 '구단 자립 기금'이 눈덩이처럼 쌓여 간다. 시작하면 된다. 반면에 시도하지

않으면 영원히 이루어지지 않는다. 아래에 제시하는 방안은 하나의 예시에 지나지 않는다. 더 효과적인 방안이 많을 것이다. 1년, 3년, 5년, 10년. 기금 누적 금액 그리고 목표 달성 시기를 정해두고 초과 달성하자. 세월 속에서 목표 금액을 달성한 걸 모든 구단 직원이 확인할 수 있기를 기대한다.

일본 육상연맹, 2008년에 1조 2천억 원의 '육상 발전 기금' 적립

2008년 일본 육상연맹은 '육상 발전 기금' 적립 1조 2천억 원을 달성했다. 기금을 계속 늘려가면서 이자 수입과 투자 수익으로 매달 육상 유망주에게 장학금을 여유 있게 지급한다. 돈에 조금도 구애받지 않고 선수들이 연습에 열중하도록 해주고 있다. 각급 대표 팀 코칭스태프에게 지도비와 연구비를 넉넉하게 지급하고 있다. 일본 육상이 아시아에서 최고인 것은 우연이 아니다. 11년이 지난 2019년 5월 현재 최소 2조 원 이상이 적립되었을 것으로 추정된다.

이화여고 장학 재단 5년 만에 기금 108억

"개미군단의 힘이에요. 후배들이 우리처럼 좋은 교육을 받을 수 있도록 돕자고 하니 동문 수천 명이 뜻을 모았습니다." 이화여고 총동창회에서 설립한 이화 장학 재단의 김영자 이사장은 장학기금 108억 원을 모은 배경을 이렇게 설명했다. 이화 장학 재단은 2010년 이화여고로부터 42억 원을 이어받아 재단을 설립했다. 이후 5년 만에 동문들이 66억 원을 추가로 모았다. 장학금을 한 번 이상 낸 동문들은 4,500명쯤 된다. 북미 남미 유럽 등 해외 거주 동문들도 적극 참여했다. 김대중 대통령 부인 이희호 여사가 6천만 원, 김 이사장은 5억 원을 기부했다. 재단은 성적이 우수하거나 어려운 학생 200명에게 해마다 장학금을 준다. 또 교사 연수비와 기숙사 건립 등 교육 시설을 지원하는 데 기금을 쓴다. 재단은 2015년 12월 14일 서울

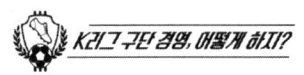

삼성동 코엑스 인터컨티넨탈 호텔에서 고액 기부자와 기수 대표 등 120여 명을 초대해 '100억 달성 감사 모임'을 연다.

— 중앙일보, 2015. 12. 11. 숲. 27면

지자체의 장학기금 조성

지방자치단체 여러 곳에서도 경쟁적으로 '장학기금'을 조성하고 있다. 남도 답사 1번지 전남 강진군의 경우 2015년 12월 현재 155억 원의 장학기금을 만들었다. 이보다 많이 조성하여 활용하고 있는 지방자치단체도 적지 않다. 우동기 대구시 교육감은 대구시 장학기금 1,000억 원 조성을 발표한 후 추진 중에 있다. 몇 년 전의 정보이니 이미 목표한 1,000억 원을 달성했을 개연성이 많다.

(1) **모기업과 지자체의 1년 지원금의 10% 이상 적립**

가령 A 시민구단이 그해 150억 원을 A 시로부터 지원받는다면 15억 원 이상을 적립하는 것이다. 물론 이 과정에서 A 시 관계자와 시의회를 설득하고 동의를 받아내는 과제가 주어져 있다. 가능한 빠른 시기에 구단 자생력 확보로 A 시의 지원금을 줄이다가 어느 시점에서는 한 푼도 받지 않겠다는, 그리하여 그때는 A 시도 이 지원금을 프로구단에 주지 않고 다른 곳에 활용할 수 있다는 걸 이해시키고 찬성을 받아내는 것이다. 이렇게 되는 걸 싫어하는 모기업과 지자체가 한곳도 없을 것이다. 너무너무 환영할 것이다.

(2) **선수 이적료 수익의 50 ~ 80%**

가령 K리그 B 구단이 고교 3년 유스 선수를 맨체스터 시티에 300억 원으로 이적시켰다면? 대부분의 K리그 구단의 1년 예산보다 많은 금액이다.

이걸 해마다 1명 이상 해내면 나쁠 게 없다. 그리고 이적료의 50~80% 이상을 구단 자립 기금으로 차곡차곡 적립하는 것이다.

알려진 대로 당시 18세(1998년 12월 20일생, 프랑스)의 킬리안 음바페의 이적료는 1억 8천만 유로(2,400억 원), 폴 포그바의 이적료는 1억 500만 유로(1,330억 원)였다. 2019년 7월 벤피카에서 아틀레티코 마드리드로 옮긴 후앙 펠릭스(19)의 이적료가 1,656억 원이었다. 10대의 미래 유망주 이적료가 1,000억을 넘기는 시대가 도래했다. 10대에 수백억 원의 이적료를 기록한 선수도 즐비하다. 이걸 K리그 22개 구단과 프로연맹은 어떻게 받아들이고 해석해야 할까?

그들이 해냈으니 우리도 할 수 있다. 더 잘할 수 있다. 그러니 해보자. 그런데 이런 구체적인 결의를 해보기나 했나? 먼저 목표가 있고 그다음에 행동이 나오지 않는가? 한국 축구에서도 한 분야를 잡아 삶이 다하는 그날까지 평생 천착하는 사람들이 나와야 한다. 유스 정책의 성공, 반드시 이루어 내어야 할 과제다. 가능한 한 빨리.

(3) 생활축구 생활체육 수익의 50% 이상

여기서 발생하는 수익이 생각보다 많다. 생활축구팀을 최소 2천 개 이상, 배드민턴 탁구 농구 요가 등 생활체육 팀을 3천 개 이상 만들어 운영하면 해마다 수십억 원에서 수백억 원 이상 적립할 수 있다. 참고로 이런 생활체육팀은 국내뿐만 아니라 해외에서도 얼마든지 운영이 가능하다.

(4) 입장료 수입의 20% 이상

대구 FC가 아주 잘하고 있다. 올해 2019년부터 전용경기장에서 홈경기를 하고 있다. 홈에서 다섯 경기만으로 전년도 2018년 입장 수입을 넘어섰다고 한다. 대구 FC가 기금을 적립한다면 입장 수입의 80% 이상을 적립해도 구단 운영에는 아무 문제가 없을 것이다. 그런데 대구 FC가 구단 자립 기금 적립을 하고 있다는 뉴스를 한 번이라도 접해본 사람이 있는지 궁금하다.

(5) **프로연맹에서 배분되는 모든 지원금의 10 ~ 20% 이상**

프로구단이 프로연맹에게 받는 돈이 있다. K리그와 FA 우승 상금, 중계권료 배당금 등이다. 이 중 10 ~ 20%를 적립하는 것이다. 단, 유스 지원금은 지정 지원금이기에 그대로 유스 육성에 모두 사용해야 한다.

(6) **적립된 '구단 자립 기금'의 발생 수익 중 30% 다시 적립**

적립된 '구단 자립 기금'의 발생 수익 중 30%를 구단 자립 기금으로 다시 적립한다. 즉, 한 달 수익이 1억 원이라면 3천만 원을 다시 구단 자립 기금으로 적립하는 것이다. 이렇게 누적에 누적되어 빠르게 증가한다.

(7) **기업과 개인의 후원금**

기업과 개인에게서 구단 자립 기금 후원을 받는다. 국내외 제한을 두지 않는다. '일반 법칙의 원리' 그대로 부지런히 하는 만큼 성과가 일어난다. 〈인명 연감〉이나 '기업체 정보'를 활용할 수 있다. 특히 신문의 경제란 기사를 이용하면 현재 그 기업의 상황을 자세히 알 수 있기에 매우 효과적이다.

(8) **그 외 모든 수익의 10% 이상**

그 외 상품 판매 수익, 군소 스폰서, 업무 협약에 따른 수입 등 모든 수익의 10% 이상을 적립한다.
대구 FC가 해낸 것처럼 '경기장 명칭 사용권' 판매 수익도 있다. 해외 선수 지도와 외국인 감독 코치 연수 등을 통한 수입 창출도 가능하다. 가능한 보다 많은 수익 발생 통로를 만들어야 한다.

6) 구단 자립 기금의 활용

기금 운용의 원칙은 첫째도 안전, 둘째도 안전, 셋째도 안전이다. 상식이다. 원금을 보존하는 안전장치 안에서 운용하거나 투자해야 하는 것이다. 이 부분에서는 현재 모범적으로 운영하고 있는 몇몇 재단에 배울 필요가 있다. 독창적인 방안을 활용해도 좋을 것이다. 적립된 기금(원금)은 절대적으로 보존해야 한다. 기금을 빼내 쓰는 일이 결코 있어서는 안 된다. 참고로, 세계 1위의 자동차 생산회사인 도요타는 흑자분으로 절대로 모험적인 투자를 하지 않는다. 안전 우선으로 운용하고 있다. 위축기에 든 세계 경제에서의 변화무상한 주식 투자, 환금성이 떨어지는 부동산 매입, 선물 투자 등은 금물이다.

이자(투자) 수익 활용에서 '3 + 3 + 3 + 1 원칙'도 한 방법일 수 있다. 매월 기금에서 발생하는 이자 수입과 투자 수익의 30%는 선수 장학금, 30%는 유스 선수단 운영(식품 구입비, 장비 구입비, 영양제 구입 등), 30%는 다시 기금에 적립, 10%는 외주 연구비로 활용한다. 당월 수익이 3천만 원이면 선수 장학금 900만 원, 선수단 운영 900만 원, 기금 적립 900만 원, 외주 연구비 300만 원이 된다. 연구비는 사안에 따라 계약한 외부 전문가에게 지급하며, 연구 결과는 구단, 선수, 코칭스태프, 학부모 등에게 발표, 공유되어야 한다. 서면으로 보고되고 구단 홈페이지에도 저장되어 두고두고 구단의 지적 자산으로 활용되어야 한다. 물론 기금의 수익이 많아지면 자연스럽게 활용 범위를 넓혀가면 된다. '구단 자립 기금' 적립과 활용?

- 누구는 할 것이다. (Some will.)
- 누구는 하지 않을 것이다. (Some wo'nt.)
- 그게 어쨌다는 거지. (So what.)
- 다음 대상을 찾아가자! (Next!)

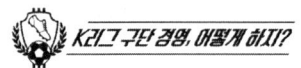

7) 결론

'구단 자립 기금' 적립!
실행해보면 생각보다 쉽다는 걸 알게 될 것이다. 세월 속에서 목표 금액을 초과하게 되고 계속 나아가게 된다. 이걸 구단이 결의한 다음 계획을 세우고 함께 '자립 기금' 적립을 시작하자. 지속적인 것이 혁신이다. 추진하지 않으면 지금처럼 해마다 구단의 경제적 어려움이 해결되지 않는다. 반면에 점점 기금이 모이면 상상 이상으로 놀라운 혜택을 누리게 된다. 두고두고 계속 더 크게. 때는 지금이다. 공청회 토론회 등을 열어 필요성을 공유하고 가능한 한 빨리 실행하자!

03
'이전에 없었던' 세계에 앞서 있는 유스 육성

1) 현재 상황

주니어 지도자들의 잠재력 키우기

지도자가 급하면 멀리 내다보지 못하며 그건 곧 어린 선수들의 잠재력을 키우지 못하는 결정적인 이유가 되곤 한다. 한국 스포츠를 논할 때 가장 안타까운 부분이 주니어 지도자들의 이러한 근시안적인 자세가 아닐까 싶다. 불현듯 주니어 지도자들과 잠재력의 상관관계를 떠올리게 된 배경은 2016년 호주오픈 테니스 남자 단식 결승전을 지켜보면서다. 28세 동갑내기인 노박 조코비치(세계 1위, 세르비아)와 앤디 머리(2위, 잉글랜드)의 '세기의 대결'을 지켜보다가 그들의 주니어 시절을 떠올리게 됐다.

전웅선과 김선용
조코비치와 머리의 또래인 그들은 당시 국제 주니어 무대에선 조코비치와 머리를 능가하는 실력으로 큰 주목을 받았다. **세월이 흘러 이제 그들의 처지는 비교 자체가 민망해졌다.** 조코비치와 머리는 부와 명예를 함께 거머쥐는 월드 스타로 성장했고, 한국의 유망주들은 그 존재마저 찾아보기 힘들다. 무엇이 이들의 운명을 뒤바꿨을까. 이는 개인적인 문제라기보다는 한국 스포츠의 구조적인 원인에서 답을 찾는 편이 훨씬 설득력이 있다.

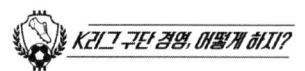

한국의 주니어 지도자들은 큰 그릇을 빚는 데는 별 관심이 없다. 빨리빨리 그릇을 만들어 내는 게 중요하지 많은 것을 담을 수 있는 '대기(大器)'를 빚는 데는 애정을 쏟지 않는다.

── 고진현의 창과 창, 2016. 2. 4. 木. 스포츠서울. 8면

서남표 KAIST 총장 월요 인터뷰

"똑똑한 학생을 받아 일류 학생으로 못 키우면 크리미널(crimiral 범죄)이다. 학자는 다른 사람이 아닌 역사와 경쟁해야 한다."

── 중앙일보 2007. 10. 15. 月. 29면

수학을 못하는 것은 100% 선생님 책임!!

초등학교 때 수학 우등생이 왜?
중학교에 가서 수학을 포기할까요?
아이가 머리가 나빠서? 학원, 과외를 안 시켜서?
책이 나빠서? 선생님이 없어서? 아닙니다.
선생님이 잘못 가르쳤기 때문입니다.
100% 개념원리로 가르치지 못했기 때문입니다.
순서적으로 체계적으로 가르치지 못했기 때문입니다.
문제풀이 위주로 가르쳤기 때문입니다.
끄적끄적 답만 썼기 때문입니다.

── 중앙일보 2008. 3. 19. 木. C10면

노개명수학 겨울방학 3개월 집중 학습 프로그램
"초등 4학년 이상이면 3개월 안에 중학 수학 끝낸다."

── 중앙일보 2009. 1. 12. 月. E10면

수업료가 두 배인 이유

모차르트에 관한 일화입니다. 그는 음악을 배우러 오는 사람들에게 항상 이렇게 말했습니다.

"예전에 다른 데서 음악을 배운 적이 있습니까? 그렇다면 수업료를 두 배로 내십시오. 그러나 배운 적이 없다면 반만 내십시오."

그러자 사람들이 항의했습니다.

"왜 음악을 모르는 사람에게 수업료를 반만 받고, 이미 잘 아는 사람에게 두 배나 받습니까?"

모차르트는 대답했습니다.

"음악을 아는 사람은 잘못된 것을 알고 있기에 그것을 지우려면 내가 애를 먹으니까 두 배를 받아야 합니다. 그러나 음악을 모르는 사람은 내가 원하는 대로 가르칠 수 있기에 노력이 적게 듭니다."

—— 〈일어나 빛을 발하라〉 (조용기 외) 중에서

10대 선수 이적료

외국

(1) 킬리안 음바페(18) 2,400억 원

(2) 헤나투 산체스(18) 450억 원

(3) 비니시우스(17) 590억 원

(4) 마르시알(19) 700억 원

(5) 루크 쇼(18) 465억 원

(6) 래쉬포드 1,176억 원

(7) 제수스 1,160억 원

(8) 말콤 852억 원

(9) 호드리구(18) 601억 원

(10) 주앙 펠릭스(19) 1,656억 원

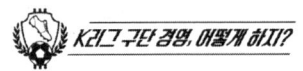

한국
(1) 정우영(18) 10억 원(대건고에서 바이에른 뮌헨으로)
(2) 황희찬(18) 10억 원 추정(포철고에서 레드 불 잘츠부르크로)
(3) 김정민(19) 9억 원(광주 FC에서 레드 불 잘츠부르크로)

이적료가 그 선수의 가치다. 이들은 같은 나이대의 한국 유스 중 에이스 중의 에이스였다. 그러나 이적료는 세계의 같은 나이대의 미래 유망주와 비교조차 할 수 없을 정도로 초라하다. 한국 축구는 언제쯤 이들을 뛰어넘는 선수들을 배출할 수 있을 것인가? 이게 가능하기나 할까? 여러분은 어떻게 생각하는가?

1983년 5월 8일 K리그(당시는 슈퍼리그) 출범 이후 36년이 지났다. 36세면 독립한 성인으로 왕성하게 일할 시기다. 하나 이 오랜 기간 동안 K리그 유스가 배출한 세계적인 선수는 단 한 명도 없다. K리그 이적료 신기록은 김기희(2016, 전북 현에서 상하이 선화) 선수의 70억 원(540만 유로)이다. 그는 부경고 출신으로 K리그 유스 출신이 아니다. 이적료 100억 원 이상의 선수는 아직 등장하지 않고 있다. 현재는 과거의 반영이다. 결과는 과정의 도착지다. K리그 유스 육성은 도무지 해결 방법을 찾지 못하고, 이렇다 할 결과도 내지 못하고 있다. 원인 없는 결과는 없다. 원인이 무엇일까? 유스 선수 주변의 외부 환경은 유럽과 남미에 거의 근접했다. 인조구장, 음식과 영양제, 축구공과 기타 장비, 시설, 축구화, 웨이트 트레이닝 시설, 축구과학 등 외부 환경에서는 유럽과 남미에 아주 미세한 차이가 있거나 동등하다. 도대체 원인이 무엇일까?

지금에 비하면 1960, 70년대 한국에서 가장 축구를 잘하는 선수들인 국가대표 선수들에 대한 대우는 매우 열악했다. 국내 전지훈련 중에는 여관에

묵었으며 밤에 간식으로 사과 몇 개와 빵 그리고 콜라나 사이다 1병 정도였다. 당시는 천연잔디구장도 극히 드물었다. 프로 축구 원년인 1983년 7월 당시를 살펴보면, 슈퍼리그(K리그 이전의 출범 당시의 리그 명칭)나 실업연맹 혹은 대학팀으로 천연잔디 연습장을 가진 팀은 외환은행 서울신탁은행 및 인천대학 3개 팀뿐이었다. 대표 팀도 전용 천연잔디 연습장이 없었다. 대표 팀은 매일 천연잔디구장을 가진 기업과 팀에 대해 구장 사용을 요청, 허락을 받는 것이 큰 일과였다. 대표 팀은 여기저기 닥치는 대로 전화하여 천연잔디구장 사용을 구걸했다. 이런 일은 2001년 11월 파주 NFC가 건립되면서 마침내 종지부를 찍었다.

그리고 이 글을 쓰는 시각은 2019년 5월 23일(木) 16:37이다. 그 사이에 40 ~ 50년이 흘렀다. "10년이면 강산도 변한다"라는 말이 있듯이 축구 환경도 획기적으로 달라졌다. K리그 프로구단 유스 선수들에게 최첨단 방법이 도입되어 적용되고 있다. 첨단 경기 분석 도구가 활용되고 있다. 질 좋은 인조잔디구장에서 연습한다. 세계적인 축구화와 경기복을 사용한다. 인터넷에서 유럽과 남미의 최신 연습 방법을 바로 볼 수 있다. 여러 스포츠 TV가 세계의 주요 경기를 방영한다. 유럽과 남미 리그를 언제든지 시청할 수 있다. 인터넷의 온갖 축구 카페 블로그 홈페이지 유튜브 등에서 쉽게 따끈따끈한 축구정보와 지식과 경기 동영상을 만날 수 있다. 연습 효과를 극대화하는 축구 장비와 시설도 도입하여 활용하고 있다. 유럽과 남미의 앞서 있는 프로구단과 축구협회의 '유스 육성 방안'도 얼마든지 구할 수 있다. 한마디로 '월드 클래스'를 육성할 수 있는 환경이다. 그러나 현실은 어떠한가? 의학계에서는 원인을 알면 적확한 처방이 가능하고 70% 이상 치료할 수 있다고 한다. 여러분은 원인을 알고 있는가?

"미친 짓이란 똑같은 일을 계속 반복하면서 다른 결과가 나오길 기대하는 것이다."
— 알버트 아인슈타인

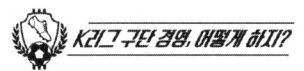

2) 한국 축구가 월드 클래스를 육성할 수 없는 이유

이 글은 한국축구가 지금까지 월드 클래스 육성하지 못한 원인을 이야기하고 있다. 이걸 뒤집으면 월드 클래스 육성 방안을 찾을 수 있을 지도 모른다. 여기에 제시한 원인 분석에 대해 누구는 동의할 것이며, 또 누구는 동의하지 않을 것이다. 서로 다른 의견을 존중하며 이 글이 프로구단 사무국과 감독 코치들에게 가치 있는 영감을 주기를 기대한다. 동시에 이보다 더 적확하고 과학적인 원인을 찾아내고 팀에 적용하기를 희망한다. 선수와 학부모가 어제의 자신과 결별하고 새롭게 시작하는 계기가 되기를 당부드린다. 프로구단 유스의 경우, 자신들이 생각하지 않았던 또 하나의 방안을 만나게 될 것이다. 팀을 창단하여 의욕적으로 운영하려는 감독이나 운영자가 바로 적용할 수 있는 정보도 적지 않다.

여럿 있지만 보다 핵심적인 원인이라고 여겨지는 **10가지를** 제시한다. 이제 한국에서도 월드 클래스가 배출되어야 하지 않는가?! 더 이상 천재의 재능이 둔재로, 박제로 되어 가는 일이 있어서는 안된다! 올바르게 하면 고교 선수, 늦어도 3년 안에 얼마든지 가능하다!

박지성은 더없이 성실한 선수였지만 프리미어리그 순위에서 거의 대부분 100위권 밖에 있었다. 차범근은 빠르고 힘이 넘쳤지만 은퇴할 때까지 투박하고 단순한 개인기로 일관했다. 당시 분데스리가 경기 동영상을 보면 바로 알 수 있다. 손흥민 선수는 한국이 키운 선수가 아니라는 게 외국 전문가들의 중론이다. 여러분은 손흥민 선수가 월드 클래스라고 생각하는가? 사람마다 조금씩 다르게 평가할 것이다. 도대체 한국 축구가 월드 클래스를 육성하지 못하는 이유가 무엇일까?

(1) '월드 클래스 육성'이라는 목표의 부재

반드시 월드 클래스를 배출하겠다는 확고한 목표가 있는가? "월드 클래스를 육성하겠다"라고 말하는 감독 코치를 한 번이라도 본 적이 있는가? 견문이 좁아서인지 나는 이런 지도자를 만난 적도, 들은 적도 없다. 여러분의 소속 팀 감독 코치에게 한 번이라도 이런 말을 들은 적이 있는가? K리그 유스의 경우도 대표이사 사장과 유스 담당 그리고 유스 초 중 고 감독 코치의 목표가 흐릿하고 지나치게 조그마하지 않은지 스스로 점검해 보아야 한다.

목표가 없으면 성취는 없다. 목표를 세우는 데는 비용이 들지 않는다. 어떤 특별한 기술이나 과정도 필요하지 않다. 그냥 '월드 클래스 육성'이라는 목표를 수립하고 말해버리면 된다. 그리고 실천하여 성취하면 된다. 최고의 목표는 최고 최선의 방법을 찾아내고 실행하도록 지속적으로 동기부여한다. 목표는 신비한 힘을 가지고 있다.

(2) 혁신이 시급한 코칭 철학

코칭 철학이 감독 코치의 그 모든 것을 결정한다. 지도자의 모든 것이 코칭 철학에서 나온다. 가장 빈번하게 사용되는 게 코칭 철학이다. 그래서 가장 중요하다. 운동장에서 그리고 운동장 밖에서 감독 코치의 언행은 코칭 철학의 표현에 다름 아니다. 공부하느냐 그렇지 않으냐, 청렴한가 금전 비리를 일상적으로 저지르느냐 등 그 모든 것이 코칭 철학의 결과물이다. 섬김의 리더십, 자기주도적 학습문화, 선명하고 원대한 목표, 세계 최고 수준의 지도력 소유 등 이런 여러 면에서 축구 선진국의 경쟁자들에게 많이 뒤지고 있다.

동시에 코칭 철학이란 곧 그의 인생관이요 가치관이다. 그러므로 코칭 철

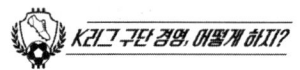

학이 감독 코치로서의 그의 성공 여부를 결정할 뿐만 아니라 인생에서의 성공과 실패를 결정짓는 가장 핵심적인 요소다. 한국의 감독 코치는 자신의 코칭 철학을 수시로 점검하고 끊임없이 혁신해야 한다. 코칭 철학이 건강하다는 건 한마디로 그의 영혼이 깨어 있고 거룩하다는 것이다. 인생에서의 승리와 패배를 결정짓는 핵심요소다.

간단하게 말해서 코칭 철학 점수가 98점(100점 만점) 이상을 받아야 하나, 이 수준에 도달한 감독 코치가 있는가? 코칭 철학이 이 수준에 도달하지 못한 감독 코치는 결코 월드 클래스를 육성할 수 없다. 선수들로부터 최고 최대 최선의 자발성과 창발성을 이끌어낼 수 없기 때문이다. 자기 자신을 존중한다면 결코 '3신 감독 코치'가 되어서는 안 된다. 공부하는 데는 등신, 부정한 돈 밝히는 데는 귀신, 가르치는 데는 병신이 3신 감독 코치다.

많은 초 중 고 선수와 학부모의 고통과 불만이 비등점을 지나 폭발 직전에 있다. 17분 전에도 감독의 전횡, 부당한 처우, 금전 비리를 하소연하는 학부모의 전화를 받았다. 감독 코치의 폭력, 폭언, 금전 비리, 편애, 무지, 폭압적인 군림 등이 수시로 자행되고 있다. 잘하는 감독 코치도 있다. 그러나 매우 적다. 그래서 선수와 학부모가 무척이나 만나기 힘들다.
반면에 인간에 대한 존중, 섬김의 실천, 사랑, 연민, 긍휼, 공감이 부족한, 아니 함량 미달 수준 이하인 감독 코치가 지나치게 많다. 너무나 많아 끊임없이 문제를 일으키고 있다. 겉으로는 지도자인 척, 정의로운 척, 인격자인 척하지만 밀실에서, 숨어서 은밀하게 저지르는 가증스러운 죄악이 너무나 많다. 사람의 이목을 피할 수 있지만 우주에 고스란히 녹화되고 있다는 걸 모르고 있는 영적 무지다. 이들의 영혼의 결국이 어디로 가겠는가? 세상에서 영적 무지가 가장 위험하다는 걸 감독 코치는 하루속히

깨달아야 한다. 영적으로 무지한 이들은 부정한 돈 권력 명예 쾌락을, 세상 욕망을 너무나 사랑하기에 이를 가지려고 미친 듯이 달려간다. 그리고 가장 소중한 영적(靈的) 전쟁에서 패배하고 있다. 그들을 기다리고 있는 게 무엇일까?

다행히 사람에게는 '자유의지'가 있다. 감독 코치는 자유의지를 올바르게 사용해야 한다. 탐욕과 무지로 악령(惡靈)의 도구가 되어서는 안 된다. 감독 코치는 자신의 코칭 철학을 끊임없이 점검하고 개선하며 혁신해야 한다. 바닥까지 낮아져 선수와 학부모를 지극하게 섬기며, 죽기까지 충성해야 한다. '내가 아무것도 아니구나!' 하는 걸 하루속히 깨달아야 한다. 세상의 종으로, 노예로, 심부름꾼으로 일평생 타인을 섬기면서 살아가기로 결단해야 한다. 섬기는 자가 가장 높은 자라는 걸 즉시 통찰하기 바란다. "내가, 나는, 왕년에 내가, 나 이런 사람이야." 등등 이런 자아를 철저하게 죽여야 가능하다. 밀알이 빻아지고 부서져 가루가 되어야 비로소 빵을 만들 수 있듯이, 욕망 덩어리인 자아를 철저하게 완벽하게 죽여야 비로소 섬길 수 있다.

(3) '집단지성'의 부재

지금은 조직원의 융합과 통섭으로 과업을 수행하는 시대다. '1인 지성'은 결코 '집단지성'을 이길 수 없다. 유럽과 남미는 각계각층의 전문가들로 구성된 '집단지성 그룹'이 유스 육성을 지원한다. K리그 구단에는 이게 없다. 유스 담당 직원 1 ~ 2명과 초 중 고 유스팀의 감독 코치 3 ~ 5명으로 움직인다. 학원축구와 클럽축구는 K리그 유스보다 훨씬 못하다. 결과는 뻔하다. 현실이 생생하게 증거하고 있다.

감독 코치 자신들이 제대로 하지 못하면서 왜 외부의 탁월한 전문가를 활

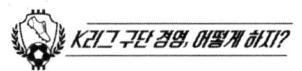

용하지 않는가? 그렇게 하는 걸 자존심의 상처요 지도력의 무능을 드러내는 것으로 여겨 극도로 꺼린다. 한심하기 짝이 없고 졸렬한 '부족의 심리'다. 여기다가 경영을 공부한 감독 코치가 있는가? 기업은 끊임없이 벤치마킹한다. 지금은 벤치마킹을 넘어 아예 대상 기업을 인수 합병하는 추세다.

감독이 집단지성을 활용하지 않으면 축구에 모든 걸 걸고 있는 선수와 학부모에게는 재앙과 같다. 한국의 22개 프로구단 유스와 학원축구 및 클럽축구팀 거의 모두가 '집단지성 그룹'에 비해 인식과 그 한계가 뚜렷하게 부족한 감독 코치들만으로 팀의 모든 것을 실행한다. 그리하여 유럽 남미와 경쟁 자체가 되지 않는 구조다. 언제 어디서나 구조가 결과를 결정한다.

(4) 매일매일 밀리고 뒤지는 지도력의 한계

"한국의 대학팀은 일주일에 5번 이상, 그것도 하루 2시간 이상 연습한다. 연습량은 단연 세계 최고 수준이다. 그러나 그 결과로 배출된 세계적인 선수는 단 한 명도 없다. 지도자들의 수준이 구석기시대이기 때문이다."

서정원 前 수원 삼성 감독과 친분이 두터운 디트마르 크라머 감독이 1992년 지적한 말이다. 크라머 감독은 일본 대표팀을 맡아 멕시코 올림픽 축구(1968년)에서 아시아 최초로 동메달(3위)을 획득했다. 그로부터 27년이 지났다. 많은 변화가 있었다. 그러나 월드 클래스를 배출하지 못하고 있다는 점에서는 한치의 변화도 없다.

유럽 남미를 모방해서는 이들을 이길 수 없다. 유럽 갔다 와서 유럽 축구 이야기하느라 정신없는 감독 코치를 보면 무슨 생각이 드는가? 공부만이 답이다. 유럽과 남미 지도자들보다 더 많이, 더 치열하게 공부할 때 지도력에서 그들을 능가할 수 있다. 감독 코치는 날마다 세상에서 가장 뛰어

난 코칭을 하여, 날마다 선수 성장에서 세계 최고를 성취하겠다는 결의를 하고, 이루어내어야 한다. 유럽 남미의 지도자보다 더 치열하게 공부할 때 가능하다.

(5) 축구 이론 교육의 빈곤

실기만 잘하면 되지 축구 이론을 가르쳐야 하나? 그렇다. 반드시 가르쳐야 한다. 반드시 선수에게 그날 배울 연습 내용에 대한 스포츠 물리학을 이해시킨 후에 연습해야 한다. 그리고 이론 강의한 내용을 배포하여 복습 시 사용할 수 있도록 해야 한다. 이론을 가르치지 않으면 절대로 연습해서는 안 된다.

왜 이론을 가르쳐야 하는가? 연습은 이론의 확인에 지나지 않는다. 이론대로 터치하면 볼이 의도대로 움직인다. 경기도 이론의 확인에 지나지 않는다. 이론을 알고 경기하면 경기가 술술 풀린다. 경기를 주도한다. 이론을 알고 연습하면 경기력에 최소 3배 이상 빨리 향상된다. 축구 이론을 온전하게 알면 이미 70% 이상 마스터한 거나 같다. 실수를 미리 예방하며, 드물게 실수가 나와도 스스로 고친다. 이론을 알기에 가능하다. 개인 연습 시 효과가 배가된다.

축구 이론은 선택이 아니라 필수다. 연습이 학습목표 제시, 축구 이론 강의(강의 내용 담은 A4 용지 배포는 필수), 준비운동, 본 운동, 정리운동, 피드백, 차시 예고로 이루어져야 한다. 그리고 이론 강의 내용이 1년 후에는 한 권의 책으로 나와야 한다. 시중 서점에서 판매되어야 한다. 하지만 한국 축구계에 이런 사례는 아직 한 번도 없다.

선수가 축구 이론을 모르면, 감독 코치가 가르치지 않으면 월드 클래스 선수가 나올 수 없다. 특히 축구를 늦게 시작하고 모든 게 유럽과 남미에

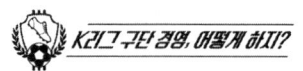

뒤지는 한국에서는 더욱 그러하다. 축구 이론을 체계적 구조적 과학적으로 가르치지 않는 감독 코치, 왜 가르치지 않는가?

(6) 코칭 상품 활용의 빈곤

코칭 상품을 효과적으로 활용하면 선수의 경기력 향상이 최소 3배 이상 빨라진다. 현실은 어떠한가? 거의 코칭 상품을 활용하지 않는다. 잘못된 코칭 상품 선택도 많이 있다. 일례로, 거의 대부분의 팀이 사용하지 말아야 할 정수기를 사용하고 있다. 음식에서도 개선이 시급하다. 제대로 활용하고 있는 코칭 상품을 찾기가 쉽지 않다. 필수적인 슛보오드, 펜듈럼 볼 시설, 킥 머신을 모두 갖춘 유스 팀이 한 곳도 없다. 다른 코칭 상품은 말할 필요조차 없다.

코칭 상품 활용에 따라 서울 갈 때 KTX를 타고 가느냐, 경운기를 타고 가느냐의 차이로 나타난다. 전력 분석, 경기 분석보다 일상적인 코칭 상품 활용이 더욱 시급하고 중요하다. 관심을 가지고 계속 찾으면 코칭 상품 선택과 활용은 너무나 쉬운 일이다.

(7) 개인 시간 활용에서 실패하고 있는 선수들

공부는 복습이다. 복습으로 배운 걸 자기 실력으로 만든다. 상위 0.01%의 공부 선수는 모두 이렇게 하고 있다. 축구도 그렇다. 유럽 남미보다 늦게 축구를 시작했기에 볼 터치 횟수가 이들보다 적다. 개인 시간 활용을 극대화하여 이들을 따라잡아야 하나 그렇게 하지 못하고 있다. 개인 시간에 개인 연습을 극대화하고 있는 선수는 극소수다. 감독 코치가 구조적 계획적 통합적 과학적으로 개인 시간 활용 방법을 가르쳐주지 않아서다.
이렇게 중요한데도 왜 알려주지 않고 있을까? 그리고 마냥 세월이 흘러간다. 실패한 선수가 무한정 양산된다. 학생(선수) 중심 교육과정의 부재로

선수에게 자기주도적 학습문화를 길러주지 못하고 있는 것도 개인 시간을 낭비하고 있는 주요 원인 중의 하나다.

(8) 팀 경영 능력 허약

이걸 잘하기 위해서는 경영을 밝게 알아야 한다. 팀 운영이 바로 경영이다. 혁신과 마케팅이 경영의 핵심이다. 지금 무엇을 혁신하고 무엇을 폐기해야 하는가? 선수 시절 경영을 공부할 기회가 없었다. 은퇴 후 지도자가 되어서 경영을 공부했는가? 하여 밝게 깊게 알고 있는가?

질문 하나 드리겠다. 팀의 최고 결정권자가 감독인 경우와 경영전문가인 경우, 어느 쪽이 뛰어난 선수를 많이 배출할까? 당연히 경영전문가다. 경쟁 자체가 안된다. 팀 운영이 곧 경영이고, 경영전문가는 혁신 방법을 알고 있기 때문이다. 자원 활용의 우선순위를 알고 있으며 권한 위임에도 능숙하다. 물론 집단지성 그룹을 조직하여 활용한다. 감독 코치는 경영학을 공부해야 한다. 지금이라도 공부를 시작해야 한다.

(9) 빈곤하고 인색한 선수 지원

연습만을 통하여 경기력을 향상시키려는 것은 더없이 무지하고 터무니없는 발상이다. 이러면 경기력 향상 속도가 너무나 느려 세계 경쟁 우위를 전혀 기대할 수 없다. 그러나 현실은 어떠한가? 대부분의 감독 코치가 이렇게 하고 있다. 인식의 전환이 시급하다.

다양하고 효과적인 방법으로 지속적으로 선수를 지원할 때 경기력이 폭발적으로 배가된다. 최적의 영양제, 부상 예방 프로그램과 신속한 치유, 장학제도 확충과 장학금 지급, 주기적인 강연 제공, 독서의 습관화, 확고한 목표 설정, 의식수준 고양, 주기적인 심리 상담, 특수체력 프로그램, 사명감의 고취 등을 하루속히 제공해야 한다. 팀 연습 이외에 어떻게 하면 보다 빠르게 경기력을 향상시킬 수 있는가에 전력투구해야 한다.

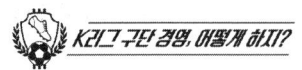

⑩ 학부모와의 소통과 협력 그리고 정보 제공 빈곤

감독 코치가 잘 가르치면 월드 클래스가 될 수 있는가? 지도자는 대부분 이렇게 생각하고 있다. 아니다. 그건 30%도 차지하지 않는다. 여러 요소가 중층적 유기적 화학적으로 결합하고 작용할 때 선수의 경기력이 빠르게 향상되어 간다. 선수에게 가장 중요한 환경이 선수 부모다. 회복탄력성의 근원도 선수의 부모다. 감독 코치가 아니다. 이러하기에 학부모의 참여와 지원을 최고로 이끌어내지 못하면 결코 월드 클래스로 육성할 수 없다. 현실은 어떠한가? 학부모에 대한 정기적인 교육과 정보 제공 그리고 원활한 소통이 있는가? 없다. 몇몇 프로구단 유스에서 가끔 교육 기회를 제공하나 구조적이지 못하며 횟수도 적고 깊이도 얕아 성과를 내기에는 많이 부족하다.

프로구단 유스 담당자나 학원축구와 클럽축구 감독은 학부모가 무엇을 어떻게 해야 하는지 명쾌하고도 깊이 있게 알려주어야 한다. 선수, 학부모, 감독 코치, 프로구단 유스 담당자가 협력하는 만큼 선수가 성장한다. 그러나 학부모는 지시의 대상으로, 함께 협력하지 않는 대상화된 객체로 외떨어져 있다. 엄청난 열정과 시너지를 가진 학부모를 왜 활용하지 않는지 이 역시 신기할 뿐이다.

흔히 인간을 '만물의 영장(靈長)'이라고 한다. 그런 경우도 있다. 전혀 그렇지 못한 경우도 있다. 무지와 게으름으로 쉽게 혁신할 수 있는 일을 계속 방치하는 경우가 너무나 많다. 그것도 직업과 관련된 중요한 일에 있어서 그렇다. 축구에서도 이런 일이 지나치게 많아 개선이 이루어지지 않고 있다. '습관의 관성'으로 살아가기 때문이다. 혁신의 관점이 아니라 습관적으로 일을 처리한다. 하여 발전이 없거나 느리다. 세계 경쟁에서 이길 수 있겠는가? 가장 중요한 요소, 그 모든 것을 결정하는 코칭 철학을 다시 생각하게 된다.

감독과 코치는 선수와 학부모에 대한 깊은 책임감을 가지고 있어야 한다. '어떻게 무엇으로 선수를 성공시킬 것인가?'에 대해 치열하게 연구하고 실천해야 한다. 평생학습시대에 공부는 자기 자신에 대한 예의다. 목표는 크게 가질수록 좋다. 크게 생각할수록 크게 이룬다. 조그마한 목표는 평범한 성취만 만들어낼 뿐이다. 축구 감독 코치라면 누구나 "월드 클래스를 육성하겠다"라는 목표를 말해버리고 달성하고자 최선을 다해야 한다. 이 과정에서 더 효과적인 방안을 찾으려면 글쓴이와 상담해도 좋다.

3) 누구의 책임이 가장 큰가?

단연 사무국의 책임이 가장 크다. 감독 코치의 지도력을 떠올렸다면 번지수를 잘못 찾은 거다. 사무국은 사람에 비유하면 두뇌다. 몸이 두뇌의 명령에 따라 행동하듯이 사무국이 구단의 1년 계획을 수립하고 유스를 가르칠 감독 코치를 채용한다. 가용할 수 있는 자원의 우선순위를 정한다. 코칭스태프와 선수단을 지원하고 점검한다. 유스 육성 계획을 세우고 실행하는 등 처음부터 끝까지 관리한다. 현저하게 탁월한 유스 육성, 아무리 강조해도 지나치지 않다. 하지만 구단 사무국의 1명이 유스를 담당한다. 2명 있는 구단은 극소수다. 평범한 유스 육성 결과와 무관하지 않다. 유스 육성의 성과와 책임이 사무국에 70% 이상 있다. 압도적이다. 혁신이 시급하지만 변화가 너무 느리다. 세계 경쟁은 기대조차 할 수 없다. 사무국은 이걸 알고 있는가?

유스 육성 벤치마킹도 개구리 밥풀처럼 흔들리고 있다. K리그 구단들은 한때는 아약스 유스 육성을 따라 하려고 했다. 1998년 프랑스가 월드컵에서 우승하자 "프랑스에서 배우자!"고 외쳤다. 스페인이 메이저 대회 3연속 (2008 2012 유로, 2010 남아공 월드컵) 우승이라는 절정의 성적을 내자 스페인으로 우르르 몰려갔다. 지금은 벨기에가 FIFA 랭킹 1위에 오르는 등 두각을 나타내자 벨기에 배우기에 열중하고 있다. 크로아티아가 2018 러시아 월드컵에서

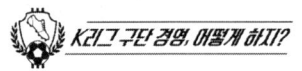

2위에 오르자 이 나라에도 관심을 기울이고 있다. 하지만 결과는 어떠한가? 여기저기 옮겨가면서 배우려고 했지만 여전히 월드 클래스는 등장하지 않고 있다. 프로구단과 감독 코치는 아직 그 원인을 모르고 혼돈 속에 있는가?

두 번째 책임이 감독 코치에게 있다. 구단은 자기주도적 학습 문화를 치열하게 실천하는 감독 코치를 채용해야 한다. 여기서부터 출발해야 한다. 한결같이 자기 주도 개혁으로 평생교육에 천착하는 감독 코치만 선발해야 한다. 이 점은 너무도 중요하다. 결정적으로 중요한 것은 채용 조건이다. 감독 코치는 오직 공부하여 아는 그만큼만 가르칠 수 있다. 이게 경쟁력을 결정한다. 이러하기에 감독 코치의 유스 운영의 실패 이전에 이런 감독 코치를 임용한 사무국의 책임이 일차적이며 심대하다.

공부하지 않는 감독 코치는 구단의 정책과 요구를 실행할 역량이 처음부터 없다. 사무국의 의지와 열정을 따라오지 못해 심신이 괴롭게 된다. 그는 곧이어 주위에 불평불만을 터뜨리고 다니며, 구단과 유스 담당자를 비난할 개연성이 크다. 하지만 이는 이치에 맞지 않고 근거 없으며 공정하지도 않다. 누워서 침 뱉는 격이다. 학습 부재와 능력 부족으로 구단의 결정사항을 수행하지 못하고 있다는 걸 웅변하고 있다는 걸 하루속히 깨달아야 한다. 자신의 잘못을 상대방에게 전가하는 모양새다. 이런 감독 코치가 출중한 선수를 육성할 수 있을까? 불가능하다. 구단과 이런 감독 코치와는 소모적이고 불편한 관계이기에 구단은 하루 속히 이런 감독 코치와의 계약을 해지하는 게 서로에게 유익하다. 구단은 이런 일이 발생하는 걸 미리 예방해야 한다. 그 방법이 처음부터 철저하게 공부하는 감독 코치를 찾아 채용하는 것이다.

구단이 인맥으로 유스 감독을 선발하는 건 실패를 약속하는 것이다. 그리고 유스 감독이 자신의 인맥으로 코치들을 조직하는 건 졸렬하고 전근대적인 행태다. 이 역시 실패를 준비하는 것이나 다름없다. 세계적인 선수 육성을 근원적으로 차단한다. 현실은 100 중 99 이상의 감독이 이렇게 코치들을 고른다.

선수와 학부모에게 재앙이다. 경영을 알면 이러지는 않는다. 또한 사무국은 지자체의 고위 공직자나 시, 도의원 그리고 모기업의 높은 분들의 감독 코치 채용 로비와 외압에 절대 굴복해서는 안 된다. '감독 코치 선발위원회'를 만들어 외풍을 막아야 한다. 그러기 위해 이 조직 역시 외부 인사를 80% 이상으로 하고 신분은 비밀로 해야 한다.

그러면 구단은 어떤 감독 코치를 중용해야 할까? 축구 지도에서 세계 경쟁력이 있고 경영에도 정통해야 한다. 그 무엇보다 코칭 철학이 건강해야 한다. 이게 없으면 결코 월드 클래스 육성이라는 목표를 달성할 수 없다. 한국과 지구를 샅샅이 뒤져 이런 감독 코치를 선임해야 한다. 유스팀 운영이 곧 경영이다. 경영을 모르면 우선순위, 자원, 시간, 방향, 혁신 등에서 낭비를 계속하게 되고 성과도 낼 수 없다. 자기주도적 학습문화 소유는 필수 요소다.

그리고 하루속히 고칠 게 또 있다. 선수 지도를 감독 코치의 고유 권한이라면서 감독 코치에게만 맡겨두고 있다. 구단이 관여하지 않는다. 세계적인 선수를 계속 배출하면 이렇게 해도 된다. 그러나 현실은 그렇지 못하다. 36년의 K리그 역사 속에서 증명되었기에 구단이 나서야 한다. 구단과 유스 담당자가 선수 지도 과정 전반에 걸쳐 참여, 지원, 의논, 소통, 조율해야 한다. 이렇게 할 때 예외 없이 감독 코치가 신경질적인 반응을 보이는데, 이는 '부족의 심리'다. 사무국의 이런 참여와 지원은 감독 코치에게 오히려 여러 가지로 도움이 된다. 스스로 생각지 못한 걸 깨닫게 해주며, 학습 방법을 배우게 되고, 자기 자신을 적확하게 진단할 수 있는 등 장점이 매우 많다. 구단은 세계 경쟁에서 지도자의 역량이 부족한 그만큼, 월드 클래스 배출에 필요한 만큼 채워 주고 지원해주는 적극적인 대책이 절실하다. 기업이라면 이런 상태를 결코 방치하지 않는다. 프로구단은 기업 그 자체이지만 전혀 기업이 아닌 것처럼 행동할 때가 너무나 많다.

구단이 감독 코치의 지도력을 향상시키지 못하고 방치하고 있다. 유스 육성 전반을 감독 코치에게 맡겨두고 마냥 기다리고 있는 모양새다. 이래서는 안 된다. 그동안의 참담한 결과를 보고도 그대로 방치하고 있는 형국이다. K리그 초중고 유스팀 감독 코치가 스스로 노력하여 세계 경쟁 우위를 가질 수 있을까? 전혀 그렇지 않다. 불가능하다. 지금까지의 결과가 증거하고 있다. 방법이 없는가? 구단의 대표와 사무국 직원이 나서도 될까 말까 하다. 유스 감독 코치에게 구두로 권면해도 소용이 없다. 이들 대부분이 자신이 잘하고 있다고 생각하고 있다. 이러하기에 혁신의 필요성을 느끼지 못하고 있다. 하여 혁신이 없거나 미지근하다. 구단 사무국과 코칭스태프가 긴밀하게 협의하여 최적의 '월드 클래스 육성 방안'을 찾아내고, 이걸 문서화 해야 한다. 이후 실행 여부를 정기적으로 확인하고 점검해야 한다. "알아서 유스 육성 잘해주세요." 하고 맡겨 놓으면 결코 세계적인 선수를 육성할 수 없다. 동시에 올바른 방향으로 부지런히 걸어가도록 지원도 아끼지 말아야 한다.

세 번째 책임은 선수의 부모에게 있다. 선수에게 가장 중요한 환경이 무엇일까? 선수의 부모다. 태어나서부터 지금까지 의식구조, 습관, 인간관계, 언행, 영양, 소속팀 결정에 이르기까지 결정적인 영향을 끼친다. 1년 중 휴가 와서 집에서 보내는 날이 며칠일까? 38 ~ 90일 정도다. 결코 적지 않은 날수다. 이 기간 제대로 개인 연습하는 선수가 드물다. 부모의 준비와 지도가 미흡해서 이런 일이 반복되고 금쪽같은 시간이 마냥 낭비된다. 생활 의존적 선수는 학습 의존적 선수가 된다. 문제해결력이 뒤지는 선수가 되어 스스로의 발전을 방해한다.

네 번째 책임이 선수 자신에게 있다. 선수 관련 내용은 아래에서 구체적으로 제시한다.

4) 목표 설정, 올바른가?

구단 코칭스태프 학부모 선수 모두 목표를 가지고 있어야 한다. 대화 소통 의논을 통해 이 목표는 서로 일치를 이루어야 한다. 그리고 목표는 제한 없이 크고 우주적이어야 한다. 항상 강조하지만 목표가 클수록 더욱 바람직하다. 100억 원이 목표인 사람은 1조 원을 벌 수 없다. 만족해버리기 때문이다. 반면에 1조 원이 목표인 사람은 목표를 달성하거나 1,000억 원 이상을 벌 가능성이 있다. 시, 군 대회에 우승하려면 도 대회에서 우승하려는 듯 연습하고, 도 대회에서 우승하려면 전국 대회에서 우승하려는 듯 연습하고, 전국 대회에서 우승하려면 세계대회에서 우승하려는 듯 연습하고, 세계대회에서 우승하려면 우주대회에서 우승하려는 듯 연습하면 보다 쉽게 목표를 달성할 수 있다.

목표를 크게 가지는 데에는 어떠한 비용도 들지 않는다. 뇌과학에 의하면 인간은 자기 자신의 능력의 1%도 활용하지 못하고 있다고 한다. 나머지 99%를 활용하면 놀라운 일이 벌어질 것이다. 몇 가지 사례를 찾아보자.

에디슨은 초등학교 입학 후 3개월 만에 퇴학당했다. 주의력 결핍증으로 알려져 있다. 아인슈타인은 말을 알아듣지 못해 초등학교 졸업할 때까지 부모가 심부름을 시킬 수 없었다. 처칠은 중학교 시절까지 전교 꼴찌를 도맡아 했다. 그는 초등학교 시절에 이미 절도를 일삼았다. 시험지를 받으면 한 글자도 쓰지 못했다. 이들에 비하면 이 글을 읽는 여러분은 월등하게 출중한 재능을 가진 사람들이다. 그러나 지금 현재 이 세 사람에 비해 어떠한가?

목표 수립에서 감독 코치 그리고 구단은 지나치게 조그마하게 설정하고 있다. 생각의 크기가 작다. 조그마하다. 이게 월드 클래스 육성에 크나큰 걸림돌로 작용한다. 첫 번째 장애물이다. 자신의 능력을 끊임없이 제한하고 있는 형국이다. 이 무슨 해괴한 일인가? 크게 생각할수록 크게 이룬다. 5만년을 살아도 작게 생각하기에는 영원 속에서 인생은 너무 짧다. '할 수 없다' 장례식을 치르고 크게 생각해야 한다. 상상할 수 있는 한 최대한 큰 목표를 세워야 한다. 목표는 지속적으로 동기부여한다. 목표는 역량을 성장시키고, 역량을

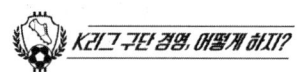

담는 그릇이다. 목표가 클수록 역량도 그만큼 성장 발전한다. 반면에 모든 선수는 세계적인 선수를 꿈꾸고 있다. 감독 코치 그리고 구단이 선수의 목표를 따라가지 못하고 있다. 하루속히 고쳐야 한다.

선수는 진출하려는 유럽 빅3 명문 구단을 지금부터 1주일 안에 정해야 한다. 그리고 진출 시기도 정해두어야 한다. 하여 명문화 시각화한다. 예를 들면, 그 팀 경기 장면을 천연색으로 출력하여 그 아래에 "나 천종봉(가칭)은 고3의 12월에 맨체스터 시티의 주전으로 진출한다!"라고 쓴 후 액자로 만들어 집의 거실 벽에 걸어둔다. 수시로 보고 결의를 다지고 액자를 통해 가족과 보는 이에게 계속 목표를 말하고 있는 것이다.

5) 웨스트햄(West Ham) 유스 육성 시스템

다음은 프로연맹이 발간한 'EPL – West Ham United Youth System Benchmarking Report(2014)' 내용 중 요약해서 올린 것이다. 현재 자신이 가지고 있는 생각과 비교하면서 읽어가기를 주문 드린다.

웨스트햄 유스 육성 시스템은 2013년 당시 EPL 타 구간의 벤치마킹 대상이었다. 유소년 육성을 위한 최고의 클럽으로 평가되고 있었다. 2013년 이전 15년 동안 이적료 수입이 1,800억 원이었다. 뛰어난 선수를 여럿 배출했다. 우리에게 익숙하고 세계에 널리 알려진 스타인 프랭크 람파드, 리오 퍼디낸드, 조 콜, 마이클 캐릭, 저메인 데포, 글렌 존슨 등이다.

\# 유스 선수를 육성하여 고액의 이적료 수익을 올리는 게 목표다!

\# "팀을 육성하는 것이 아니다. 선수 개인을 위한다"

—— 웨스트햄 웨이

\# 16세까지는 공식 경기를 하지 않는다

\# 신체의 크기는 전혀 중요하지 않다(Size is not important)

\# 연습경기 시 상대의 전술을 고려하지 않는다

\# 연습경기를 통해 개인의 성장을 확인하고 목표를 재설정한다.

웨스트햄은 유소년 육성의 핵심 고객을 '유소년 선수'로 명확하게 규정하고 있다. 필수 구성 요소도 '유소년 선수' 중심으로 이루어져 있다. 각계의 전문가들로 이루어진 다양한 스태프가 선수를 지원하고 있다. 총괄 매니저, 코치, 분석가, 스포츠과학자, 의무 트레이너, 스카우터, 스포츠심리학자, 선수 임대관리, 장비 매니저, 유소년 교육 담당자, 선수 생활 지원, 유소년 프런트, 영양사, 요리사, 시설 전문가 등이다.

경기의 목표는 이기는 것이 아니다. 개인의 역량을 발전시키는 과정 속에서 승리하기 위해 노력한다. 연습도 승리하기 위한 연습이 아니다. 유소년 선수 개인의 발전을 위한 연습에 중점을 둔다. 이적이 팀 단위가 아니라 철저하게 선수 개별적인 이적이기 때문이다.

한국의 유소년 육성 철학과 다른 점이 여럿 있다. 웨스트 햄은 철저하게 목표 지향적이다. 한국과 서로 충돌하는 원칙도 적지 않다. 월드 클래스는커녕 내셔널 클래스도 배출하지 못한 K리그 구단이 지금 여기에서 무엇을 바꾸어야 하는가? 지금처럼 해서는 안 된다는 게 증명되었지만 계속 고집해야 하는가? 문제없는 인생이 없듯이 완벽한 제도 역시 없다. 웨스트햄 유스 육성 시스템 역시 보완하거나 폐기할 게 있다. 그러나 K리그 22개 구단에 비해 월등하게 앞서 있다.

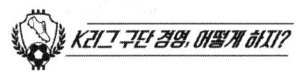

6) 박주영 사례가 주는 교훈

2003년 박주영(당시 청구고 3년)은 놀라운 기록을 만들어 냈다. 고교 4개 대회(대구 MBC, 금강대기, 대통령금배, 추계 연맹전)에서 득점왕에 올랐다. 한국 고교 축구 역사상 찾아볼 수 없는 전무후무한 기록이다. 이 중 금강대기와 대통령금배에서는 3경기만 뛰고도 득점왕을 먹었다니 그의 골 감각이 얼마나 출중한지 미루어 짐작할 수 있다.

이미 고려대에 입학하기 전부터 11개 프로구단(당시 K리그는 11개 구단)이 공개적으로 스카우트에 뛰어들었을 정도다. 박주영에 대해 박성화 감독(당시 U20 대표팀 감독)은 "10년에 한번 나올까 말까 하는 대형 스트라이커"라고 극찬했다. 조민국 고려대 감독은 "모든 프로구단이 박주영을 영입하기 위해 물밑 작업을 벌이고 있다고 해도 과언이 아니다. 신인 최고 대우를 받을 것"이라며 기대를 나타냈다.

─── 킥오프 / 김기호 / 삼보 출판사 / 2005. 8. 8 / P64

그러나 그 후 그의 행보는 어땠는가? FC 서울, AS 모나코를 거쳐 꿈에 그리던 아스널로 갔다. 그러나 프리미어리그에서 철저하게 실패했다. 한 경기도 뛰지 못하고 FC 서울로 돌아왔다. 청소년 시절 눈부시게 주목받다 세계적인 선수로 꽃피우지 못하고 평범한 선수로 그친 형국이다. 그에게 왜 이런 일이 일어났는가?

2019 U-20 월드컵에서 한국이 결승에 올라 2위를 차지했다. 역대 최고의 성적이다. 세계가 주목했고 국민들은 환호했다. 일찍 해외로 나간 이강인(스페인 발렌시아)이 골든볼(최우수선수상)을 받았다. 이 선수들이 장차 성인 무대에서 어떠한 선수로 성장할 것이지 궁금하다. 각급 대표 팀이 늘 그래 왔듯이 개인기에서 앞서지 못해 체력과 조직력으로 경기를 풀어간 이 선수들이 얼마나 높이 성장할지 궁금하다. 한국에서 만나는 구단과 감독 코치가 이들을 세

계적인 선수로 성장시킬 역량이 있는지 궁금하다. 그러면 이들을 세계적인 선수로 성장시킬 수 있는 구조를 한국 축구가 가지고 있는가? 아니다. 3~4년 후면 우리는 이걸 확인할 수 있다. 여러분은 어떻게 예측하는가?

7) 유스 육성 성공이 주는 혜택

알고 있듯이 유스 육성의 중요성은 아무리 강조해도 지나치지 않을 정도다. 프로구단 정체성 확립, 뛰어난 1군 선수의 지속적인 확보와 수준 높은 경기력, 천문학적인 이적료 수입과 구단 재정 확충, 앞서 있는 유스 육성 노하우 축적과 활용, 현저하게 탁월한 재능의 선점 등 너무나 많다.

첫째, K리그 경기력을 성큼 높인다.
1군 선수 중 최소 60% 이상을 유스 출신으로 충원해야 한다. 이들이 출중한 기량으로 매 경기 70% 이상 선발 출전하면 매우 바람직하다. 세계 경쟁력을 갖춘 유스 선수를 화수분같이 끝없이 배출하자. 잘 키운 유스는 마케팅의 소중한 자원이다.

둘째, 높은 이적료 수익을 발생시킨다.
해마다 500~1,000억 원 이상의 이적료 수익을 거둔다는 목표와 그 목표 달성으로 구단 재정이 튼튼해진다. 1년 살림살이를 하고도 넉넉하게 남는 이적료 수입을 해마다 올리자. 거액의 구단 자립 기금도 적립할 수 있다. 외국인 선수 영입을 줄일 수 있는 효과도 나타난다. 팀 재정에 결정적으로 도움을 준다. K리그가 해마다 세계 최고의 이적료 선수를 배출하기를 기대한다.
참고로, 유럽 구단은 비유럽권(남미 아프리카 아시아 등) 선수 중 선호하는 스타일이 따로 있다. 크게 3가지다. 첫째, 어릴수록 좋다. 중, 고 나이대를 주시하고 있다. 완성시켜 1군 주전으로 쓸 수 있고 높은 이적료를 발생시킬 수도 있기 때문이다. 그만큼 고액의 선수 영입비를 절감할 수 있고, 거기다 이

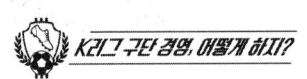

적료 수입은 얼마나 알토란 같은가! 뛰어난 유스 출신 선수를 계속 그리고 많이 배출하면 이 선수들의 충성 팬들의 지지를 이끌어낼 수 있다. 명성이 높아질수록 잠재력 있는 유스 자원 선점에도 유리하다. 일반적으로 비유럽권 선수의 나이가 22 ~ 23세가 넘으면 즉시 전력감이 아니면 유럽 빅5 1부 리그에 진출할 수 있는 가능성이 매우 낮다. 둘째, 자기 자신만의 특장점이 있을수록 유리하다. 경기의 완급을 조율하고 효율적으로 경기를 만들어 가는 플레이 메이킹에 탁월하다든가, 카를로스 호베르투 같은 강력한 중장거리 슛을 마구마구 성공시키는 캐논 슈터는 매력적인 선수다. 데니우손처럼 드리블 돌파에 앞서 있거나 통솔력이 출중한 선수도 환영받는다. 셋째, 의사소통이 분명하고 적극적인 성격을 높이 평가한다. 불편해도 혼자 참고 넘어가는 것보다 궁금하면 질문하고 요구 사항이 있으면 요청하는 걸 권장한다. 진출하려는 리그를 정한 후 언어를 미리 공부하여 이렇게 말할 수 있어야 한다. 그 나라에 가서 배우기 시작하면 늦다. 어려움을 겪게 되고 선수 자신에게도 손해다. 유럽 진출 후 의사소통 부재로 실패한 사례가 여럿 있다.

셋째, 우수 인재를 조기 발굴하고 영입할 수 있다.
선수와 학부모 입장에서는 보다 잘 가르쳐 현저하게 탁월한 선수로 완성시켜 주는 프로구단을 찾게 된다. 뛰어난 재능을 미리 확보하여 보다 빨리 연습시킬수록 성공 가능성이 성큼성큼 높아진다.

넷째, 유럽으로 축구 유학 가는 선수가 줄어든다.
지금은 틈만 나면 유럽으로 축구 유학 가려는 선수들로 가득하다. K리그 22개 구단의 선수 육성이 세계 경쟁력이 없다고 보기 때문이다. 그런데 축구 유학이 그리 만만치 않다. 고생 많고, 반면에 성공하는 선수는 극소수다. 언어 장벽을 통과해야 하고, 외로움과 향수병도 이겨내야 한다. 돈도 많이 든다. 낯선 문화에 적응해야 하고 차별 대우라도 만나면 지혜롭게 극복해야 한다.

교수학습방법도 한국과 다르다. 이런저런 문제를 이겨 내어야 하는데, 어린 선수에게 쉽지 않은 일이다. K리그 구단이 유럽보다 유스 선수를 더 건강하게, 더 뛰어나게 성장시키면 누가 유럽 축구 유학 가려 하겠는가? 그만큼 외화 유출이 줄어들고 국익에도 도움이 될 것이다. 유스 정책이 이런 차원에서도 접근해야 할 것이다.

다섯째, 세계의 유스 선수가 한국으로 축구 배우러 오게 할 수 있다.
한국의 초 중 고 선수들이 왜 스페인 독일 벨기에 등으로 축구 유학 가는가? 오히려 이들 축구 선진국 및 세계의 선수들이 한국으로 물밀듯이 축구 유학을 오도록 만들어야 한다. 스페인 독일 잉글랜드 벨기에 브라질보다 더 잘 가르친다고 알려지면 저절로 찾아온다. 이게 어려운가? 가능하다고 확신한다. 문제는 K리그 구단이 이런 생각조차 하지 않는다는 데에 있다. 생각하지 않으니 그 어떤 일도 일어날 수 없다.

여섯째, 충성 팬들이 증가한다.
어릴 때부터 가르쳐 완성시킨 프로선수, 이 과정까지 오면서 만나고 소통한 많은 팬들이 알게 된다. 즉, 스토리가 생성되는 것이다. 직간접적인 인연으로 팬층을 형성하게 되고 관중으로 연결된다. 일례로, 분데스리가 각 구단은 1군 선수들에게 과도한 연봉을 주는 대신 유소년과 코치 양성에 주력했다. 프리미어리그와 달리 외국인 관중이 적고 충성심 높은 팬들이 많아 시즌권이나 상품 판매에 안정적이라는 특징을 갖고 있다. 경기당 관중이 4만 4,293명 정도로 단연 세계 1위를 달리고 있다.

일곱째, 스타 마케팅이 가능하다
메시의 2018년 연봉이 1,295억 원이라고 한다. 대한축구협회 1년 예산보다 많다. 바르샤 유스 출신인 메시는 바르셀로나에 이보다 더 많은 돈을 벌게 해

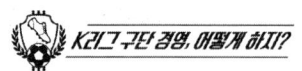

주고 있다. 스타 마케팅의 대표적인 사례다. 지금 이 시각에도 세계에 가득한 메시의 광팬들이 바르셀로나의 캄프 누로 달려가고 있다.

8) 세계에 앞서 있는 유스 육성 방안

유스 육성 방안 중 이게 최적의 해답이 될 수도 있다. 그렇지 않을 수도 있다. 사람마다 다르게 해석하고 판단할 것이다. 누구는 꿈같은 이야기라 말할지도 모르겠다. 이건 그의 눈높이일 뿐이다. 또 누구는 가능할 것 같다고 말할지도 모르겠다. 이 역시 그의 입장에서 한 해석이다. 한 가지 확실한 것은 아래에 제시하는 방안이 프로연맹과 프로구단의 유스 육성 방법보다 월등하게 효과적인 내용이다. 이 중에서 몇 가지만 채택해도 놀라운 결과를 얻을 것이다. 현학적이지 않다. 쉽게 실천할 수 있다. 취사선택해도 좋지만 모두 활용한다면 상상 그 이상의 혁명적인 성과를 두고두고 창출할 것이라고 확신하고 있다.

현재 한국은 반도체 분야에서 세계 1위다. 삼성이 세계 1위, SK가 세계 3위다. 처음 시작부터 이랬는가? 알고 있듯이 너무나 미미하게 시작했다. 한국 축구도 이렇게 할 수 있다. 삼성과 SK가 해냈으니 한국 축구도 이렇게 할 수 있다. 세계 첫째가 되려는 목표를 가져야 한다. 그리고 이루어내는 거다. 한국 축구가 선수 숫자 대비 프로 축구 선수 수출 세계 1위를 창출하자! 인류 역사 이래 '위대한 업적'들이 모두 의식의 전환에서 시작되었다. 꿈같은 이야기를 하는 사람이 꿈같은 일을 이룬다. 꿈꾸는 사람은 멈추지 않는다. 지속적인 월드 클래스 배출!!! 한국 프로구단도 얼마든지 할 수 있다!!!

여기서는 크게 4분야로 나누어 실행 과제를 찾아내 제시하고 있다. 4분야는 구단, 코칭스태프, 선수, 학부모다. 학부모 분야는 다음 기회로 남겨두고 3분야의 핵심 과제만 제시한다.

■ 프로연맹

프로연맹은 '유스 트러스트' 지도를 만들어 프로구단에 배포했다. 유스 트러스트란 K리그 프로구단들의 유스 시스템을 평가하고 인증해 좀 더 체계적이고 효율적 발전을 이끌어내려는 프로연맹의 장치다. 지난 2017년 처음 시작했으며, 2017년 8월 K리그 구단 실사를 통해 조사하고 2017년 11월 두 번째 종합 보고서를 발표했다. 이는 최근 세계 축구 강국으로 성장한 벨기에의 '더블 패스'를 비롯해 유럽 주요 강국들이 도입한 시스템으로, 프로연맹은 지난 2016년 K리그만의 유스 시스템 평가 인증제를 만들기 위해 연구개발에 착수해 유스 트러스트를 만들어냈다.

프로연맹은 이 유스 트러스트를 통해 9개 분야에 걸쳐 57개 영역에 세부적 평가 기준에 따라 평가한 뒤, 각 구단들을 S등급부터 C등급까지 점수에 따라 나눴다. 이어 점수가 낮은 팀에 대해서는 연맹 차원에서 나름의 노하우를 제공하고 솔루션을 잡아 주는 등 발전을 돕는 후속 조치까지 이어지고 있다. 9개 분야는 아래와 같다. 요컨대 K리그 각 구단이 보유하고 있는 유스 클럽을 직시해 진단한 뒤, 도출된 결과를 기초로 발전 방안을 꾀할 수 있는 장치인 셈이다.

- 비전
- 저변 확대 및 선수 선발
- 조직
- 지원 프로그램
- 코칭
- 시설
- 경기 참가
- 선수 승급절차
- 육성 성과

프로연맹은 유스 육성이 그 무엇보다 중요한 리그의 중점 사업으로 하고 있으며 2018년부터 전담 부서 설치를 통해 유스 육성 정책을 지원하고 있다. 2019년 유스 육성의 3가지 중점 과제로서

① 대회 운영 활성화
② 육성 환경 지원
③ 지도자 역량 강화를 목표로 총 13개 사업을 진행하고 있다.

또한 유스 지원 로드맵으로써 총 11개의 과제를 수립하여 추진 중이다.
• 유소년 육성 공감대 강화
• 지도자 역량 강화
• 유소년 대회 개최
• 국제경기 경험 제공
• 선수 지원 프로그램(경기 분석, 피지컬, 심리 등)
• 유소년 디렉터 육성
• 유소년 시설 확충
• 선수 저변 확대
• 유소년 데이터베이스 구축
• 포스트 유스(U-19 ~ U-23) 정책
• 제도/규정 개선 & 정책 방향 수립

위 11개의 과제 추진을 위해 2017년부터 유스 트러스트라는 유소년 클럽 평가 인증 사업을 도입하여 각 구단의 유스 시스템 현황을 정량화된 수치로 평가하고 데이터를 문서화하여 구단의 문제점을 개선하고 있으며 유스 육성 환경의 강화 및 발전을 위해 노력하고 있다.

프로연맹은 인재 육성·지역 활동과 더불어 유스 시스템에 크게 중점을 두고 있으며, 이와 같은 유스 트러스트 역시 유스 시스템 발전과 정착에 큰 도움이 되리라 기대하고 있다. 김진형 프로연맹 홍보팀장은 "아무래도 아직은 구단별로 유스 시스템 수준의 양극화가 있는 상황이다. 유스 트러스트를 통해서 잘 되는 팀의 우수 사례를 전파해 전체적 수준을 끌어올릴 수 있기를 기대한다. 유스 시스템을 잘 정비하는 건 K리그의 생존 전략이자 가치 증진 전략 중 하나"라며 유스 트러스트가 K리그의 유스 시스템은 물론 K리그 전체의 경쟁력을 높일 수 있기를 바랐다.

한편 최근 K리그는 유스 트러스트를 비롯한 유스 시스템에 대한 인식 변화와 함께 2019시즌 K리그 1에서 유스 선수 비율이 29.3%(244명)를 기록하는 등 스페인(23.7%), 프랑스(19.4%), 독일(13.3%), 잉글랜드(11.7%), 이탈리아(8.6%) 등 유럽 주요 리그보다도 앞서는 고무적 결과를 만들어내고 있다.

유스 트러스트는 프로구단이 갖추어야 할 조건을 구조화시켰다. 이전에는 이런 설계도가 없어 담는 그릇이 제각각이었다. 아주 잘한 일이다. 하지만 유스 트러스트가 능사는 아니다. 또 한편 유스 트러스트가 가지고 있는 한계도 뚜렷하다. 유스 트러스트에 대한 구단 유스 담당자의 이해도도 각기 다르다. 유스 트러스트를 바탕으로 새롭고 앞서 있는 방안을 창출할 수 있는 능력도 부족하다. 그 결과 2017년부터 2019년 8월 현재까지 여전히 세계적인 선수가 등장할 미세한 기미조차 없다. 프로연맹이 이 점을 주목해야 한다. 그리고 대책을 내놓아야 한다.

월드 클래스 육성에 유스 트러스트가 없어도 아무 문제가 안 된다. 한결같이 공부한다면! 동시에 지금의 유스 트러스트보다 더 효과적이고 과학적인 '월드 클래스 육성 시스템'을 얼마든지 만들어낼 수 있다.

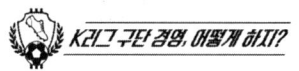

프로연맹은 벨기에의 '더블 패스'의 모방에서 벗어나 이와는 차원이 다른 획기적인 '월드 클래스 육성 시스템'을 내놓아야 한다. 지금의 유스 트러스트로는 월드 클래스 육성이 불가능하다. 22개 프로구단 유스 육성 현장을 가서 보면 실상을 알게 된다.

■ 구단

구단이 해야 할 일은 매우 방대하다. 여기서는 생각을 전개할 수 있는 재료로 몇 가지만 제시한다.

더 구체적이고 효과적인 방안을 찾는다면 이 책을 읽고 활용하면 된다. 〈1등 축구팀을 만드는 비결〉(사람들), 〈3시간 만에 배우는 프로 축구선수 육성 비결〉(사람들), 〈축구코칭론〉(두남)을 추천한다.

(1) 최적의 지원

제2차 세계대전을 종식시킨 주인공은 군인이 아니라 과학자였다. 원폭 투하로 일본이 항복했다. 경기력 향상이 연습과 경기에서 주로 이루어진다는 생각은 지혜롭지 못하다. 현실과 다른 견해다. 경기력은 연습과 경기 외에도 여러 요소들이 유기적 화학적 중층적으로 영향을 주고받으면서 배가된다. 이때 결정적으로 작용하는 게 코칭 상품이다. 구단은 감독 코치 그리고 선수에게 최고 최선 최적의 코칭 상품을 제공해야 한다. 구단과 감독 코치는 연습과 경기보다 여기에 의해 경기력 향상 속도와 도달 위치가 결정된다는 걸 깨달아야 한다.

코칭 상품이란 선수가 만나는 모든 상품을 말한다. 음식, 물, 공기, 침구, 영양제, 시설, 장비, 인조구장, 웨이트 트레이닝 시설, 슈팅 보드, 펜듈럼 시설, 헤딩 시설, 골문 뒤 그물망, 축구화, 볼, 병원, 집단지성, 경기 분석 도구, 축구팀 버스와 운전기사, 숙소 등 선수가 선수 생활 중에 만나는 그

모든 것이 코칭 상품이다. 구단은 이 코칭 상품을 선수와 감독 코치의 기대 이상으로 제공해야 한다. 구단은 코칭 상품뿐만 아니라 사무국의 유스 담당 직원, 감독 코치, 학부모 교육 등에서도 최고 최적의 지원을 제공해야 한다.

(2) **최적의 유스팀 감독 코치 채용하기**

이게 안 되고 있다. K리그는 거의 자신의 프로구단 출신을 채용한다. 실패 지향적인 인맥 카르텔이다. 절대로 이렇게 해서는 안 된다. 이렇게 하면 실패하거나 조그마한 성과 밖에 낼 수 없다. 초일류 기업은 최고의 인재 영입에 전력투구하고 있다. 구성원의 역량이 성패를 결정하기 때문이다.

(3) **명문화된 역할을 인지시킨 후 동의할 때 서명에 의한 계약하기**

초중고 유스팀 감독 코치를 채용할 때, 그가 해야 할 역할과 임무를 명시한 계약서를 읽고 준수할 것을 서약할 때만 채용한다. 그 계약서에는 구단이 요구하는 구체적인 주문이 있다. 한마디로 공부하지 않는 감독 코치와는 같이 일하지 않겠다는 확고한 의사 표시다. 공부하지 않는 감독 코치는 선수에게 재앙과 같다. 이들은 변화하지 않고 고집이 세며 자기중심적이다. 자신이 잘하고 있다고 확고하게 믿고 있는 자기도취라는 착각 속에 빠져 있다. 거기에다 선수 위에 군림하는 감독 코치일 개연성이 높다.

(4) **감독 코치의 역할 수행 과정과 결과를 정기적으로 점검하고 확인하기**

확인 점검 주기는 적어도 매주 1회 이상 이루어져야 한다. 매달 잘한 감독 코치는 분기별로 시상하고 그렇지 못한 감독 코치는 서면으로 경고한다. 해마다 12월에 성적을 매기며, 재계약에 적극 반영한다.

(5) '집단지성 그룹'을 조직하여 활용하기

반드시 해야 한다. 유럽 남미는 이렇게 하고 있다. 그러나 K리그 구단에는 '집단지성'이 없다. 하여 경쟁 자체가 되지 않는다. 각계각층의 전문가들로 구성한다. 이들은 최고 최적의 지식, 정보, 연구물을 구단에 제공하고, 구단은 이를 유스 육성에 적극적으로 치열하게 적용한다.

K리그 구단 유스 시스템, '집단지성 그룹'이 없다. 알고 있는 그대로 웨스트햄 아약스 바르셀로나 포르투 산투스 등은 유스 육성에 앞서 있다. 현저하게 탁월한 선수를 계속 배출해왔다. 유럽과 남미의 프로구단에 입단하는 선수는 98% 이상이 프로 유스 출신이다. 치열한 경쟁을 뚫고 살아남은 재능 있는 선수를 앞선 유스 육성 시스템으로 완성시켜 프로 리그에 진출시킨다. 적절한 때에 이적 시켜 거액의 이적료 수입을 확보한다. 이들은 유스 성적보다 완성된 선수 육성에 더 집중한다.

(6) 최적의 코칭 상품 활용하기

최적의 코칭 상품에 대해서는 앞에서도 일정 부분 말한 바 있다. 코칭 상품은 너무 많이 있어 일일이 열거할 수 없을 정도다. 활용하면 경기력 향상에 획기적으로 기여한다. 사용하지 않을 이유가 하나도, 조금도 없다. 그러나 이에 대한 정보가 부족하고 제대로 활용하지 못하고 있다. 아래에서 알 수 있듯이 그나마 사용하는 코칭 상품도 최고 최선이 아니다. 인식과 그 한계로 잘못된 선택을 계속하고 있어 선수의 성장을 방해하고 있으니 안타까운 일이다. 무지는 언제 어디서나 문제를 일으킨다. 몇 가지 보기를 든다. 읽으면서 우리 팀이 사용하고 있는 코칭 상품이 얼마나 잘못되어 있는지 확인하는 기회가 되기를 바라며, 당장 최선으로 교체하기를 권유 드린다.

가. 최고 최적의 정수기 사용하기 : 당장 정수기를 교체해야 하나?

건강 증진에 물이 얼마나 중요한지 누구나 알고 있다. 세계적인 물 전문가인 뱃맨 겔리지 박사는 호흡하는 공기보다 물이 더 중요하다고 강조한다. 폐포(허파꽈리)에서 흡수된 산소가 혈액 속으로 유입되고, 이때 혈액 순환이 원활하지 못하면 세포에 효과적으로 공급되지 못하기 때문이라고 한다. 특히 경기 중에는 더욱 그러하다. 유스 숙소에 어떤 정수기가 설치되어 있는가? 거의 대부분의 K리그 유스 팀의 숙소 정수기가 역삼투압 방식의 정수기다. 이 정수기에서는 미네랄이 전혀 없는 물을 만들어낸다. 아래의 국립수산과학원의 실험이 많은 걸 말해 준다.

역삼투압 정수기 물과 수돗물에 각각 10마리의 물고기를 넣었다. 하루가 지난 후 역삼투압 정수기 물에 넣은 물고기 중 8마리가 죽었다. 수돗물의 물고기는 모두 살아 있었다. 국민 건강을 위해 독일은 역삼투압 정수기 사용을 금지하고 있다. 역삼투압 정수기 물은 건강에 나쁜 영향을 주는 산성수다. 체질을 산상화시켜 암, 당뇨, 뇌졸중, 고혈압, 점막 파손 등 온갖 질병에 취약하게 만들 수도 있다. 1980년대 역삼투압 방식의 정수기가 공급된 이후부터 국내 암 환자가 급증했다는 보고서가 등장하곤 하는 현실이다. 그러나 시중에서 판매하는 90% 이상이 역삼투압 방식의 정수기다. 이들은 광고도 적극적으로 공격적으로 한다. 물에 대한 지식이 없을수록 광고에 현혹되어 역삼투압 방식의 정수기를 구입한다. 지금 바로 역삼투압 정수기를 철거하고 최적의 정수기를 설치하자.

나. 양쪽 골문 뒤에 그물망 벽을 설치하기

경북의 Y대 축구부는 대학 축구의 강자다. 2013년 왕중왕전 우승 팀

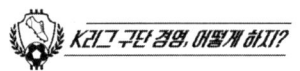

이다. 해마다 전국 대회와 주말리그에서 우수한 성적을 내고 있다. 그런데 이 축구팀이 연습하는 공대 인조축구장은 면적이 커서 양쪽 골문 뒤에 자그마치 50m 내외의 운동장 공간이 있다. 경기나 연습 중 슛이 골문을 벗어날 때마다 선수는 먼 거리까지 뛰어가서 볼을 주워 왔다. 이 얼마나 멍청하고 둔한 짓인가? 골문 뒤에 그물망 벽을 설치하면 바로 해결된다. 이 팀은 2014년 학군단 운동장으로 연습 장소를 옮길 때까지 최소 10년 이상 이렇게 해왔다. 아깝다, 볼 주우러 간 시간이.

경남 김해의 I 대 축구팀 운동장은 교문 쪽 골문 뒤는 아래쪽으로 계속 경사져 있고 맞은편 골문 뒤는 산을 깎아 콘크리트 벽을 만들었다. 문제는 교문 쪽 골문인데 슛이 골문을 벗어나면 경사진 아래쪽으로 볼이 하염없이 굴러간다. 그 먼 거리를 선수가 헐레벌떡 뛰어가서 볼을 주워 온다. 이 얼마나 멍청하고 둔한 짓인가? 골문 뒤에 그물망 벽을 설치하면 바로 해결되는데도 말이다.

이 같은 일은 쉽고 간단하게 해결할 수 있지만 둔하고 게으른 감독 코치의 무감각으로 마냥 시간만 흘러간다. 세계 1위의 자동차 생산회사 토요타의 '초 관리 시스템', 즉 보폭과 보행에 맞게 기계를 배치하는 세밀함에 비하면 안타까울 뿐이다. 감독 코치의 무지로 피해 받고 있는 선수가 불쌍하다. 감독 코치는 기업인 그 이상으로 기업가정신을 가져야 한다. 그리고 혁신에 게으르지 않아야 한다. 슛 연습을 비롯하여 볼 컨트롤, 패스 등의 연습에 더없이 효과적인 슛 보드를 가진 유스팀이 한 곳이라도 있는지 궁금하다. 자동볼 발사기, 펜듈럼 시설 등의 설치와 활용도 매우 쉽지만 적용하는 유스팀이 얼마나 있는가? 한 곳도 없다. 참으로 신기한 일이다. '어떻게 하면 지금보다 더 잘할 수 있을까?'를 계속 생각하면서 방안을 모색해야 한다.

다. **적확한 영양제 섭취** : 감독 코치, 영양제에 대해 알고 있는가?

최적의 영양제 공급은 선수의 경기력을 성큼성큼 높이는 원동력으로 작용한다. 강인한 체력, 피로 회복, 경기 중 신속한 초과 회복, 성장, 근육의 발달, 질병 예방 등에 특별한 효과를 발휘한다. 하나 잘못된 영양제 선택은 도움은커녕 몸을 망가뜨리는 원인이 되기도 한다. 일례로, 오메가3은 8등급이 있다. 낮은 등급의 변질된 오메가3은 영양 공급이 아니라 독을 흡수하게 하는 결과를 초래한다. 영양제 선택 기준을 알고 올바르게 영양제를 선택해야 한다. 그 기준이 무엇인가?

첫째, 가장 좋은, 즉 최적의 천연 재료를 사용하는가?

농약을 하지 않은 유기농법으로 재배하면 아주 좋다. 영양제 제조회사가 자체 농장을 가지고 있으면 재료를 안정적으로 공급하며 가격도 상대적으로 낮게 책정할 수 있다. 제조 원가가 적게 들수록 합성 재료(인조 재료)나 석유에서 추출한 재료로 만든 영양제일 가능성이 농후하다. 장기 복용하면 간장 신장 위장 등에 심각한 폐해를 일으킬 수 있다. 몸은 자연 그대로의 동식물만을 흡수하도록 만들어져 있기 때문이다. 영양제를 불에 태워 보거나 100도에 가까운 물에 녹여 냄새를 맡아보면 석유의 코울타르 피치 냄새가 나면 석유에서 재료를 추출했을 개연성이 매우 높다. 이런 영양제는 즉시 버리는 게 건강에 매우 유익하다. 현실은 이런 영양제를 복용하고 있는 선수가 적지 않다. 영양제에 대해 몰라서 그러하다.

둘째, 최첨단 공법으로 영양을 추출하는가?

비타민을 최초로 발견한 시기는 107년 전인 1912년이었다. 그 이전에는 식품 속에 비타민이라는 영양소가 들어 있다는 걸 누구도 몰랐다. 폴란드 태생의 미국 생화학자 카시미르 풍크(Casimir Funk, 1884 ~

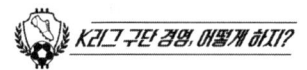

1967)였다. 비타민이라는 용어를 처음 사용한 사람도 풍크였다. 이처럼 현대 과학 기술로도 식물 속에 든 영양소를 모두 밝혀내지 못하고 있다. 이걸 '식물 내재 영양소'라 부른다. 동물이나 광물질에 들어 있는 성분도 온전하게 모두 밝혀내고 있지는 못하다. 그러므로 식물 동물 광물 등에 함유된 영양소를 온전하게 추출해내는 최첨단 공법으로 만든 영양제를 선택해야 한다. 영양제 제조 역사에서 세계적으로 검증된 회사를 선택하면 보다 안전하다.

셋째, 원료와 영양제 제조회사와의 거리가 가까울수록 좋다.
운반 시간이 길수록 재료의 영양 파괴와 손실이 크기 때문이다. 농장 바로 옆에 제조회사를 두는 치열한 영양제 제조회사도 있다. 평소 영양제에 대해서도 안테나를 설치하고 공부하는 게 필요하다.

넷째, 안전성이다.
소비자는 영양제의 성분을 알 수 없다. 오랜 시간을 통해 소비자에게 안전성이 검증된 걸 골라야 한다.

(7) 선수 각자에게 매월 장학금 가득 주기

초 중 고 유스에게 한 푼의 돈도 징수하지 않고 매달 장학금을 주자. 처음에는 조금씩 지급하나 '구단 자립 기금'이 점점 확충되면서 더 많이 준다. 어느 시점에서 초등은 200만 원, 중등은 300만 원, 고등은 400만 원 이상 매달 지급한다. 이 돈이면 웬만한 가정의 한 달 생계가 해결된다. 매달 주니 아예 생계 걱정이 없다. 이러면 저절로 전국에서 가장 우수한 선수를 확보할 수 있다.

(8) 철저하게 '셀링(Selling)' 구단 되기

웨스트햄이나 산투스처럼 선수를 육성, 이적시켜 큰 수익을 발생시킨다는 확고한 목표를 정한다. 이 정책을 달성하기 위해 구단 코칭스태프 선수 그리고 선수의 부모가 전력투구하게 하는 효과를 이끌어낸다.

(9) 최고 최선의 유스 스카우팅 운영

가능성 잠재력이 돋보이는 선수를 스카우트하는 건 특별하게 중요하다. 어릴수록 좋다. 어릴수록 그만큼 타고난 재능을 상실하지 않고 고스란히 살릴 수 있는 개연성이 높기 때문이다. 일정 수준 이상의 재능이 없는 선수를 세계적인 선수로 육성시키는 건 지나치게 어려운 일이다.

■ 코칭 스태프

팀 경기력 향상을 위해 노력하지 않는 감독 코치가 있을까? 아마 없을 것이다. 그러나 그 노력이 효과를 내지 못할 때 그는 스스로의 지도 방법을 점검해야 한다. 리그 수준이 정체되어 있고 선수의 경기력이 세계 경쟁력이 없다면 자신의 지도력을 세밀하게 분석해볼 필요가 있다. 한국은 연습량에서 단연 세계 최고 수준이다. 새벽 오전 오후 밤 연습으로 하루 세 탕, 심지어 하루 네 탕 연습하는 팀도 있다. 매일 그렇게 연습하고도 월드 클래스를 단 한 명도 배출하지 못하는 원인이 무엇일까? 그런 팀의 감독 코치는 지금 당장 무엇을 폐기하고 무엇을 혁신해야 할까?

(1) 건강한 코칭 철학 확립하기

코칭 철학은 팀 운영과 선수 지도의 모든 것이다. 그가 하는 말과 행동, 선수와 학부모를 어떻게 대하는가, 평생교육 여부 이 모든 것이 코칭 철학의 반영이다. 코칭 철학이 건강하고 열정으로 가득할 때 가치 있는 일

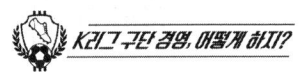

을 계속 성취해간다. 반면에 코칭 철학이 올바르게 정립되어 있지 않으면 온갖 문제를 일으킨다. 선수를 불쾌하게 만들어 최상의 집중력을 이끌어 내지 못하며 학부모를 근심하게 한다.

감독 코치는 절대로 선수 위에 군림해서는 안 된다. 선수를 돕는 조력자가 본연의 모습이다. 선수와 학부모를 섬기는 리더십을 실천해야 한다. 섬기는 사람이 가장 큰 사람이다. 팀의 주인공이 되려 해서는 안 된다. 선수가 주인공이다. 선수를 지시의 대상으로 여겨서는 안 된다. 선수 중심 교육과정을 실천해야 한다. 선수에게 분노하거나 욕설, 폭언은 있을 수 없다. 분노란 절제력의 상실이며 결코 리더가 해서는 안 되는 행동이다. 욕설 폭언은 감독 코치 그의 정신 상태가 추악하다는 구체적 증거이며 그 자체가 폭력이다. 금전 비리, 부정부패, 편애, 팀 사유화, 책 읽지 않고 공부도 안 하는 것, 이런 모든 것이 그의 코칭 철학이 밖으로 드러난 결과다. 긍휼하게 생각하는 사람이 긍휼의 은혜를 받을 수 있다. 인생과 축구에 대한 깊은 이해가 코칭 철학을 건강하게 만든다.

구단은 감독 코치의 코칭 철학에 깊은 관심을 가지고 관찰해야 한다.
코칭 철학이 건강하지 못한 감독 코치와는 같이 일할 수 없다.
아예 채용 단계에서부터 이 점을 철저하게 관철시켜야 한다.
구단의 유스 지도자의 코칭 철학이 어떠한지 당장 점검해보라!

코칭 철학에 대해서는 제3부에서 세밀하게 다루고 있으니 참고하기 바란다.

(2) **평생교육(생애교육 Lifelong Education)**

자기주도적 학습문화를 가지고 있는가? 그 결과로 지도력에서 세계 경쟁우위를 가지고 있는가? 매일 공부하는 시간이 얼마인가? 최소 6시간 이

상 공부해야 한다. 세계 경쟁력, 공부에서 비롯된다. 배우기를 멈추면 성장이 그친다. 감독 코치, 앞서 있는 평생교육 시스템을 가지고 있는가?

(3) **지도력**

선수의 경기력은 체력 개인기 전술 정신력으로 구성되어 있다. 이걸 얼마나 효과적 구조적 과학적 통합적 계획적으로 가르치는가? 지금의 지도력으로 세계 경쟁에서 이길 수 있는가? 선수의 경기력 성장이 평범할 때 감독 코치는 자신의 지도력을 진지하게 점검해야 한다. 감독 코치는 항상 세계 첫째를 목표로 하고, 빠르게 이루어 내어야 한다. 세계 축구 역사와 자기 자신과 경쟁해야 한다.

반드시 매일매일 교수학습지도안을 작성하고, 이 교수학습지도안대로 가르쳐야 한다. 선수 시절의 경험을 지도에 활용할 수 있다. 그러나 그 비율이 12% 미만이어야 한다. 경험에 의한 즉흥적인 지도는 있을 수 없다. 철저하게 미리 의도하고 계획한 그대로 가르쳐야 한다. 그리고 이 교수학습지도안은 점점 보완되어 1~2년마다 한 권의 책으로 출간해야 한다. 한국 축구계에는 아직 이런 축구 서적이 한 권도 없다. 거듭거듭 말하지만 무한 경쟁시대에 연구하지 않는 감독 코치와는 구단은 결코 같이 할 수 없다.

(4) **집단지성 활용**

구단이 조직한 '집단지성 그룹'이 제공하는 정보와 지식을 적극적으로 활용하고 적용해야 한다. 감독 코치 자신들만의 역량으로 지도하니 세계에 뒤지고, 뛰어난 선수를 배출하지 못하고 있다. 자기 자신의 역량과 그 한계를 객관적으로 아는 게 지혜다. 현실이 이러함에도 자신이 잘 가르치고 있다는 착각에서 빨리 벗어나야 한다. 물을 가득 담은 컵은 더 이상 물을 수용할 수 없다. 생각이 유연하고 겸손하며, 외부의 강점을 기쁘게 받아

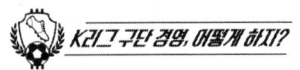

들이고 배우려는 지적 용기가 요구된다. 질문하면 답이 나온다.

(5) 매달 엄선한 책 3권 읽기 및 토론하기

10일에 한 권 읽는다. 한 달이면 3권, 1년이면 36권이다. 가능하다. 어려운 일 아니다. 초 중 고 유스 지도자 모두 같은 책을 읽고, 10일마다 한 번 읽은 책을 토론한다. 사람은 책, 인터넷, 사람에게서 배울 수 있다. 이 중 책이 최고의 평생교육 수단이다. 한 권의 책을 읽은 사람은 두 권의 책을 읽은 사람을 결코 앞서갈 수 없다. 책보다 더 밝게, 더 깊이, 더 폭넓게, 더 창발적으로 아는 사람은 이 세상에 단 한 명도 없다. .

(6) 경영학 공부하기

감독 코치가 왜 경영학을 공부해야 하는가? 팀 운영이 바로 경영이기 때문이다. 그렇다고 해서 대학의 경영학과처럼 회계학 물류관리 등을 공부할 필요는 없다. 팀을 보다 효과적으로 운영하는데 필요한 실용적이고 실전적인 경영학을 공부하면 된다. 경영학에 밝을수록 팀 운용 효율성이 성큼성큼 높아진다. 앞서 있는 혁신과 마케팅으로 경쟁 팀을 이길 수 있게 된다. 필요성을 느꼈으면 바로 공부하면 된다.

(7) 코칭 상품 활용

어느 팀의 선수 모두가 "전후반을 소화하고도 45분을 더 경기할 수 있는 화수분 체력을 만들어 드리겠다"라고 말하는 사람을 알고 있다. 궁금했다. 확인하고 싶었다. 그게 사실이라면 그를 '집단지성 그룹'에 포함시키고 싶었다. 그는 60대의 나이지만 생체나이는 28세라고 했다.

경기의 구성 요소 중 체력은 개인기와 전술에 우선한다. 체력 우위가 주는 강점은 많고도 많다. 앞에서 말했듯이 코칭 상품의 활용, 너무 중요하다. 하지만 코칭 상품 활용에 무관심하고, 정보도 거의 없고, 정보를 발굴

하지도 않는 지도자가 지나치게 많다. 정말이지 구단 사무국은 공부하고 추구하는 감독 코치만을 채용해야 한다. 채용 후에도 자기주도적 학습문화를 실천하고 있는지 확인하고 지원해야 한다.

(8) **선수를 수업의 중심으로 활용하기**

거의 대부분의 팀에서 선수는 감독 코치의 지시를 실행하는 대상으로 자리하고 있다. 학생 중심 교육과정은 찾아보기 어렵다. 이는 시대에 뒤지는 전근대적 사고요 수업 방식이다. 선수를 수업의 중심으로 규정하고 그렇게 수업해야 한다. 나아가 코칭 과정 모두가 선수에게 현저하게 수준 높은 지도자 강습회 과정으로 작용하여 은퇴 후 우주적인 감독 코치로 등장하는 기초를 제공해야 한다. 계속 천착하면 아이디어는 저절로 떠오르고 활용할 수 있는 방안이 수시로 등장한다. 생각을 길어 올리는 마중물로써 몇 가지를 제시한다.

역할극을 하자

1주일에 한 번 정도, 시간은 30 ~ 90분 내외로 선수가 감독 코치가 되어 소속팀 선수를 지도하는 것이다. 사전에 지도 내용, 일시, 역할극을 담당할 선수를 의논하여 확정한 후 실행하면 된다. 최소 3개월 전에 통지한다. 해당 선수는 가르칠 내용을 준비하고 공부할 것이다. 중학 선수 이상이면 가능하다. 초등 선수도 가능할지도 모르겠다. 한번 시도해보자. 그는 더이상 어린아이가 아니다. 처음에는 어색하고 서툴겠지만 빠르게 잘 해낼 것이다. 프로 선수들은 더욱 충실하게 가르칠 것이다. 해보면 재미있고 경기력 향상에도 도움이 된다는 걸 실감하게 된다. 이 과정에서 감독 코치는 '반짝반짝 빛나는' 영감을 길어 올리는 행운을 만나게 되기도 할 것이다.

— 킥오프 / 김기호 / 삼보 출판사 / 2005. 8. 8 / P 27

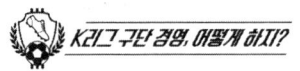

전체 연습 도중에 개인 연습 시간을 주자

100중 98 이상의 팀이 코칭스태프의 지시대로 움직이다 연습을 마무리한다. 도무지 개인 연습할 시간을 주지 않는다. 배운 걸 바로 연습하면 습득 속도가 훨씬 빠르다. 모든 선수는 자신의 체력 기술 전술 정신력에서 자신의 강점과 약점을 알고 있다. 강점을 성장시키고 약점을 극복할 수 있는 개별 연습 시간을 원하고 있다. 이걸 해결하는 방법은 간단하고도 쉽다. 연습 중에 또는 말미에 30분 내외의 개인 연습 시간을 주라.

이때 코칭스태프는 선수가 연습장에 나오기 전에 개인 연습의 목표와 연습 내용을 미리 적어내라고 주문해야 한다. 의도적으로 연습할 수 있게 하기 위해서다. 동시에 바로 직전에 배운 걸 연습해도 좋다. 감독 코치는 순회하면서 개인 연습을 주시하다 질문도 하고 잘못된 걸 바로잡아준다. 나아가 팀 전체 연습 계획이 획일적이어서는 안 되고 선수 개인별로 처방되어야 한다. 팀 연습 계획과 더불어 개인별 연습 프로그램이 있어야 한다.

경기의 구성 요소에 대해 선수들이 토론하게 하라

매주 1 ~ 2회 경기의 구성 요소(체력 개인기 전술 정신력)에 대해 토론하게 한다. 4분야 중 한 주제를 한 선수가 발표한 후 발표 내용을 기록한 자료를 배포한다. 이후 선수들끼리 토론하는 것이다. 이때 코칭스태프는 반드시 참석하여 경청하되 발언하지 않는다. 물론 기록은 필수다. 토론이 끝난 후 최종적으로 감독이나 코치가 발표와 토론 내용을 정리 정돈하고 바로잡아 요약해준다. 이 과정 후 발표자에게 책 1권을 선물하거나 모두가 음식을 나누는 시간을 가지면 좋다. 사람은 즐거움과 인센티브에 반응한다. 긍정적인 피드백은 동기를 부여한다. 지속력과 자발성을 이끌어내는 효과가 있다.

■ 선수

선수가 해야 할 과제 역시 많다. 방대하다. 여기에서는 몇 가지만 제시한다.

(1) 목표 가지기

2대 목표가 있다. 이게 출발이다. 반드시 이게 있고 난 다음에야 축구를 해야 한다. 하나는, 인생에서의 목표다. 또 하나는, 축구에서의 목표다. 이 2대 목표를 반드시 세우고 가족 동료 감독 코치 앞에서 발표한다. 사람은 누가 시켜서가 아닌, 자신이 결정한 일에 대해 책임을 지려고 한다. 목표는 지속적으로 동기부여하고, 추진력을 불어넣는다. 축구 선수로서의 목표 역시 크게 정해야 한다. 크게 생각할수록 크게 이룬다. 유럽 빅 3 명문 구단 주전을 목표로 정하고 18세에, 늦어도 20세 이전에 진출하도록 하자. 목표 없이 축구하는 선수가 지나치게 많다. 감독 코치가, 부모가 선수의 목표를 질문하지도, 확인하지도 않았기 때문이다. 장차 진출하려는 프로팀을 정하는 기회를 가지지 않았기 때문이다.

(2) 개인 시간 활용 극대화

"자신에게 주어진 '자유시간'에 무엇을 하느냐의 차이가
천재적인 축구 선수와 일반적인 축구 선수로 나눈다."

—— 안드레 이니에스타

시간은 그 무엇으로도 대체할 수 없는 가장 소중한 자원이다. 인생이란 '그가 사용한 시간'에 다름 아니다. 그 어떤 일을 하려 해도 시간이 있어야 가능하다. 매일매일 주어진 24시간을 어떻게 사용할 것인가? "나는 내년에 많은 일을 하겠지만 오늘은 무엇을 했던가?"(버크 헤지스). "공부는 복습이다."라는 말이 있다. 수업 시간에 배운 걸 복습으로 자신의 학력으로 만든다. 여기서 성적이 판가름 난다. 복습은 개인 시간에 할 수 있다.

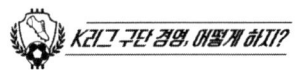

축구도 그렇다. 개인 시간 활용에 따라 성패가, 우열이 결정된다.

선수의 개인 시간은 크게 합숙소에서의 개인 시간과 가정에서의 개인 시간으로 나눌 수 있다. 개인 시간은 많을수록 더 소중하다. 더 많은 연습을 할 수 있기 때문이다. 오늘 당장 선수가 개인 시간을 어떻게 사용하고 있는지 살펴보라. 놀라게 될 것이다. 스마트폰 보느라 정신이 없다. 불법 스포츠토토를 하는 선수도 적지 않다. 누구는 게임 삼매 중이다. 친구들과 어울려 다니면서 수다로 시간을 마냥 흘려보내는 선수도 많다. 개인 시간 활용을 극대화하는 선수는 매우, 아니 지나치게 희귀하다.

감독 코치는 소속팀 선수와 학부모에게 '개인 시간 활용 극대화 방안'을 강의하고, 문서로 배포하며, 생활 속에서 확인하고 지도해야 한다. 이 역시 너무 쉽지만 간과하고 있다. 세월이 갈수록 유럽 남미와 격차가 벌어지는 이유 중의 하나다.

(3) 세계의 축구선수 중 최고의 체력 가지기

"체력은 개인기에 우선하고, 개인기는 전술에 우선한다."

―― 알란 웨이드

전후반을 마치고 바로 45분을 더 뛸 수 있는 체력을 가질 수 없을까? 얼마든지 가능하다. 그러나 100 중 99 이상의 감독 코치는 이런 가능성을 생각하지 않는다. 이러니 방법을 모색할 리가 없다. 체력 우위가 주는 강점은 이루 말할 수 없을 정도다. 무엇보다 연습 때 기술 향상 속도가 엄청 빨라진다. 더 오래 더 깊이 집중할 수 있다. 경기에서 기술 전술 수행 능력이 폭발적으로 배가되며, 상대의 수행 능력을 압도한다. 근육을 사용하는 체력, 심장과 폐의 전신 지구력, 신경계의 지배를 받는 체력(평형성 협

응성 조정력 등), 초과 회복 등 체력의 핵심 요소를 현저하게 강화시키기 위해서는 크게 정신 신체 감응 능력, 음식, 특수 영양제, 요가, 최적의 물, 맞춤체조, 특수 체조 등을 활용한다. 그러나 지금과 같은 방법, 즉 체력훈련에 의존하는 방법으로는 이게 불가능하다.

⑷ **축구 이론 공부하기**

새는 좌우 날개로 난다. 축구는 이론과 연습으로 구성되어 있다. 순서는 언제나 이론이 먼저이고, 그다음 연습해야 한다. 축구 이론 강의 후 강의 내용을 담은 A4 용지를 반드시 배포해야 한다. 복습용이다. 현실은 어떠할까? 구조적이고 체계적이며 지속적인 이론 강의를 하는 팀을 만날 수 있는가?

축구 이론이 없고, 실기(연습)만 있다.
그때그때의 단편적인 지시는 구조적 체계적인 이론이 아니다.
축구 이론을 알고 이론대로 연습하면 향상 속도가 3배 이상 빨라진다.
이러하기에 선수에게 이론을 가르치지 않을 이유가 하나도, 조금도 없다.
수업 주제에 대한 이론을 가르치지 않고 연습해서는 절대로 안 된다.
연습은 이론의 확인에 지나지 않는다.
이론대로 연습하면 의도한 대로 볼이 움직인다.
실수를 예방하며 실수가 나와도 스스로 해결할 수 있는 능력을 준다.
경기도 이론의 확인에 지나지 않는다.
선수가 이론을 알면 실수가 거의 예방된다. 경기 수준이 바로 달라진다.
이론을 알면 개인 시간에 혼자 연습할 수 있는 능력을 가지게 된다. 연습 효과가 배가된다.
선수가 평소 이론을 충실하게 배우면 은퇴 후 명감독 명코치로 탁월한 선수를 계속 배출한다.

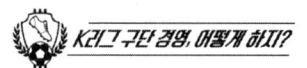

감독 코치가 하루속히 이걸 깨달아야 한다. 한국 축구가 월드 클래스를 육성하지 못하는 결정적인 이유 중의 하나가 축구 이론 부재에 있다. 이론을 가르치면 선수는 '깨달음의 아하! 경험'을 수시로 체험하게 된다. 이론 알고 연습하면 미리 실수를 예방하며, 드물게 실수가 나와도 스스로 고칠 수 있다. 이론의 힘이다. 축구 이론에서 선수를 감독 코치로 만들어 준 후 연습하는 게 시급하다. 이러하기에 매일매일의 연습이 아래와 같은 과정으로 이루어져야 한다.

가. 학습목표 제시(강의실 또는 교실)
나. 당일 연습할 과제에 대한 축구 이론 제시(강의실 또는 교실)
다. 연습(운동장) : 준비운동, 본 운동(연습), 정리운동
라. 평가 : 개별 통지 포함
마. 차시 예고

(5) **독서의 생활화**

선수가 독서를 통해 얻는 효과는 너무나 많아 일일이 말할 수 없을 정도다.

가. 자신의 생활을 지도하고 혁신한다.
나. 축구 인식을 성큼 높인다.
다. 생활과 축구에서 리더로 성장시킨다.
라. 인문, 사회, 자연과학, 역사, 철학, 예술, 종교 등 여러 분야에서 일반 학생에 뒤지지 않는다.
마. 자기 자신의 삶을 스스로 결정하고 만들어 간다.

이 외에도 너무나 많다. 합숙소에 미니 도서관을 만들어 쉽게 책을 읽게 할 수 있다. 책 읽을 시간도 여럿 있다. 수학 시간에, 과학시간에 엎드려 자지 말고 책을 읽자. 매주 1권 이상 읽을 수 있다. 항상 책을 가지고 다니면서 틈새 시간에 읽을 수 있다.

04
세계에 앞서 있는 생활축구 모범 지역 만들기

"맨체스터 시티뿐만 아니라 맨체스터라는 도시 자체를 꿈의 도시로 만들겠다"
—— 세이크 만수르

세이크 만수르 맨체스터 시티 FC 구단주는 맨체스터 시내를 스포츠 관광단지로 만들려고 한다. '스포츠 도시(Sports City)'라는 이 프로젝트는 미래를 내다보는 레저 도시를 만들어 전 세계에서 관광객을 불러오는 것이다.

세이크 만수르 구단주는 메인 로드에서 현재의 스타디움으로 구장을 옮긴 뒤 잃어버린 고정 서포터 2만 명을 되찾으려고 2012년에 모노레일을 설치하였다. 그리하여 서포터와 잠재 고객의 불편함을 해결하였다. 또 추운 좌석 1,000개에 히트를 설치하였고 전 좌석으로 확대할 예정이다. 한편 스타디움 옆 9만 7천 평 부지에 스포츠클럽을 설치할 예정이다. 4,000여 명의 어린 선수를 위한 아카데미 교육 시설, 호텔, 체육관, 식당, 재활센터 등 엄청난 규모로 축구 단지를 만들고 있다.

—— 축구 마케팅의 실상 / 김상섭 / BOOKK / 2016. 2. 5 / P 63 ~ 64

세계에 앞서 있는 생활축구 모범 지역 만들기, 이 사업은 어떻게 하자는 것인가? 프로구단이 지역 주민 누구나 생활 속에서 쉽게 축구를 할 수 있는 환경(행정, 프로그램, 코치, 인조구장, 실내체육관, 시설, 장비 등)을 제공하여 축구를 가르치고 즐기게 하는 프로그램이다.

1) 스포츠가 건강과 공부에 주는 효과를 홍보한다

(1) 스포츠와 건강

건강을 결정짓는 5대 요소가 영양, 운동, 위생, 휴식, 스트레스다. 스트레스 관리가 가장 중요하고 그다음이 영양 운동 순으로 중요하다. 운동 효과는 이미 널리 알려져 있다. "스포츠에 1% 투자하면 환자가 3.4% 줄어든다"라는 연구 보고가 운동 효과를 단적으로 말해준다. 규칙적으로 운동하는 사람이 그렇지 않은 사람보다 7년 이상 수명이 길다고 한다.

프로구단이 나서 지역민의 질병 예방과 건강 증진에 많은 일을 할 수 있다. 전국이 아니라 한정된 구단 인근 지역이기에 더 자세히, 더 구체적으로, 더 지속적으로 관리하고 지원할 수 있다. 관계 부처와 지역 의료 단체 등과 협력하되 프로구단이 주체가 되어야 한다. 건강 지식 강좌, 음식 혁명, 헬스 트레이너를 통한 운동의 생활화, 생활축구, 스포츠클럽을 통한 체육활동 일상화, 심리 상담 등을 실행하여 이전과는 다른 삶의 질을 선물할 수 있는 것이다.

(2) 운동과 공부

흔히 학생이 좋은 성적을 내려면 다른 일은 모두 젖혀두고 오직 공부에만 열중해야 한다고 생각하는 사람들이 적지 않다. 이는 아주 잘못된 판단이다. 공부 선수는 잠을 줄이지 않는다. 하루 7~8시간 자고 취미생활도 틈틈이 한다. 전국 0.01% 최상위 학력 학생들의 조사에서 밝혀진 내용이다. 대원외국어고 학생들은 매일 1~2시간 스포츠를 즐긴다. 이렇게 하는 특목고가 많다. 공부만 하는 것보다 운동을 병행하는 게 학력에 더욱 도움이 되었다는 걸 경험을 통하여 알았기 때문이다. 오직 공부만 할 때는 3학년으로 올라갈수록 체력 저하로 집중력이 떨어지고 오래 의자에 앉아 있기도

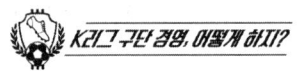

힘들어했다. 스포츠가 학력 향상에 도움이 되는가? 결론은 명쾌하다. 그렇다. 그것도 너무나 많이. 여러 연구에서 이미 밝혀진 사실이다.

2) 목적

왜 이 일을 하려고 하는가? 도달하고자 하는 위치가 어디인가? 핵심적인 9가지 목표가 있다. 이 사업은 매우 중요하다. 가장 효과적인 지역 밀착형 마케팅이며 관중석 점유율을 획기적으로 높이는 방법으로 연결된다. 탁월한 재능을 조기에 발굴하며 해마다 수십에서 천억 원 이상의 이적료 수익을 창출할 수도 있다. 해외로 진출하는 기회를 지속적으로 만들어낸다. 수백 ~ 수천 명의 코치에게 일자리도 제공한다.

(1) 생활축구 인구의 폭발적인 증가

축구는 세계 첫째 가는 최고의 스포츠다. 그만큼 재미있고 역동적이다. 경기 관전도 좋지만 직접 경기하는 걸 더 좋아한다. 바로 이것이다. 누구나 쉽게 축구를 즐길 수 있는 환경을 갖추어 주는 것이다. 인조구장을 만들고, 코치가 고객(유치원 초 중 고 및 지역 주민)에게 주 2 ~ 5회 축구를 가르쳐 주며, 시설 및 장비를 완비하여 매주 정기적으로 축구할 수 있도록 하는 것이다. 지금은 조기축구회나 대학의 축구동아리 정도가 정기적으로 축구를 즐기는 정도다. 이처럼 축구하는 사람들이 적고 축구 시장이 잠들어 있어 하루속히 대책이 요구되고 있다. 세계에 앞서 있는 생활축구 모범 지역)으로 만들면 이런저런 놀라운 일들이 생겨나기 시작한다.

(2) 지역민의 삶의 질 향상과 건강 증진

운동이 건강과 학력 향상에 미치는 영향을 앞에서 살펴보았다. 독일은 사회체육의 천국이다. 언제 어디서나 누구나 스포츠를 즐길 수 있는 '골든

플랜'을 이미 완성, 전 국민이 왕성하게 스포츠를 즐기고 있다. '골든 플랜'이 '라인 강의 기적'을 앞당겨 실현시켰다고 주장하는 학자들도 적지 않다. 건강한 노동자들이 노동 생산성을 극대화했다는 것이다. 질병으로 고생해 본 사람은 건강의 소중함을 잘 알고 있다. 운동은 건강을 증진시키고 건강할수록 삶의 질이 높아진다. 프로구단이 지역민에게 이걸 선물할 수 있다. 지역 주민들이 프로구단에 깊이 감사하는 마음을 가지게 될 것이다. 물과 기름처럼 서로 겉돌고, 다람쥐와 뭉게구름이 서로를 잊고 지내는 것이 아니라 지역민이 "과연 우리 축구팀, 나의 축구팀"이라는 인식이 확고할 때 마케팅이 성과를 내기 시작한다. 모든 마케팅은 관계를 바탕으로 가능하기 때문이다.

(3) 일자리 창출

이 사업으로 많은 일자리가 창출된다. 500곳에 축구 배우는 팀이 만들어지면 700명 이상의 코치를 채용할 수 있다. 자체 '지도자 강습회' 조직과 운영을 통해서도 여러 일자리를 창출할 수 있다. 이 외에도 다양한 역할을 요구하는 사람이 필요하기에 더 많은 취업 기회를 만든다. 정착되면 최소 5,000명 이상에게 일자리를 줄 수 있다. 5,000명 이상 고용하고 있는 기업, 그리 많지 않다. 무대를 해외로 넓힌다면 어떠하겠는가?

(4) 구단 수익 발생

아래의 '수익 구조'에서 밝혀 놓았듯이 안정적이고 지속적인 수익을 만들어 낼 수 있다. 구단의 자립에 크게 도움이 되는 효자 사업이다. 매년 최소 100억 원 이상 수익을 발생시킬 수 있다. 이걸로 웬만한 구단이 1년 살림을 살 수 있다. 해마다 300억 원 그 이상의 수익 창출도 가능하다. K리그 프로구단의 1년 예산을 뛰어넘는 금액이다.

(5) 경기장 관중 점유율 배가

회원 거의 모두가 1년 시즌권을 구입하여 가지고 있게 한다. 이들 대부분이 경기가 있는 날 가족과 함께 경기를 관람한다. 관중석 점유율이 획기적으로 높아질 것이다. 구장 내 팬 서비스를 개선하면서 관중석 점유율을 유지하고 더욱 높여갈 수 있다. 시너지 효과가 발생한다. 그 출발이 축구를 배우는 회원과 그 가족이다. 점진적으로 목표를 높여가면서 평균 관중 수를 계속 증원시켜 가는 것이다. 참고로, 2017 리그 평균 관중이 K리그 6,486명, J리그 18,883명, 슈퍼리그(중국) 23,747명이었다.

(6) 메이저 스폰서 유치

메인 스폰서 유치가 쉽지 않다. 기업에서는 K리그가 그리 매력적인 광고 무대가 아니라고 생각하고 있는 것 같다. 지상파 3사는 K리그 중계권료 재계약을 하지 않겠다는 의사를 비추고 있어 프로연맹을 긴장시키고 있다. 중계해도 시청률이 너무 저조해 광고 수입이 턱없이 미미하다고 한다. 프로 축구의 핵심 상품이 경기다. 프리미어리그나 분데스리가가 자동차 같은 경품을 내걸어 관중을 유치하려고 하는가? 전혀 그렇지 않다. 경기 그 자체를 보러 온다. 좋은 상품이 저절로 팔리듯이 수준 높은 경기일수록 구름 관중이 몰려온다. 바이에른 뮌헨의 경우, 19/20 시즌권이 매진되었다. 지난 시즌에는 7만 5천 석의 홈구장 좌석 점유율이 100%였다고 한다.

관중이 마케팅의 원천이다. 이게 가장 바람직한 시나리오지만 아직 K리그는 경기 수준을 더 높여야 할 과제를 안고 있다. 그렇지만 시즌권 소유자와 그 가족이 관전하면 이전과는 다른 많은 관중들이 경기를 보게 된다. 관중 숫자와 미디어 노출 횟수는 메이저 스폰서를 설득할 때 유리한 조건으로 작용한다. 어렸을 때 부모와의 경기 관전 경험이 후일 성인이 되어서도 자녀들과 경기 보는 연결고리로 작용하기도 한다.

(7) 탁월한 재능 조기 발굴

유치원이나 초등 1, 2학년 같은 나이대부터, 즉 보다 일찍 축구할수록 출중한 재능을 보다 빨리 발굴할 수 있고 성공 가능성도 높아진다. 더 일찍 시작할수록 '1만 시간의 법칙'을 경쟁자보다 더 빨리 달성할 수 있다. '가능성 체감의 법칙' 이론 그대로 일찍 시작할수록 타고난 적성을 온전하게 꽃피울 개연성이 높다. 유럽에서는 바이올린은 3세 전에, 피아노는 5세 전에 시작해야 성공할 수 있다고 한다.

음바페를 비롯하여 가장 최근의 1,000억 원 이상의 10대 이적료 후앙 펠릭스에서 보듯이 될성부른 재능을 가능한 한 일찍 발견하여 계획적인 육성으로 작품을 만들어내는 게 구단 입장에서 엄청나게 중요한 일이다. 스카우터의 안테나가 지구를 영향권 아래 두어야 한다. 선수반과 취미반 운영은 출중한 재능의 조기 발굴의 통로다. 그 지역 출신 선수를 프로 축구 스타로 만들면 스타 마케팅이 가능하다. 지역에서 자라고 프로 유스 시스템에서 성장한 선수가 스타로 성장하는 과정을 통해 지역민의 관심을 불러일으키고, 유스 선수들에게 강력한 동기를 부여한다.

(8) 놀라운 '지도자 강습회' 조직과 운영

이 사업의 성패는 2곳에 달려 있다. 하나는, 사무국의 열정과 혁신 의지다. 또 하나는, 감독 코치의 경영 능력이다. 여기에 대해 조금 더 자세히 응시해보자. 주 고객층인 유치원 초 중 고 학생과 지역주민이 만나는 프로구단의 사람이 누구인가? 감독과 코치다. 이들이 구단을 대표하여 구단의 서비스를 제공하는 사람이다. 이들이 어떻게 하느냐에 따라 이 사업이 흥할 수도 있고 실패할 수도 있다. 이들 감독 코치에게 많은 게 요구되지만, 그중에서도 4가지에서 능력을 확장 증폭 고양시켜 가야 한다. 그것은 코칭 철학, 평생교육(자기주도적 학습문화), 지도력, 경영학이다. 이

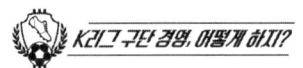

역량을 쉼 없이 향상시켜 가면 세월 속에서 K리그 감독, 세계 명문 구단 감독, 축구 선진국의 대표 팀 감독도 얼마든지 가능하다. 감독 코치가 공부하고 준비하면 첫 번째 수혜자는 그 자신이다.

코칭 철학에서는 감독 코치가 바닥처럼 낮아져 고객을 지극하게 존중하고 사랑하는 섬김의 실천이 가장 중요하다. 코칭 철학은 앞에서 일정 부분 살펴보았다. 평생교육과 지도력은 긴밀하게 영향을 주고받는다. 거듭 말하지만 감독 코치는 준비하고 공부하는 만큼 가르칠 수 있다. 공부할수록 지도력이 향상된다. 공부할수록 더 잘 가르치기에 가르치는 행위가 즐겁다. 가르치는 시간이 기다려지게 된다. 배우는 고객들도 축구가 갈수록 더 재미있다. 이런 선순환이 계속되어 입소문이 나면 고객이 점점 더 증가한다.

구체적인 방법을 찾아보자. 이 역시 앞에서 말했듯이 먼저, 평소 공부하는 습관이 되어 있는 감독 코치를 채용해야 한다. 필기시험, 축구 지도, 면접, 주제 발표, 이론 토의, 즉시 과제 제시와 즉시 답변 작성하기 등을 통해 평소의 자기주도적 학습문화(평생교육 Lifelong Education) 실천 여부를 확인하고, 이걸 통과하는 감독 코치만을 채용해야 한다. 공부하지 않는 감독 코치가 공부하도록 만드는 건 너무나 어렵고 힘든 일이다. 아마 불가능할 것이다.

둘째, 현장에서 고객에게 직접 축구를 가르치기 전에 감독 코치에게 '연수 과정'을 제공한다. 2 ~ 3주 정도가 적당할 것 같다. 충실하고 강도 높게 실행한다. 이 과정에서 연단되어 정신과 몸이 한 단계 이상 성숙하면 나쁘지 않다. 셋째, 팀을 맡아 지도하는 중에도 '정기적인 연수(재교육)' 기회를 제공한다. 매주 4 ~ 6 시간을 권장한다. 1년(52주)이면 208 ~

312 시간이 된다. 구단은 최선의 교육과정을 제공하고, 감독 코치는 최고의 지도력을 보유하여 고객 감동을 추구하며 실현한다. 넷째, 공정하고 객관적인 평가를 통해 인센티브를 준다. 보수와 승진으로 보상한다. 프로구단이 이렇게 하기 위해서는 자체적으로 '지도자 강습회'를 운영해야 한다. 여기에 대해서는 '제3부 K리그 프로구단의 12대 핵심 과제' 중 '2. 세계에 앞서 있는 〈지도자 강습회〉와 '평생교육 프로그램' 운영'에 자세히 있으니 참고하기 바란다.

(9) **스포츠클럽 토대 마련**

유럽 선진국은 생활 체육의 천국이다. 독일이 가장 선두주자다. '골든 플랜' 덕분이다. 아시아에서는 일본이, 아메리카에서는 미국이 상대적으로 앞서 있다. 한국은 힘써 노력하고 있으나 아직은 미흡하다. 엘리트 체육에서 생활체육으로 전환했으나 비가 오면 운동할 수 있는 공간을 찾기 어렵다. 실내체육관 사용에도 까다로운 절차와 조건이 기다리고 있고 거의 대부분 사용료를 지불해야 한다. 무료로 스포츠를 가르쳐주는 제도도 없는 거나 마찬가지다. 조기축구 회원들은 며칠 전부터 일요일 경기할 인조잔디구장 구하는데 많은 시간을 사용하고 있다. 그래도 못 구하는 팀이 십중팔구다.

이런 현실에서 재정과 인력 부족으로 아직 국가가 제대로 못하고 있는 생활체육을 프로구단이 할 수 있다. 그것은 스포츠클럽이다. 마치 사립학교를 세워 국민 교육의 일정 부분을 담당하는 것과 비슷하다. 바르셀로나 스포츠클럽, 바이에른 뮌헨 스포츠클럽, 레알 마드리드 스포츠클럽, 함부르크 스포츠클럽 등 유럽이 그 모형을 보여 주고 있다. 스포츠클럽은 프로구단이 하루속히 성취해야 할 우선적이고 중차대한 과제다. 한국에는 아직 한 곳도 없다. 한국 최고의 스포츠인 프로야구단에도 없다. 스포츠클럽은 외연을 확장하고, 마케팅의 규모를 획기적으로 확대하며, 무한한

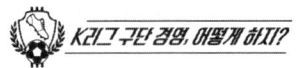

확장력과 파급력이 잠재되어 있어 일개 프로구단과는 차원이 다른 세계다. 이걸 프로구단이 중심이 되어 만들어야 하는 것이다. 정부도 프로연맹도 지원하려고 하고 있으니 타 종목의 프로스포츠 구단보다 선점해야 하는 시급한 시기다. 시장 규모 크기로 인해 한 지역에 둘 이상의 스포츠 클럽이 존재하기 어렵기 때문이다.

3) 조직

이 사업을 계획하고 추진하는 사람들이 누구인가?

(1) **생활축구팀 담당 조직 구성 : 구단에서 구성, 팀장이 책임자**

(2) **코칭스태프 : 대표 감독, 총감독, 코치로 구성**

구역을 나누어 구역별로 1명의 총감독이 있고, 그 아래에 각자 맡은 팀을 지도하는 여러 코치들이 있다. 이 모든 것을 대표 감독이 총괄한다. 희망할 경우 프로선수들이 은퇴하고 과정을 거친 후 코치가 되어 가르칠 수 있다. 은퇴 선수는 구단과 지역을 잘 알기에, 배우는 고객은 자신이 경기 관람과 시회 공헌을 통해 알고 있는 지역 프로구단 출신이기에 친밀감이 배가된다.

(3) **참여자**

주로 학생 팀(유치원 초 중 고)과 지역주민 팀으로 구성된다. 한때 FC 서울은 5,000명 가까이 육박했으나 지금은 축소 정책으로 참여 유, 초등생이 많이 줄어들었다. J리그 오미야 아르디자는 10개 구장에서 약 1,800여 명이 참가하고 있다. 둘 다 많이 부족하다. 국내는 최소 2,000개 팀 이상(참여자 6만 명 이상) 그리고 해외는 이보다 더 많은 팀과 참여자를 만들어내어야 한다.

(4) 학부모회

학생 팀의 경우 필요하다면 학부모회를 만들 수 있다.

4) 시설과 장비

(1) 운동장

인조잔디구장, 배드민턴장, 족구장, 농구장, 탈의실, 벤치와 정자 등을 갖춘다. 인조잔디구장 골문 2 ~ 3m 뒤에 가로로 끝까지 높이 5m 내외의 그물망을 설치하고, 그 뒤에 배드민턴장 족구장 농구장 등을 만들어 보다 많은 사람들이 활용할 수 있게 한다. 가능한 조명 시설을 설치하도록 하며, 운동장 주위의 그늘이 좋은 나무 아래나 적절한 곳에 정자나 벤치 등을 배치하여 쉴 수 있는 공간을 만든다.

현실적으로 가장 중요한 시설인 인조잔디구장이 많이 부족하다. 어떻게 해결할 것인가? 먼저, 기존의 인조잔디구장 사용을 극대화한다. 지자체와 교육청과의 업무 협약이 필요하다. 둘째, 인조잔디구장을 계속 만들어 간다. 재원은 지자체, 시, 도교육청, 정부 부처(교육부, 문광부 등), 국민체육진흥공단, 국민보험건강공단, 마사회, 강원랜드, 보험 협회, 기업, 개인(제주도의 '강창학경기장'처럼 경기장 명칭 부여) 후원 등 할 수 있는 한 모든 방안을 동원한다. 국민보험공단은 여러 생활체육 프로그램을 국민들에게 제공하고 있다. 보험 협회도 체육과 건강 프로그램을 운영하고 있다. 두 단체 모두 국민과 보험계약자가 건강해야 흑자를 남길 수 있기 때문이다. 이걸 프로구단이 하기에 지원 요청 명분이 있는 것이다. 서로에게 윈-윈이 된다. 경우에 따라 처음에는 맨땅에서 하다 차차 인조잔디구장을 갖추어 나가는 곳도 있을 수 있다. 해마다 50개 이상의 인조구장을 포설하면 5년이면 250곳이다. 10년이면? 500곳이다.

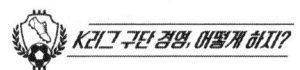

(2) 실내체육관

우천 시 또는 혹한기나 혹서기에 사용하며 미리 사용 계약을 체결한다. 이후 순차적으로 건립한다.

(3) 강의실

필수 시설은 아니나 이론 강의나 강연 시 사용할 수 있다.

(4) 그 외의 시설

축구의 경우 가능하다면 슈팅 보드, 펜듈럼 볼 시설 등을 가지고 있으면 더욱 바람직하다. 다른 종목에서도 스포츠 수행에 지장이 없도록 충실한 시설과 장비를 갖춘다.

(5) 장비

축구의 경우, 축구공, 이동 골문, 각종 콘, 줄사다리, 공 발사기(킥 머신), 이동 설치 벽, 조끼 등을 준비한다.

5) 지역

프로구단 소재 지역에서 출발하여 전국 그리고 세계로 나아간다. 가령, 대전 시티즌을 보기로 들면, 1차는 대전광역시다. 이어 충남 충북으로 가까운 곳에서 먼 곳으로 그리고 전국으로 확장한다. 이어서 세계로 진출한다. 역량을 길러가면서 가능한 빠르게 확대해나간다. 이 점에서 FC 서울이 가장 앞서 있었는데, 최근 크게 축소했다. 바람직한 선택이었는지 의문스럽다.

6) 대상

크게 학생 팀(유치원 초 중 고 드물게 대학팀)과 지역주민 팀(마을 팀, 여성 팀, 직장 팀, 조기축구 팀 등)으로 나눌 수 있다. 초 중 고는 선수반과 취미반으로 나누어 운영하며 선수반은 대한축구협회에 등록하고 주말리그나 전국대회에 출전할 수 있다. 선수반과 취미반은 실력에 따라 서로 이동하고 교체할 수 있다. 선의의 경쟁을 유도하고 경기력 향상으로 연결한다. 취미반은 팀의 일부로 인식하고 선수반 수준에서 지원하고 관리해야 한다. 한 팀의 숫자는 30명 내외로 한다. 팀 숫자는 많을수록 좋다. 참여자는 모두 개인 실손보험에 들고(실제로 거의 모두 실손보험에 가입하고 있음), 여기에 더해 구단은 팀 보험에도 가입한다.

7) 활동 내용

(1) 축구 배우기

2,000곳 이상의 인조구장에서 축구하고, 축구 배우는 사람들로 넘쳐날 것이다. 2,000 팀이면 6만 명 내외다. 여러 가지 가치 있는 일들을 할 수 있다.

(2) K리그 관전

관중석 점유율 70% 이상을 목표로 하고 성취해내는 것이다.

(3) 축구 대회 참가

유치원, 초, 중, 고, 직장팀, 여성팀, 조기 축구회 별로 년 1 ~ 2회 축구 대회를 개최한다.

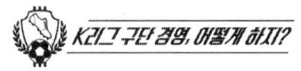

(4) **지역 축구리그 참가**

인천 유나이티드의 '미들 스타리그' 처럼 유치원, 초, 중, 고, 조기회, 여성 리그를 연중 진행한다. 지역 축구 협회가 주최 주관하고 구단은 필요한 부분만 지원하는 것도 한 방법이다. 지역 역동성이 몰라보게 활활 발발해 진다. 세계에 앞서 있는 축구 도시로 만드는 것이다.

(5) **참여자가 구단의 지역밀착 마케팅에 참가**

8) 수익 구조

프로구단이 이 사업으로 확보하는 순수익이 해마다 최소 100억 원 이상을 목표로 하고 이루어낸다. 아래는 축구 한 종목만을 예로 들고 있다. 여러 종목이면 더욱 많은 수익을 확보하게 된다.

(1) **연습 횟수와 월 회비**

유치원과 초등 1,2학년은 주 2 ~ 3회(각 60분), 3,4학년은 3 ~ 4회(60~80분), 5,6학년은 4 ~ 5회(60 ~ 90분) 연습한다. 단, 선수반은 필요시 연습 횟수를 조정할 수 있다. 토, 일요일과 국경일 명절 등은 쉬는 걸 원칙으로 한다. 차량은 운행하지 않으며 스스로 운동장에 도착한다.
지역 주민 팀은 구단과 회원들이 의논하여 연습 횟수를 결정하면 된다.
월 회비는 심사숙고하여 결정하여야 한다. 개인적으로, 유치원과 초1,2는 10만 원, 초3,4는 15만 원, 5,6은 20만 원, 지역 주민은 20만 원이 적절할 것 같다. 선수반은 이보다 더 많이 책정한다.

(2) **코치의 담당 팀 수**

한 명의 코치가 1 ~ 2팀을 담당한다. 주 3회 이내 연습하는 팀은 한 명의

코치가 2팀을 맡아 가르칠 수 있다. 예비 코치를 활용할 수도 있다. 즉, A 코치가 '가'팀을 월, 수, 목, 금요일 가르치고, '나'팀을 화, 목요일 가르친다면 예비 코치 B가 목요일 '나'팀을 지도하여 목요일의 중복을 해소한다. 물론 예비 코치 B가 평소 '나'팀 구성원들을 자세히 파악하고 있어야 함은 상식이다.

J리그의 경우 부모가 자원봉사자로서 취미반을 지도하는 경우도 있다. 이 경우 미리 일정, 시간을 의논하여 조정한다. 학부모는 지도자 강습을 받아야 한다. 어디서나 언제나 교육 경쟁력이 잘 가르치는 교사에게 있기에 평생교육 제공에 총력을 기울여야 한다.

(3) 수익 구조

한 명의 코치가 맡아 운영하는 1 ~ 2개의 팀에서 매월 수익이 발생한다. 프로구단 소재 지역에서는 최소 500개 팀 이상, 전국에는 2,000개 이상을 목표로 하고 여기에 더해 해외 팀들도 있다. 한 팀에서 월 50만 원 수익이 발생하면, 1,000개 팀이면 월 5억 원, 1년 60억 원이 일어난다. 팀당 월 100만 원 수익이면 1년 120억 원이다. 2,000개 팀이면 월 10억 원, 1년 120억 원이다. 팀 당 월 100만 원 수입이면 월 20억 원, 년 240억 원으로 구단이 1년 살림하고도 적립할 수 있는 금액이다. 여기에다 앞에서 든 9가지 보너스 효과가 있으니 시도하지 않을 이유가 있을까? K리그에는 아직 이렇게 하는 프로구단이 없다. 여기에다 무궁무진한 해외 무대가 있다.

이 글을 읽고 누구는 불가능하다고 생각할 것이다. 드물지만 또 누구는 할 수 있다고 결의를 다질 것이다. 모두 자신의 경험과 지식 그리고 판단으로 내린 결론이다. K리그에는 획기적이고 놀라운 변화가 없다. 고만고만하게 흘러가고 있다. 대등하거나 약간 앞섰던 시장을 2008 베이징 올림픽을 기점으로 프로야구에 완전히 내주었다. 이제는 경쟁이 안된다. 지

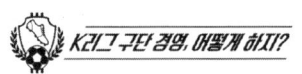

상파 TV 중계가 생생한 증거다. 무언가 판을 뒤집는 혁신이 요구된다. 매년 적자를 기록하면서 지금과 다른 시도를 왜 하지 않고 있는가? 무엇을 해야 하나?

이 일은 그리 어려운 일이 아니다. 파생되는 긍정적인 효과가 너무나 많다. 나무에 비유하면 뿌리와 같은 역할을 한다. 프로구단과 지역민이 윈-윈 하는 사업이다. 최고의 지역 밀착형 마케팅이다. 일회적인 게 아니고 지속적으로 구단과 지역민이 소통하는 통로이다. 지역 주민에게 프로구단의 존재를 깊이 자각하고 협력하게 한다. 사업을 점점 확대하면서 필요 인력을 보충한다. 그리고 계속 해나가면 어느 순간 목표를 넘어 계속 성장하는 이 사업을 발견할 것이다.

05
지역민의 요구를 능가하는 지역밀착 마케팅

인구 약 90만 명 규모의 치바를 연고지로 하는 제프 유나이티드는 2010년 J2로 강등되었다. 그런데 오히려 관중은 물론 스폰서 기업이 많아졌다. 왜 그런가? 경기력보다 지역밀착 활동을 우선시하는 제프 유나이티드의 뛰어난 지역밀착 마케팅 때문이다. 특히 유소년 지원 사업을 이용한 스킨십 마케팅이 강점이었다. 그러나 제프 유나이티드도 가야 할 길이 멀다. 그중의 하나가 관중수이다. 강등 후 관중이 9,680명으로 더욱 증가한 건 매우 바람직하나 시민의 1% 정도에 그치고 있다. 최소 시민의 3%(2만 7천 명) 이상이 경기장에 입장해야 한다. 구단이 판매하는 핵심 상품이 경기이다. 나머지는 파생상품이다. 경기를 구매한 소비자가 관중이다. 관중수가 마케팅의 성패를 결정짓는 가장 중요한 요소다.

K리그 22개 구단이 반포레 고후 벤치마킹에 열중하고 있다. 인구 19만 명의 소도시지만 평균 관중이 1만 명이 넘는다. 1천 명을 원정 팬들이라 가정하면 19만 시민의 4.7%가 경기를 관전한다. 17년 연속 흑자를 내고 있다. 요즘 최고로 주목받고 언론에도 자주 보도되는 대구 FC의 평균 관중이 1만 명 내외다. 250만 대구 시민의 0.04%가 경기를 관전한다. K리그 최초로 경기장 명칭을 대구은행에 팔고 전용경기장으로 매 경기 거의 만원 관중이 입장하나 올해에도 대구 FC는 흑자를 내기 어려울 것이다. 아직 많이 부족하고 그렇게 해서는 조그마한 성공 밖에 거두지 못할 것이다. 다른 구단은 말할 것도 없

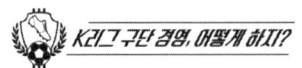

다. J리그보다 10년 앞서 출범한 K리그는 37년의 역사에도 연고 지역에 뿌리조차 내리지 못하고 있다. 인구 19만의 반포레 고후가 해냈는데 백만, 수백만, 천만이 넘는 대도시를 연고로 하여 거대한 잠재시장을 가지고 있는 K리그 구단은 왜 안되는가? 프로구단이 기업인데 약속이나 한 듯 끈질기게 적자 행진을 계속하는 이유가 무엇일까? K리그는 언제까지 이래야 하는가?

1) 현실

K리그 프로연맹과 22개 구단은 프로연맹 주도로 수시로 일본으로 간다. J리그를 벤치마킹하기 위해서다. 언제까지 이렇게 할지는 예측할 수 없지만 K리그가 J리그를 넘어설 기미조차 없고 앞으로도 변화될 조짐은 없다. 초기에는 10년 앞서 리그를 출범한 K리그 관계자들이 온다고 하니 J리그는 긴장했다. 그러나 지금은 다르다. "와서 이것저것 물어보고 사진 찍고 메모도 하지만 돌아가서 제대로 하고 있는 것이 없는 사람들이다. 그들은 둔하고 게으르다"라고 혹평하는 J리그 관계자들이 많다고 한다.

지난 2018년에도 6월 16일부터 18일까지 2박 3일간의 일정으로 일본을 방문했다. 프로연맹과 K리그 각 구단 임직원 35명은 J리그 중, 소규모 구단 가운데 지역 커뮤니티에서 활발한 활동을 하며 지역민들에게 진정성 있게 다가가고 있는 구단들을 벤치마킹하고자 '반포레 고후', '제프 치바' 등 3개 구단을 방문했다. 방문단은 단순히 현지 구단을 방문하는 것에 그치지 않고 구단이 운영하는 지역밀착 활동에 직접 참여해봄으로써 J리그 구단의 지역밀착 활동을 더욱 폭넓게 이해할 수 있었다. 이 밖에 J리그 구단들과 가진 질의응답(Q&A) 시간에는 열띤 질문과 대답이 오가면서 J리그의 지역밀착 활동에 대한 궁금증을 해소하고 K리그에 적용할 수 있는 부분을 탐구하는 의미 있는 기회가 됐다.

─ 〈2018 K LEAGUE CSR REPORT〉 P13 중에서

앞선 J리그를 벤치마킹하는 건 나쁘지 않다. 별다른 연구 없이도 그들이 축적해 놓은 효과적인 방안을 바로 배워 활용할 수 있다. 벤치마킹에서 영감을 길어 올려 새롭고 차원이 다른 길을 찾아낼 수도 있다. 모방이 벤치마킹의 목적이 아니다. 창조다. 모방해서는 항상 경쟁에서 뒤진다. 없는 걸 만들어 내거나 기존의 자원을 유기적 화학적으로 결합하여 성과를 내어야 경쟁할 수 있다. 그런데 지금까지 아무리 벤치마킹해도 프로연맹과 22개 프로구단이 J리그를 넘어서지 못하고 있다. 오히려 갈수록 격차가 커지고 있다. J리그를 능가하는 게 어렵지 않은데, 왜 이렇게 비틀거리면서 인력과 시간과 자원을 제대로 활용하지 못하고 있을까? 원인이 무엇일까? 그 누구도 아직까지 해결 방안을 찾아내지 못하고 세월만 지나가고 있는가?

프로연맹은 2018년 12월 21일 〈2018 K LEAGUE CSR REPORT〉를 발간했다. K리그 지역밀착 활동 백서다. 이 자료에 의하면, 최다 활동 기록 팀이 성남 FC다. 2018년 한 해 동안 1,034회 실행했다. K리그 전체 활동수 4,623회, 팀당 평균 활동수는 210회다. 또 최다 수혜자 기록 팀이 울산 현대다. 수혜자 수는 40만 8,718명이다. 팀당 평균 수혜자 수는 1만 9,462명이다. 수혜자 비중은 학생(54%, 21만 9,785명), 시민(34%, 13만 8,935명), 유아(6%, 2만 4,133명), 단체(3%, 1만 1,040명), 소외계층(1%, 5,849명), 노년층(1%, 3,875명), 축구동호인(1%, 3,856명), 다문화(0%, 1,245명) 순이었다. 2018년 지역밀착형 종류로는 학교 방문(47%, 1,193회), 지역밀착(18%, 449회), 재능 기부(14%, 354회), 소외계층(13%, 337회), 초대 행사(4%, 96회), 유아 방문(3%, 70회), 기타(1%, 18회) 순이었다.

여기서 질문 몇 가지를 드리고자 한다. 2018년 지역밀착 활동의 선두주자였던 성남 FC(최다 활동 기록 팀)와 울산 현대(최대 수혜자 기록 팀)가 그해 흑자를 내었는가? 여전히 적자행진을 계속해 오고 있다. J리그를 능가하는 지

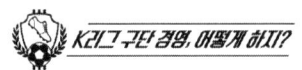

역밀착 활동을 해내었는가? 아니다. 마케팅에서 세계 축구계에 모범 사례를 하나라도 선보였는가? 이 역시 아니다. 이렇다 할 혁신이 없었다. 성남 FC와 울산 현대 사무국은 부지런히 일했다. 끊임없이 아이디어를 짜내고 시민들의 참여를 이끌어 내려고 다양한 활동을 펼쳤다. 그러나 성과는 미미했다. 프로리그는 비즈니스다. 대체 어디에서 어떤 문제들이 있었는가?

〈2018 K LEAGUE CSR REPORT〉를 살펴보면, K리그 22개 구단의 지역밀착 활동에는 몇 가지 소극적이고 폐쇄적인 특징이 있다. 여기서는 발전 방향을 모색하기 위해 주목해야 할 점을 제시한다. 첫째, 지역밀착 활동이 J리그의 모방에서 벗어나지 못하고 있다. 95% 이상이 이미 J리그에서 실행하고 있는 방법들이다. 새롭고 획기적인 방안이 없고, 창발성이 부족한 점은 하루속히 극복해야 할 과제다. 둘째, 치열함에서 J리그에 훨씬 뒤지고 있다. 반드시 해내겠다는 집념과 끈기가 성과를 내는데 이게 부족하다. 셋째, 사무국의 업무 역량이 J리그에 뒤지고 있다. 사람이 일을 하고 성과도 사람이 낸다. 경쟁에 들어가면 조직 구성원 역량에 따라 성패가 결정 난다. 넷째, J리그에 비해 K리그 사무국 인원이 상대적으로 적다. J리그는 성공해가면서 구단 직원을 증원하고, 이들이 더 큰 성과를 내는 선순환 구조를 정착시켰다.

반면에 K리그는 살림이 갈수록 쪼그라들고 있다. 전북 현대 정도만 현상 유지하고 수도권을 대표하는 FC 서울이나 수원 삼성도 모기업의 지원이 줄어들고 있다. 이러하니 사무국 충원은 생각조차 할 수 없는 상황이다. 다섯째, K리그 구단은 지역민의 요구를 별로 반영하고 있지 않는 것 같다. 일방적인 면이 많다. 설문조사, 대면 면담, 공청회 등을 통해 지역민의 필요와 요구를 수렴하여 과제를 추출하는지 궁금하다. J리그 벤치마킹 중에서 사무국이 스스로 판단하고 선택하여 추진한다는 느낌을 강하게 받는다.

2) 프로 스포츠 활성화를 위한 제언

아래는 김영수 전 KBL 총재(전 문광부 장관)의 견해다. 이론과 경험에서 프로 스포츠 전반에 해박하다. 주목해야 할 제안이 여럿 있다. 깊이 그리고 올바르게 알아 채택해야 할 내용이 많다. 프로 축구는 지속 가능한 비즈니스로서 그리고 동종 레저, 문화, 엔터테이너 산업 영역 내에서 확고한 경쟁적 우위를 확보하고 있는가? 많은 유동성과 불안정성을 내포하고 있는 가운데 프로 축구가 진정한 '산업'으로서의 경쟁력을 갖추기 위해서 가장 긴요하고 절실한 성장의 전제 조건이 무엇일까?

(1) 스포츠 종목의 정체성(Identity)을 확보하라

어떤 상품 또는 서비스로 마케팅하기 위해서는 먼저 사람과의 관계가 구축되어야 한다. 스포츠 마케팅에서도 이는 그대로 적용된다. 주목할 것은 스포츠 조직에 종사하고 있는 사람의 생각이 아닌 팬 또는 스포츠 소비자가 해당 스포츠에 갖고 있는 인식과 생각이 중요하다는 점이다. 일반 대중에게는 특정 스포츠의 이미지가 그들의 사고에 저장되어 있는 일련의 인지와 감정으로서만 존재한다. 즉, 소비자의 상품, 서비스에 대한 인식과 인지과정을 거친 후 '구매' 또는 '계약'이라는 결과로 연결된다는 사실이다.

따라서 스포츠 마케팅이 성공하려면 해당 스포츠 종목의 우수성, 합리성 여부를 떠나 스포츠 소비자의 마음속에 "OO스포츠는 OO이다"(또는 "어떠하다")라고 하는 깊은 정서적 정체성과 유대감을 심어줄 필요가 있다. 즉, 태권도가 우슈와 달리 태권도다울 때, 양궁이 사격과 다를 때, 씨름이 레슬링과는 근본적으로 종목의 정체성이나 경기장 분위기를 달리할 때 마케팅이 성공할 수 있는 것이다. 이런 정체성을 바탕으로 스포츠 마케팅에 성공한 경우를 일본 '스모'에서 발견할 수 있다.

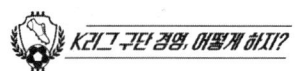

(2) 문화 상품으로서 스포츠의 경쟁력을 확보하라

프로 리그가 팬, 미디어, 스폰서 등과 성공적인 비즈니스 관계를 구축하려면 우선 스포츠 조직 자체가 강력한 콘텐츠 파워(contents power)를 소유하는 것이 기본 과제다. 팬 입장에서 '내가 지금 관심을 갖는 것은 어떤 스포츠인가?'라는 물음과, '내가 참여하거나 관람한다면 결코 시간을 낭비하는 것이 아니라 소중한 그 무엇(something precious)을 안고 돌아갈 수 있을까?'라는 물음에 스포츠 리그는 분명한 확신을 심어주어야 한다.

여기서 '그 어떤 것'에는 환호, 기대, 실망, 다이내믹, 승부 등 스포츠만이 지니고 있는 가치와 더불어 경기장 분위기, 경험 등의 총체적 결합으로써 스포츠 소비자가 해당 스포츠를 다른 문화 상품과 비교하여 상대적으로 우월하다고 느끼는 '그 무엇'이다. 이것은 스포츠 종목 간 경쟁력일 수도 있고 스포츠와는 다른 연극 영화 게임 등 다른 문화 상품과의 차별적 우위를 뜻할 수도 있다.

스포츠가 스포츠 내에서 또는 다른 문화 상품과의 관계에서 경쟁력을 강화하는 방법은 크게 두 가지 부문으로 요약된다. 그 하나는 경기 그 자체와 관련된 것으로 실제 경기를 수행하는 선수 또는 참가자의 경기에 대한 지배력과 기술을 높이는 것이다. 그리고 다른 하나는 경기와 연관된 2차적 서비스로 해당 스포츠가 지니는 본질적 가치와 그 경기의 의의를 소비자에게 확산시키고 경기에 대한 정보를 사전에 고지하는 등 경기 이외의 활동을 들 수 있다.

(3) 청소년에 대한 중, 장기적 마케팅 플랜을 확보하라

스포츠 이벤트 주최자가 마케팅 목표 그룹(Market Target Group)을 선정하는데 청소년층은 항상 주요 고려 대상이 되어야 한다. 청소년기는 바로 그들의 정열을 스포츠를 통하여 발산하려 하고, 스포츠는 역동성과 젊

음을 고유한 내재적 특성으로 하고 있어 청소년들이 그들의 신체적 정신적 활동에 있어 가장 적합하고 또 즐겨 하는 대상이기 때문이다.

그리고 청소년기에 형성된 특정 스포츠에 대한 인식은 향후 그의 인생 전체에서 쉽게 바뀌지 않을 뿐만 아니라 그가 장차 가정을 이루었을 때 해당 스포츠에 대한 인식이 배우자 및 자녀에게도 영향을 미친다는 점에서 매우 중요하다. 따라서 스포츠 이벤트를 기획, 마케팅하고자 하는 입장에서 적극적인 관중 유치 및 마케팅을 하기 위해서는 청소년의 특징을 이해하고 그 바탕 위에서 각각의 특성에 적합한 효과적인 마케팅 전략을 모색하는 것이 필요하다. 프로스포츠 리그 입장에서 본 청소년의 특징은 다음과 같다.

가. 충성스러운 팬(Die – Hard Fan)

신체발달의 과정상 청소년은 스포츠에 열광하고 직접 또는 간접적으로 경험한 스포츠를 본인이 직접 시도해보려는 경향이 강하다. 그러나 한편으로는 엘리트 스포츠 경기를 직접 관람하려는 의지는 수동적이며 학업과 경제적 사정상 그 욕구를 실현하기는 쉽지 않다. 그러나 본인이 열렬히 좋아하고 관심을 갖는 스포츠는 그런 제약을 과감히 박차고 적극적인 행동으로 스포츠에 다가가게 한다. 이는 최근 인기 스포츠의 서포터스(Supporters)를 구성하는 사람들을 보면 쉽게 이해할 수 있다.

이러한 특성을 고려하여 청소년이 스포츠에 친근감을 느끼고 자연스럽게 경기장을 찾는 방안이 강구돼야 한다. 예를 들면, 학생 관중을 당장의 수익을 가져다줄 고객으로만 인식할 것이 아니라, 우선은 미래의 고객으로 인식하여 이들이 부모님과 가족을 동반하여 경기장을 찾도록 하고, 이후 해당 스포츠의 팬으로 성장하여 성인이 되었을 때 그들을 상대로 한 본격적인 마케팅을 전개하는 것 등이다.

나. 스포츠의 여론 주도자(Sports Opinion Leaders)

청소년은 지적 욕구가 강한 시기이고 특히 스포츠처럼 자기가 좋아하고 관심을 갖는 분야는 상당한 정보를 축적하고 또 이를 과시하는 경향이 있다. 따라서 해당 스포츠의 흐름과 스포츠 종목 내 현안 및 쟁점이 되는 이슈에 대하여 그 어떤 연령대보다 적극적으로 자신들의 의견을 피력하려 한다. 이는 인터넷의 보급으로 모든 사회 분야 전반에서 나타나는 현상이긴 하나 특히 스포츠 분야에서 이들의 의견 개진 및 비판적인 대안 제시는 가히 폭발적이라 할 만하다.

앞서 언급한 바와 같이 마케팅이 성립되기 위해서는 먼저 사람과의 관계가 구축되어야 하는데, 해당 스포츠가 스스로의 콘텐츠(contents) 경쟁력을 확보한다면, 청소년의 스포츠에 대한 자연발생적 네트워킹으로 인해 스포츠 마케팅이 환경적으로 이미 다른 산업의 마케팅보다 훨씬 유리한 조건을 덤으로 얻고 있다고 보아도 될 것이다. 즉 스포츠 커뮤니티, 동아리 등을 통한 표적집단에 대한 마케팅(Target-oriented marketing)은 각종 미디어의 범람으로부터 야기되는 전통적인 매스 마케팅(Mass Marketing)의 한계와 비효율성을 극복할 대안으로 새롭게 자리매김할 수 있다. 이런 점이야말로 스폰서 기업에게 어필할 스포츠 콘텐츠만의 독특한 강점이라 하겠다.

다. 일체감 및 소속감 중시

청소년은 대부분 학생들인데, 이들은 어느 학교에 다니고, 누구와 같은 반이며, 소속한 동아리와 좋아하는 운동이 무엇이냐에 따라 이후 서로 간의 관계에 상당한 영향을 미친다. 그리고 동시에 자기가 살고 있는 고장에 대한 맹목적 자부심을 강화하려는 속성이 있다. 따라서 청소년에게 그 지역의 문화적 우월감과 함께 해당 스포츠와 정서적 유대 및 일체감을 고취시킨다면 그 스포츠는 성공할 확률이 높다.

예를 들면, 강릉 지역은 축구에 대한 관심과 열기가 높은데 이는 소위 '강릉 더비'로 불리는 옛 강릉농고와 강릉상고와의 지역 내 재학생 및 졸업생 동문의 소속감 및 라이벌 구도에서 출발한다. 또 우리나라 프로야구 열성팬의 상당수가 그들의 고등학교 시절, 또래 친구들이 모교 선수로 활약할 때 목이 터져라 응원했던 사람들이다. 청소년기에 집중되는 이러한 마케팅 방법은 전혀 생소한 스포츠를 쉽고 편하게 접하게 한다. 그리고 이와 같은 방법은 성인이 되고 난 후에 이들을 대상으로 펼치는 마케팅보다는 비용도 적게 들고 훨씬 자연스럽다.

(4) 가족 및 여성 팬을 확보하라

주부가 움직이면 어린이가 움직이고, 주부가 오면 가족이 온다. 특히 여성은 우리 사회의 소비 주체의 핵심으로 자리 잡아가고 있다. 가정에서 주말 레저, 문화를 즐길 선택 및 결정권을 갖고 있는 경우가 많다. 어린 시절 부모님과 함께 따라간 스포츠 관람 기억은 해당 스포츠에 각인된 추억으로 인해 성인이 된 뒤에도 오롯이 사람과 사람 간의 정서적 공감대를 이어주고 있다.

프로스포츠 경기장은 가족이 모여 스포츠도 관람하고 주말 외식도 겸할 수 있는 더없이 좋은 공간이다. 그런 연유로 시설 문제를 다시금 주요하게 거론하지 않을 수 없다. 특히 여성 화장실 수의 확보, 식당 시설 및 음식의 질과 서비스 수준의 개선 등은 시급한 문제이다. 부산 롯데 자이언츠의 홈구장인 사직구장에는 유난히 대를 이은 가족 팬들이 많다고 한다. 어쩌다 어른들이 잡은 파울 공을 어린이 팬들에게 주라는 "아 주라!"(그 공은 아이에게 주라!) 응원은 어린이 팬에 추억을 심어주고 롯데 팬들의 가족을 향한 끈끈함을 잘 보여 준다.

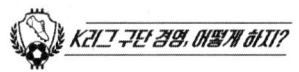

(5) 스폰서에게 다가갈 스포츠의 고유한 브랜드 이미지를 구축하라

기업이 특정 스포츠 종목에 스폰서 할 때 가장 우선적으로 고려하는 사항은 '기업과 해당 스포츠 간의 이미지 부합과 타깃(Target) 시장이 매치(match) 되는가?'이다. 이는 훌륭한 스폰서십인가를 판단하는 두 가지 요소이다. '모든 기업이 특정 이벤트의 잠재적 스폰서는 될 수 있어도, 모든 기업이 모든 이벤트의 잠재적 스폰서가 될 수는 없다'라고 한다. 기업이 스포츠 또는 이미지와 훌륭한 퍼스낼리티의 매치를 민감하게 인식하는 것은 스포츠를 통해 기업의 브랜드 이미지를 강화하려는 것이다. 역으로 잘못된 매치는 이미 잘 확립된 브랜드의 이미지를 해칠 수도 있다.

따라서 프로스포츠 리그 종사자들은 본인이 기획하는 스포츠 이벤트의 성격이 어떤 것인가를 정확히 이해한 후, 잠재 스폰서 기업이 현재 고민하고 있는 마케팅의 과제가 무엇인지를 파악하여 이를 해결하기 위한 방편으로서 활용 가능한 프로스포츠의 패키지를 구성하여 제시할 필요가 있다.

(6) 지속적으로 스포츠의 품질관리(Quality Control)를 하라

전화 통신회사인 US West사는 2002년 동계 올림픽의 스폰서였다. 그런데 솔트레이크시티가 올림픽 유치 과정에서 뇌물수수 스캔들에 연루되면서 이 회사는 올림픽 스폰서를 철회할 것을 고려하였다. 또 주요 올림픽의 스폰서인 코카콜라, 제록스, 코닥 등은 만일 국제올림픽위원회(IOC)가 이 스캔들을 제대로 처리하지 못할 경우에 대비하여 기업 입장에서 나쁜 이미지와 연관된 올림픽 브랜드가 자기 브랜드에 미칠 영향을 재평가하려 한 바 있다.

사실, 스폰서십 세계에서 스폰서인 고객이 스포츠와 긍정적이고 정서적인 결합 없이는 결코 승자란 존재할 수 없다. 이것은 미국 프로농구(NBA)와 프로야구(MLB)가 선수노조와의 협상 기간 중 직장 폐쇄로 리

그의 이미지가 추락되고 많은 스폰서를 잃은 후 리그의 신용과 파트너십을 되찾으려 상당 기간 힘겨운 노력을 기울여야 했던 사실에서도 알 수 있다. 팬과 스포츠 소비자들은 항상 그들의 관심 종목 스포츠가 어떻게 움직이는지를 주시하고 있다. 비단 제조업 분야만 품질관리가 요구되는 것은 아니다. 스포츠에 대한 나쁜 평판은 제품의 불량보다도 훨씬 빨리 그리고 치명적으로 소비자들에게 전해진다.

(7) 지적재산권을 확보, 관리하라

스포츠 마케팅은 보이는 물건 또는 정형화된 금융 서비스처럼 일정한 형태를 띠는 것이 아니라 무형의 권리와 자산을 마케팅하는 것이다. 흔히 포괄적으로 지적재산권(Intellectual Property)이라 일컬어지는 이러한 권리 확보 없이는, 날로 치열해지고 정교해지는 스포츠 마케팅 경쟁에서 도태할 수밖에 없다.

무형의 권리를 마케팅 자산으로 활용하기 위해서는 해당 스포츠가 지니는 지적재산권의 상업적 사용이 로열티를 지불하여야 할 '경제재 經濟財' 임을 시장에 인식시키는 준비 단계와 이것이 본격적인 사업 영역임을 표방하는 사업화 단계로 구분하여 접근할 필요가 있다. 그렇지 않고 바로 사업화할 경우 사업의 성공을 담보하기도 어려울 뿐 아니라, 종국에 가서는 마케팅의 권리마저 행사하지 못하는 경우가 있을 수 있다. 이와 관련된 예는 2002 한일 월드컵 당시 대한민국을 붉게 물들였던 'Be The Reds'에 관한 상표권을 권리로 인식하고 이에 대한 사용이 로열티를 지불하여야 할 '경제재'임을 사전에 시장에 인식시키는 준비 단계, 사전에 상표권을 등록하는 절차만 있었더라도 이후 권리로부터 파생되는 로열티 수입은 상당하였으리라는 것은 미루어 짐작할 수 있다.

한편, 미 프로농구(NBA) 커미셔너 데이비드 스턴(Divid Stern)은 1982년 취임 이후 줄곧 마케팅 권리에 매우 민감하였고 결국 오늘날의 NBA가

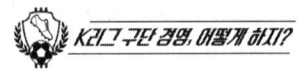

세계 최강의 마케팅 전략을 구사하며 미국 내 다른 스포츠 종목과 단체들로부터 벤치마킹 대상이 되고 있다.

— 프로스포츠 활성화 방안 / 2008. 6. 19 / P23 ~ 37

3) SK와이번스의 성공 사례

(1) 그때 상황

2006년 SK와이번스 프로야구팀은 8개 구단 중 최하위의 팀 선호도를 달리고 있었다. 성적은 6위였고 재미없는 야구에다 스타 선수도 없었다. 프랜차이즈로서 팀, 선수 이미지가 흐릿했고, 선수단 및 프런트의 변화 의지가 부족했다. 흥행에서는 관중이 33만 1,143명(평균 5,256명)으로 입장 수입이 8억 6천만 원에 그쳤다. 8개 프로야구단 마케팅 성과가 최하위였다. 줄어드는 관중 수, 구단 재무 구조 악화, 구단 가치 하락으로 마치 '산소호흡기로 연명하는 중환자'와 같은 형국이었다. 붕괴 직전의 절박한 상황에서 구해줄 구원투수의 등장이 절실했다.

(2) Sportainment in SK와이번스

스포테인먼트란 팬과 구단, 나아가 프로야구 전체의 행복, 성장, 혁신을 달성하기 위한 SK와이번스의 'concept'이 진화해 나가는 마케팅 전략이다. 그 중심에 신영철 사장이 있었다. '우승보다 두 배 관중이 좋다'라는 모토였다. 성적 상관없이 재미있는 야구로 80만 관객을 목표로 정했다. 2008년에는 문학 경기장에 75만 4,247명이 찾았다. 2006년에 비해 227% 이상 관중수가 증가했다. 2010년에는 인천 연고팀 최초 90만 관중을 돌파했고, 2011년에는 역대 최다 관중 신기록을 경신했다. 그 결과 광고, 상품화 사업 등 각종 구단 사업 영역에서 골고루 성장세를 보였다. 2011년 총매출 154억 원으로 2006년 대비 690% 성장했다.

"우리 경쟁사는 타 구단이 아니라 CGV나 에버랜드"라는 말도 했다. 경기

이겨야 관중 몰린다는 선입관을 버렸다. "야구장으로 소풍 가자!" 2009년 키워드였다. 야구장의 공간을 혁신했다. 이전에는 상상하지 못한 여러 공간이 경기장에 생겨났다. 바비큐 존, 파티덱, 키즈존, 가족석, 그린존, 새싹야구장이 등장했다. '어린이 놀이터'와 미니 열차인 '와이번스 트랩'이 설치됐다. 이만수 코치의 팬티 퍼포먼스, 이야기가 있는 불꽃축제, 와이번스 도그 등 팬을 향한 오락 요소를 강화했다. 어느 순간 SK와이번스는 최하위의 팀 선호도 구단에서 선도 구단이 되었다.

(3) 다시 생각해보기

SK와이번스 성공 사례에서 사장의 올바른 방향 설정과 추진력이 얼마나 중요한지 다시 한 번 절감하게 된다. 역시 추구하는 사람이 일을 성취한다. 정말이지 꿈같은 말을 하는 사람이 꿈같은 일을 성취한다. 아직 가야 할 길이 많지만 일단 1차 목표를 달성했다. 여기서 무엇을 배울 수 있는가?
어떻게 보면 SK와이번스가 해낸 일은 평범하다. 초특급 난이도의 난공사도 아니고, 신물질을 발명한 것도 아니다. 구단 역량으로 얼마든지 할 수 있는 일을 했을 뿐이다. 그리고 결과를 내었다. 쉽다. 어렵지 않다. K리그 22개 프로구단도 얼마든지 할 수 있다. 지금 점검해야 할 게 있다. 방향이 올바른가, 사무국 직원의 역량과 열정이 어느 정도인가, 추진력 지속력이 일을 성취할 수 있는 수준에 와 있는가? 2019년은 좋은 기회다. 무엇보다 그 모든 마케팅의 원천인 K리그 관중 증가는 절호의 기회를 제공하고 있다. 의식을 전환하여 통념을 깨고 새롭게 시작하기를 권유 드린다.

4) 지역밀착 마케팅에서 K리그 22개 구단이 고려해야 할 점

위에서 언급했듯이 K리그 22개 구단의 지역밀착 마케팅은 J리그의 지역밀착 마케팅의 종류와 크기에서 벗어나지 못하고 있는 듯한 분위기다. J리그와 K리그의 지역밀착 마케팅을 비교해보면 바로 드러난다. J리그 벤치마킹에서

영향받은 바가 크다고 여겨진다. 그만큼 창발성이 빈곤하다. 모방해서는 벤치마킹 대상을 결코 능가할 수 없다. 변화와 혁신이 절실하다. K리그 22개 구단이 지역에서 마케팅을 펼칠 때 고려해야 할 점이 있다. 무엇인가?

(1) 지역민이 필요로 하는 걸 하라

지금은 이런 면이 약하다. J리그에서 배운 것이나 구단에서 필요하다고 여긴 걸 선택하고 실행하고 있지 않는지 점검해야 한다. 이래서는 안 된다. 가성비가 약하면 인력 시간 재정의 낭비를 초래한다. 마치 깨벌레를 좋아하는 메기에게 옥수수를 미끼로 사용하면 조과를 올릴 수 없는 것과 비슷하다. 물고기처럼 생각하는 낚시꾼이 어망을 가득 채운다. 기획자를 가장 기획자답게 만드는 것은 무엇일까? '소비자의 목소리'를 가장 잘 듣는 것이다. 소비자의 생각과 태도, 행동을 정확하게 읽어낼 수만 있다면, 그 기획자는 날개를 단 셈이다.

지역민이 필요로 하는 마케팅을 선택하라. 이때 '필요'란 지역민 중 많은 사람들이 보다 빈번하게 이루어지길 바라는 과제다. 설문조사, 대화를 통한 면담조사, 공청회, 지역민들과의 심층 토론, 지역민의 생활을 지켜봄으로써 알아낼 수 있는 관찰조사, F.G.I를 통한 조사 등을 사용할 수 있다. F.G.I(Focus Group Interview)는 '표적 집단 면접'이라고도 불리는 조사 방법이다. 실제 현장에서 설문조사와 함께 가장 흔하게 쓰이는 조사 방법으로, 이는 표적 집단 중 8명 정도를 회의실 등에 모아 놓고 자연스럽게 대화를 나누면서, 그들로부터 알고 싶은 바를 끄집어내는 조사 방법이다.

(2) 보다 파급력 확장력이 큰 과제를 선정하라

'사랑의 연탄 나르기', '학교 점심 배식 봉사'. 이런 일회적이고 조그마한 과제는 효과가 적은 마케팅이다. 그리고 이런 일은 굳이 선수들이 하지 않아도 할 사람이 있다. 보다 파급력 확장력이 큰 과제를 선정하여 마케

팅의 가성비를 높여야 한다.

(3) 정부, 지자체, 기업, 시민단체 등이 하지 않고, 하지 못하는 과제 중 중요한 걸 하라

찾아보면 실제로 이러한 일들이 있다. 정작 지역 주민들은 절실하게 해주기를 바라지만 이들이 하지 않고 있는 과제들이 있다. 한 가지만 보기를 들면, '무료 공부방' 운영이다. 프로구단은 이걸 할 수 있는 역량을 얼마든지 가지고 있다.

(4) 후원하는 스폰서에게 후원 그 이상의 혜택을 돌려주라

받기만 하는 게 아니라 주고받는 관계로 만드는 것이다. 그것도 더 많이 주는. 후원사 홍보 광고는 물론이고 제품 판촉, 해외 수출 연결, 매출 증대 등 그 이상으로 돌려주는 것이다. 입소문 나면 스폰서 확보에 날개를 달게 될 개연성이 있다. J리그와 MLS(미 프로 축구)는 이걸 잘하고 있다.

(5) 지속적으로 하라

심사숙고하여 지역밀착 마케팅 과제를 선택한 후 다시 전문가의 점검을 통과한 과제를 선정한다. 이걸 지속적으로 하라. 절대로 형식적으로 일회적으로 하지 마라. 지속적인 것이 혁신을 낳는다. 물은 100도를 넘어서야 끓는다. 이때 액체가 기체로 변하는 질적인 변화가 일어나는 것이다. 성과를 내고, 더 큰 성과 낼 때까지 더욱 가속도를 붙여라. 조그마한 성과에 만족하지 마라. 계속 최고의 성과를 내고, 이게 다른 과제에 시너지 효과를 불러일으키게 하라.

(6) 미디어 노출을 극대화하라

미디어에 지역밀착 마케팅의 시작과 과정 그리고 성과를 수시로 알려라.

처음부터 끝까지 모두 하나도 남김없이 알린다는 자세로. 사람은 모르는 것에는 그 어떤 관심도 가질 수 없다. 자신이 인식하는 것만 생각할 수 있다. 서포터스와 구단에 우호적인 팬들의 도움을 받을 수도 있다. 미디어에 더해 이들이 만나는 사람에게 구단의 지역밀착 마케팅을 홍보하는 것이다. 만나면 이런저런 이야기를 하게 되고, 이때 이걸 이야깃거리로 내놓는 것이다.

(7) **가능한 구단 밖의 지자체, 시민단체, 교육기관, 개인 등과 협력하여 추진한다.**

물론 이때도 추진 주체는 구단이다. 시너지 효과가 저절로 발생한다. 이들을 지역밀착 마케팅의 든든한 우군으로 만들어야 한다. 특히 지자체가 능동적으로 협력하면 지역 내 기업의 마음을 움직일 가능성이 높아진다.

(8) **피드백을 통해 끊임없이 혁신하라**

문제없는 인생이 있는가? 없다. 완벽한 마케팅이 있는가? 없다. 도중에 수시로 그리고 마무리한 후에도 점검하고 평가하여 지역밀착 마케팅의 효과를 배가해야 한다. 마케팅 수혜자들의 의견을 듣는 것도 효과적인 방법이다.

5) 무엇을 할 것인가?

그때는 '중요하며 반드시 해야 할 일이다'라고 생각 들어 실행했지만, 지금 돌이켜 보니 하지 말아야 할 일이었다는 걸 깨달을 때가 종종 있다. 누구나 인식과 그 한계가 있다. 조직도 그렇다. 과제 선정에 적확해야 한다. 하지 않아도 될 일이나, 파급 효과가 적거나, 다른 곳에서 이미 하고 있는 일은 피해야 한다. 토론에 토론, 외부 인사의 검토, 거기에 다시 전문가의 감식을 거쳐 과제

를 선정해야 한다. 그 과제는 구단마다 다를 것이다. 여기서는 생각의 재료로 사용하기 위해 몇 가지를 개략적으로 제시한다. 먼저 제시한 것일수록 파급력 확장력이 큰 과제다.

(1) **스포츠클럽 운영**

이미 유럽의 사례에서 보듯이 스포츠클럽은 파급력 확장력 잠재력이 너무도 크다. 일개 프로 축구단과는 비교가 되지 않는다. 이걸 해내어야 한다. 그것도 가급적 빠른 시기에. 좀 더 자세한 내용은 '제3부 K리그 프로구단의 12대 핵심 과제' 중 '1. 프로 축구단에서 스포츠클럽으로'를 참고하기 바란다.

(2) **생활축구 활성화**

'제2부 K리그 프로구단의 5대 최우선 과제' 중 '4. 세계에 앞서 있는 생활축구 모범 지역(도시) 만들기'에 있으니 읽고 참고하기 바란다.

(3) **건강 증진 프로그램 실행**

적지 않은 현대인들이 '움직이는 종합병원'이다. 나이 들수록 더욱 그러하다. 각종 질병으로 삶의 질이 저하되고 개인 사회 국가가 부담하는 의료비용이 눈덩이처럼 불어나고 있다. 이걸 프로구단이 많은 부분 도울 수 있다. 지역 사회이기에 만나서 예방 방법을 깊이 있게 침투시킬 수도 있다. 크게 3분야로 나눌 수 있다. 건강 지식 전달, 음식 혁명, 헬스 트레이너를 활용한 운동이다. 더 자세한 건 '제3부 K리그 프로구단의 12대 핵심 과제'에서 더 자세히 다루겠다.

(4) **'무료 공부방' 운영**

J리그에도 이런 프로그램은 없다. 초, 중학생 중 기초수급자와 차상위 계

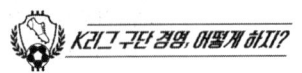

층 자녀를 대상으로 한다. 유급 상근 직원과 자원봉사 교사가 준비한 앞서 있는 초 중 교육과정을 가르친다. 월요일부터 금요일까지 방과 후에 1일 2~4시간 수업한다. 세계적인 인재 육성이 목표다. 물론 학교와 학원을 능가하는 양질의 교육 품질을 제공한다. 교과 공부뿐만 아니라 강연 듣기와 각종 특강, 독서의 습관화, 체육, 경제, 철학, 정신세계 등 다양한 프로그램을 전달한다. 격심한 경제 침체기에 부모의 학원비 부담을 없애준다. 학교에서 배울 수 없는 특별 분야의 교육과정을 수시로 제공하고 교육의 질도 제도권의 학교보다 월등하게 앞서는 게 목표다. 이걸 순차적으로 확장하여 지역에 여러 곳 둔다.

유급 상근자에게 직업을 제공하는 효과도 있다. 재정도 다양한 방법으로 확보한다. 이걸 필요로 하는 보다 많은 지역의 초 중학생에게 무료로 예사롭지 않은 공부 기회 제공이라는 명분과 가치를 선명하게 전달한다. 어떤 방법을 채택하느냐에 따라 자체적으로 독립하는 재정 확보도 가능하다. 정부, 지자체, 교육청, 공기업, 기업, 개인 등이 대상이다.

(5) '한글교실' 운영

한글을 읽고 쓰지 못하는 분들은 기억력이 비상하다. 수십 년 전의 일을 어제 일처럼 복원시켜 생생하게 재현해내기도 한다. 한글을 모르니 읽지도 기록하지도 못해 기억에 의존할 수밖에 없기 때문이다. 한편 불편한 점이 여간 아니다. 편지를 쓸 수 없고 버스 노선도 읽을 수 없다. 음식점의 차림표도 알 수 없다. 영화나 TV의 자막도 무용지물이다. 가장 곤혹스러운 건 자식들에게 무식하다고 무시당한다는 것이다. 이 원한을 풀고 싶어 하는 마음이 가득하다. 나이 지긋한 70, 80대 이상의 노인들에게 많다. 이들 중 한글을 배우고자 하나 배울 기회가 없어 못 배우고 있는 분들이 많다.

프로구단이 이걸 할 수 있다. 쉽게 할 수 있다. 행정과 운영진, 강사진을 조직하고 교실을 마련한다. 학생을 모집하고 교육과정을 수립한다. 도중에 교육청과 지자체와 협력하여 물적 제도적 도움을 받는다. 노인들로 구성된 학생들의 시집이나 수필집도 낸다. 지역의 문맹률을 거의 제로로 만들어드린다. 연극도 한다. 자식과 손자녀를 비롯하여 관객이 엄청 많을 수도 있다. 이때 구단 홍보는 톡톡히 된다. 틈틈이 구단의 K리그 관전도 한다. 이때는 전문 해설가가 옆에서 자세히 설명을 곁들여서 해드린다. 언론사에 보도자료를 주어 지역민이 모두 알도록 한다. 졸업식도 가지고 동기회와 동창회도 만든다. 문화해설사 등 취업도 알선한다. 결국 "정말 지역민의 프로팀이구나!" 하는 자발적인 인정과 애정을 이끌어낸다. 보여주기 식의 행사가 아닌 지속적이고 실제적으로 도움이 되는, 당사자가 진정 필요로 하는 과제를 찾아서 하는 게 중요하다. 이 역시 J리그에서 하지 않는 마케팅이다.

(6) 사회적 약자 지원

누가 사회적 약자인가? 고아, 독거노인, 병자, 빈곤층, 미혼모, 한부모 가정, 외국인 등이다. 이들 중 지원 대상자를 선정하여 매달 지속적으로 후원하여 실질적으로 생활에 매우 도움이 되도록 해주는 것이다. 일례로, 가난한 한 부모 가정을 경제적으로 돕는 방법을 찾아보자. 여럿 있다. 그 중 하나는, 연봉 3억 원 이상 선수와 이 가정이 결연하여 매달 100만 원 지원하는 것이다. 연봉 3억 원 이상이면 충분히 이렇게 할 수 있다. 선수 계약 시 서로 합의하여 문서화하는 것이다. 또 하나는, 분기별로 300만 원을 지원할 수 있다. 한 달에 100만 원이다. 재원 마련은 이렇게 한다. 구단이 축구 레슨 홍보한다. 레슨비는 1인당 3만 원이니 그리 부담이 되지 않는다. 35명(105만 원)이 참가한다. 여기에 구단이 100만 원, 미리 약정한 기업이나 개인이 100만 원을 내면 300만 원이다. 이걸 전달한다.

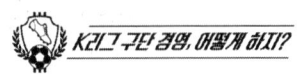

이 방법으로 매 분기마다 전달한다. 매주 레슨을 진행하니 여러 한부모 가정을 이렇게 도울 수 있다. 축구 레슨에 참가하는 학생은 한부모 가정을 돕는 후원자의 역할하는 결과가 된다. 방법은 얼마든지 있다. 깊이 천착할수록 더 효과적인 방법이 저절로 나온다.

(7) 적극적인 미디어 노출

구단의 지역밀착 활동을 지역 주민과 이해 당사자들에게 알리는 일이다. 누구나 인식하고 있는 일에만 관심을 가질 수 있다. 지역 TV나 라디오에 고정 출연 기회를 가지고 있으면 더욱 좋다. 필요하면 구단 자체 TV 방송국을 만들어 운영할 수도 있다. 여기서 프로구단의 스토리를 만들어 전파하는 것이다. 홍보 차량 운영도 좋은 방법이다.

거의 모든 프로구단이 페이스북, 트위터, 인스타그램을 비롯한 다양한 소셜 미디어 플랫폼에서 자신들의 콘텐츠를 홍보하고 있다. 양질의 정보를 원하는 충성도 높은 소수의 '진짜' 팔로워들을 지속적으로 확보하는 것이 장기적으로 중요하다.

(8) 풋살장 운영

퇴근 후 직장인이나 여가시간에 청소년들이 사용할 것이다. 대구 FC의 경우 풋살장을 소유하고 있으며 적극 활용하여 수익을 올리고 있다. 건강을 위해 퇴근 후 풋살을 하는 동호인 집단이 점점 증가하는 추세다. 이때 구단 소속 선수가 틈틈이 나가 5분 정도 기술을 가르쳐주는 것도 좋다. 마케팅의 기초 기본이 되는 관계 형성에 도움이 된다.

(9) 기업 후원 사업 개최

후원사 상품과 지역 매칭을 통해 후원사 상품을 알리고 판촉을 돕는다. 가능한 지역 후원사 판촉 활동에 구단 마스코트를 비롯하여 선수와 사무

국 그리고 서포터스가 참여한다. 한편 후원 기업이 선정하고 시상하는 선수 시상식을 시행할 수도 있다. J리그는 이걸 잘하고 있어 후원기업의 만족도가 높으나 K리그는 상대적으로 이게 없거나 매우 약하다.

⑩ 초청 강연회 개최

지역 주민들의 인식과 사유의 폭과 깊이 그리고 높이를 증폭 확산 고양시키는 행사다. 한 세계에서 일가를 이룬 전문가의 강연은 듣는 이의 의식 수준을 일거에 도약시킨다. 지역 주민 개개인이 자신의 인식과 그 한계를 계속 극복해갈 때, 그리하여 '충족의 심리'가 넘쳐날 때 지역의 행복지수가 상승한다.

⑪ 그 외

지식과 경험 그리고 '반드시 해내겠다'라는 열정을 바탕으로 지역 주민들의 요구를 반영하여 효과적인 지역밀착 마케팅을 펼칠 수 있다. K리그 22개 구단은 이걸 잘 해낼 수 있는 인적 물적 제도적 자원을 이미 갖고 있다. 지금은 최고의 성과를 낼 수 있는 절호의 기회다. 36년간 연습했다. 이제는 달라야 한다.

전부터 K리그는 J리그를 벤치마킹하고 있다. 그 영향인지 J리그의 마케팅을 벗어나는 것이 거의 없다. 그러면 J리그 지역밀착 마케팅이 어떠한가? 우리 상상 밖의 획기적인 사업이나 특출한 과제는 찾아보기 어렵다. 아래에서 보듯이 모두 상식적인 마케팅이다. 철저하게 지역 현실을 중시하면서 고객의 요구를 세밀하게 반영한다. 꾸준하고 부지런하다. '티끌 모아 태산'을 연상하게 한다. 물을 계속 가열하면 어느 순간 100도를 넘어 액체가 기체로 변하는 질량 전환이 일어나는 것과 비슷하다.

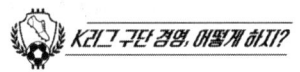

그런데 K리그는 이보다 더 잘할 수 있다고 확신하고 있다. 아직 전력투구 하지 않았을 뿐이다. J리그보다 더 효과적인 방안도 발굴할 수 있다. 이 책에도 여럿 있다. '구단 자립 기금 적립', '지도자 강습회 자체 운영과 조직', '지역 주민 통합 건강 증진 프로그램', '무료 공부방 운영' 등이다. 그동안 K리그의 J리그 벤치마킹 구단도 조금씩 바뀌어 왔다. 초기에는 니이가타 알비렉스, 우레와 레즈에서 가와사키 프론탈레, 오미야 아르디자, 제프 유나이티드 치바로, 지금은 반포레 고후가 특히 주목받고 있다. 이들 J리그 구단이 채택하고 있는 지역밀착 활동을 잠시 살펴보기로 하자.

지역 축제 및 행사 참여
아디다스 풋볼 파크 : 백화점 옥상
축구 박물관
클럽 스포츠 시설 오픈
에코 프로젝트 : 지역 내 청소 작업
노인 시설 스포츠 교실
초등학교 축구 클리닉
지역 가게에 구단 포스터 부착 : 상가연합회와 협력
가족 중심의 경기 관람 유도
교육청과 연계한 산수책 제작 : 선수 관련 문제 포함
1일 소방수, 1일 경찰
팬과 함께 하는 스폰서 투어
홍보 차량 운영
유소년 육성
매년 지역 초등학교에 '자' 선물 : 연간 12,000개
경기장 투어
경기장 개선 및 이용 다각화
캐릭터 상품 판매
선수와 팬과의 접점을 늘려주는 팬 서비스
스트레칭 교실
ABC 클럽 모임 결성 : 파트너 기업들
프론탈레 바나나 : 스폰서 협약으로 지역 바나나 포장지에 구단 이미지 표출
선수 참가 지역 밀착 활동
지자체 연계 프로그램 참가
지역사회 고용 확대
그 외

"이전에 한 번도 성취한 적이 없는 것을 성취하려면
이전에 한 번도 되어본 적이 없는 사람이 되어야 한다"
-- 레스 브라운

제**3**부

K리그 프로구단의
12대 핵심과제

01
프로 축구단에서 스포츠클럽으로

1) 관련 정보와 현재 추세

상황 파악은 문제 해결의 출발이요 시작이다. 종합스포츠클럽(또는 공공스포츠클럽)에 대한 정부와 프로연맹의 입장은 확고하다. 이걸 하루속히 도입하려고 하고 있다. 현재 종합 스프츠클럽다운 종합스포츠클럽(이하 스포츠클럽)이 한국에는 한곳도 없다. 정부, 지자체, 프로구단, 기업, 개인 등 앞으로 누군가는 이걸 실행할 것이다. 이미 경쟁이 시작되었고 선점하는 게 시급하다. 아래 보도를 통해 스포츠클럽 관련 정보와 현재 추세를 일정 부분 이해할 수 있다.

(1) 시, 도민구단의 종합형 스포츠클럽, 이젠 지행합일(知行合一)이다

종합형 스포츠클럽은 구조적으로 연고지와 결합이 취약하고 지역민과 스킨십 범위가 한정적인 K리그, 그중에서도 시·도민구단 현실을 바꿀만한 카드로 불린다. 북유럽에서 발전한 종합형 스포츠클럽은 건강관리와 사교의 장이자 프로 선수의 운동 공간이며, 사회통합과 청소년 교육 정책 수단으로도 인식됐다. 이는 지역 체육시설을 거점으로 지역민에게 다양한 종목의 생활체육 프로그램과 지도자를 제공하는 개방형 비영리법인이다.

K리그는 기껏해야 한 시즌 홈경기 영업일수가 30일 남짓이다. 팬들과 지속적 소통으로 유대관계를 맺는 게 사실상 불가능한 구조다. 축구로만 접점을 찾는 것보다 다양한 생활 스포츠로 교류의 장을 늘려 지역 호응을 끌어내는 게 종합형 스포츠클럽의 궁극적인 목적이다. 이를 바탕으로 축구뿐 아니라 다른 종목도 확대, 스포츠의 순기능을 살리는 데 있다.

대표적인 성공 사례로 꼽히는 건 일본 J리그 쇼난 벨마레다. 지난 1999년 모기업 부도로 2부 강등 위기를 맞은 쇼난은 시민구단으로 전환, 2002년 비영리법인 설립을 통해 종합형 스포츠클럽을 운영했다. 지역 밀착형 행보로 홈 관중이 7년 만에 4500명에서 6500명으로 증가했고 연고 문화 정착으로 이어졌다.

"좋은 건 알겠는데…" K리그 구단은 왜 추진 꺼리나

"솔직히 몰라서 안 하는 게 아니죠. 하면 좋죠. 그런데 사장들이 다 (구단을) 거쳐 간다고만 생각하니…" 도민구단에서 근무한 적이 있는 A 씨는 기자와 통화에서 이런 말을 했다. 결국 K리그 내 종합형 스포츠클럽은 '지행합일(知行合一)'의 문제란 것이다. 정치적으로 휘둘릴 수밖에 없는 시·도민구단에서 단명하는 수장들로서는 종합형 스포츠클럽처럼 장기적인 비전으로 추진해야 하는 사업에 손 얹는 것을 꺼린다. K리그 한 관계자는 "대전만 봐도 21년간 17번의 사장이 바뀌지 않았느냐"라며 "어느 사장이든 축구단에 오면 1~2년 이후 나간다고 여긴다. 굳이 추진할 이유가 없는 것"이라고 말했다. 기업구단도 마찬가지다. 대체로 퇴임 임원이 사장직에 앉으면서 '말년 병장'처럼 행동하는 건 옛일이 아니다. 종합형 스포츠클럽의 가치에 대해서 공감대 형성은 됐지만, 딱 거기까지다.

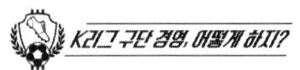

종합형 스포츠클럽은 생활체육 확대로 공공 스포츠클럽을 45곳(2017년 7월 기준)에서 2022년 226곳으로 늘린다는 현 정부의 계획과 맞물려 있다. 대한체육회도 기존 자격 요건을 완화, 행정적으로 지원 사격에 나서고 있다. 그럼에도 많은 구단이 행정적으로 지레 겁을 먹어 망설이는 편이다. 기자가 여러 시·도민구단 관계자와 통화해본 결과 부지 확보에서부터 시설, 비영리법인 설립에 따른 인력 증대 등을 부담스러워했다. 그러나 K리그 관계자는 "비영리법인 설립으로 지원금 5000만 원을 받을뿐더러 대한체육회에서 최대 9억 원까지 지원하고 있다"라며 "지자체 스포츠클럽 운영 지역에서 10%를 책임지도록 했으나 이 역시 다음 연도로 유예하기로 했다"라고 말했다.

또 "인구 20만 이상이면 56개 정식종목 중 최소 5개 종목을 운영하도록 했으나 최근 요가, 필라테스 등 비정식 종목이나 지역민 참여도가 높은 종목도 포함할 수 있게 됐다"라고 강조했다. 흔히 구단에서 보급반을 운영하는 것과 궤를 같이한다는 것이다. 지자체에 애물단지로 전락한 여러 공공체육시설도 얼마든지 활용할 수 있다. 이 관계자는 "쇼난 구단이 시설을 위탁받아서 시작했다. 지자체는 공공시설을 두고 돈도 많이 들고 어떻게 운영할지 고민하는데 프로 구단은 노하우를 지녔다"라며 "종합형 스포츠클럽을 통해 지자체는 운영비가 줄어들고, 구단은 지역민에게 존재를 알릴 기회를 만드는 것이니 '윈-윈'이 가능하다"라고 했다.

오해 풀고 적극적인 지원+관심…참된 본보기 만들자
이제까지 종합형 스포츠클럽 운영에 의지를 보인 구단이 없었던 건 아니다. 다만 지역 체육계에서 프로 구단에 운영권을 줌으로써 자리를 빼앗길 수 있다는 분위기가 조성됐고, 지역 내 알력 싸움과 종목별 형평성 논란을 일으킬 수 있다는 지적이 나왔다. 결국 구단과 지자체가 지역민과 접점을

넓히고 상생하는 데 공통 목표가 있는 만큼 보장 인식을 심어주는 데서 시작해야 한다. 그리고 참된 본보기, 모델이 등장해야 한다. 구단의 적극적인 의지와 실행을 끌어낼 만한 계기가 있어야 한다. 다행히 최근 지방을 연고로 한 기업 구단 두 곳이 종합형 스포츠클럽 운영을 추진하고 있다.

K리그 관계자는 "체육회와 협의를 통해 추진 구단에 대한 적극적인 지원과 관심을 두고 있다"라며 "단기 수익 사업이 아니라 그야말로 지역민을 대상으로 구단 아이덴티티를 강화하고, 스포츠의 순기능을 심어준다는 의식에서 시작돼야 할 것"이라고 말했다.

— 스포츠서울, 2018. 5. 11. 김용일 기자

(2) 프로축구연맹 "기업구단 2곳 추진 중".. 연고의식 강화 기대

프로 축구 구단이 지역 내 생활체육 거점이 될 종합형 스포츠클럽을 운영하며 지역사회와 함께 상생하는 쇼난 벨마레와 같은 사례가 국내에서도 시도된다. 한국프로축구연맹은 17일 프로 축구 K리그 구단이 주체가 돼 비영리법인을 통한 종합형 스포츠클럽을 설립해 운영하는 방안을 연구 중이라고 설명했다. 연맹 관계자는 "현재 지방을 연고로 한 기업구단 두 곳이 종합형 스포츠클럽 운영을 추진 중"이라며 "연맹도 적극적으로 지원할 예정"이라고 밝혔다. 종합형 스포츠클럽은 지역의 체육시설을 거점으로 지역민들에게 다양한 종목의 생활체육 프로그램과 지도자를 제공하는 개방형 비영리법인 클럽이다. K리그의 종합 스포츠클럽 운영은 생활체육 확대를 위해 공공 스포츠클럽을 45곳(2017년 7월 기준)에서 2022년 226곳으로 대폭 늘린다는 현 정부의 국정 계획과도 맞물린 것이다. 축구 구단이 종합 스포츠클럽을 운영하는 것은 일본만의 일이 아니다.

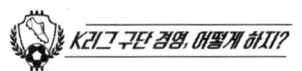

독일 분데스리가 바이에른 뮌헨이 산하 스포츠클럽을 통해 농구, 볼링, 체스, 체조, 핸드볼, 탁구까지 다양한 종목의 팀을 운영 중인 것을 비롯해 스페인, 포르투갈, 터키 축구팀 등도 스포츠클럽을 운영 중이라고 연맹은 설명했다. K리그도 모든 구단이 유소년 축구 클럽을 운영하고 있어 스포츠클럽 운영 노하우를 이미 갖춘 데다 대부분의 구단이 지역 내 주요 체육시설을 홈구장으로 사용하고 있어 시설 확보도 어렵지 않은 상황이다. K리그 구단이 종합형 스포츠클럽을 운영하면 지역 주민들로서도 생활체육 접근성이 높아져 좋지만, 구단 입장에서도 단순한 사회 공헌 활동을 넘어서 연고지와 한층 밀착하는 효과를 볼 수 있다.

쇼난 벨마레의 사례처럼 궁극적으로는 관중 증대로 이어져 K리그 구단의 자생력 확보로도 이어질 수 있다며 연맹은 기대하고 있다. 연맹은 "관련 법을 통해 종합형 스포츠클럽에 대한 국가와 지방자치단체의 지원 근거도 마련됐다"라며 "각 구단의 적극적인 의지와 실행이 관건"이라고 말했다.

― 연합뉴스, 2018. 4. 7, 고미혜 기자

(3) '공공스포츠클럽 종합정보시스템' 홈페이지 오픈… 공공스포츠 접근성 높아진다

대한체육회(회장 이기흥)가 2019년 7월 8일 공공스포츠클럽 종합정보시스템 홈페이지를 공식 오픈했다. 공공스포츠클럽은 지역의 체육시설을 거점으로 다계층 다연령대의 회원에게 다목적 다수준 프로그램을 저렴한 비용으로 제공하는 지역기반 스포츠클럽(비영리법인)으로, 문화체육관광부와 대한체육회가 추진하고 있는 사업이다. 대한체육회 측에 따르면 공공스포츠클럽 설립 사업을 통해 유아부터 노인층까지 누구나 집 근처 스포츠클럽에서 저렴한 회비로 우수한 지도자에게 운동을 배우며 커뮤니티

활동을 할 수 있도록 돕고 있으며, 2019년 총 97개를 포함, 2022년까지 전국 시, 군, 구에 1개씩 약 228개의 스포츠클럽 육성을 목표로 한다는 설명이다.

새롭게 개설된 종합 정보시스템 홈페이지에는 공공스포츠클럽 사업 안내는 물론 전국 공공스포츠클럽 현황 등 각종 정보를 확인할 수 있다. 또한 메인 홈페이지를 통해 전국 공공스포츠클럽 개별 홈페이지에 접속할 수 있으며, 위치 기반을 통해 가까운 스포츠클럽 검색 및 운영 종목도 검색 가능하다. 각 개별 스포츠클럽 홈페이지에 올라오는 새 소식과 사진, 동영상 등은 종합 정보시스템의 메인 홈페이지의 커뮤니티 게시판에 자동 연동으로 업데이트되어 각 클럽에서 진행되는 행사나 프로그램에 대한 내용 등도 수시로 확인할 수 있다.

문체부 관계자는 '공공스포츠클럽 종합정보시스템 홈페이지 오픈으로 PC나 모바일을 통해 수시로 스포츠클럽 소식을 확인하고 프로그램 정보를 제공받을 수 있는 환경을 만들게 됨으로써 공공스포츠클럽이 국민들에게 더 가까이 다가갈 수 있는 계기가 될 것으로 기대한다'라고 전했다.

―― 파이트타임즈

2) 스포츠클럽은 시대의 요청이다

왜 지금 스포츠클럽인가? 그 해답은 이미 위의 3건의 보도에 나와 있다. 사회체육에서 앞서 있는 유럽, 미국, 일본 등의 성과에 고무되어 정부는 스포츠클럽 개설과 활성화 작업을 이미 시작했다. 관련 제도를 정비하고 지원을 늘려가면서 스포츠 생산자인 종목별 프로연맹과 프로구단에 추진을 장려하고 있다. 여기에다 국민들의 건강에 대한 욕구가 커지면서 언제 어디서나 누구나 스포츠를 즐길 수 있는 환경을 만들어주기를 요구하고 있다. 이런저런 요인

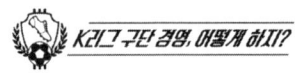

들이 복합적으로 맞물려 스포츠클럽 개설과 운영이 시대의 요청이요 대세가 되어 가고 있다. 이걸 조금 더 자세히 들여다보면 이러하다.

(1) **생활체육 시대의 도래**

엘리트 체육에서 국민의 건강 증진과 여가 선용을 위한 생활체육으로 정책이 바뀌었다. 기존의 소수의 엘리트 체육으로는 이걸 충족시킬 수 없고, 스포츠클럽으로 가능하기 때문이다. 국민 소득이 3만 달러를 넘어섰고 주 52시간 노동시간으로 여가 시간이 많이 생겨났다. 여기에다 삶의 질이 향상되면서 스포츠로 더욱 건강을 유지하고 증진시키려는 욕구가 강하게 분출되고 있다.

(2) **120세 시대, 유병 장수 시대에 건강에 대한 절실함 증폭**

100세 시대를 넘어 120세 시대를 추구하지만 나이 들수록 대부분 '유병 장수'로 요양원에서 고생하다 생을 마감하는 추세다. 80% 이상이 요양원에서 삶을 마치게 되고, 갈수록 이 수치가 가파르게 증가하고 있다. 요양원이나 병원의 병상에서 힘들게, 오래 투병하지 않고 건강하게 살다 가는 방법을 찾게 되고, 이때 스포츠가 대안으로 등장하고 있다.

(3) **국가, 사회, 가정이 부담하는 비용 감소의 필요성 대두**

2019년 현재 국민의료보험조합이 제공하는 의료비 부담률이 63% 정도다. 37% 정도가 의료보험 비급여이며, 치료에 첨단 과학 의료기술이 적용될수록 급여에서 제외된다고 보면 거의 틀림이 없다. 이는 개인에게 큰 부담이 되고 있다. 국민의료보험조합이 2018년 적자로 돌아섰다. '문케어'로 인해 앞으로 적자폭이 갈수록 눈덩이처럼 불어날 것으로 예상된다. 이걸 해마다 국가 재정으로 보전해야 하니 이 역시 크나큰 부담으로 작용한다.

장기 요양 보험은 3년째 적자다. 고령화로 지난해에는 6,101억 원 적자를 내었고, 보험료율도 6%, 7.3%에서 8.51%로 올랐다. 건강보험료를 내면 8.51%가 장기 요양 보험료로 적립된다. 2018년 7월 현재 1조 3689억 원이 적립되어 있으나 2022년 고갈될 예정이라고 한다. 국민의 보험료 부담을 늘려 적립금을 많이 쌓는 것이 능사가 아니라는 지적도 나온다. 정무성 숭실대 사회복지학과 교수는 "노인 질환 발병률을 낮춰 장기요양 서비스를 받는 노인 인구 증가를 최소화하는 것이 중요하다"라고 말했다. 국민의료보험공단이 2년마다 정기 건강검진을 실행하는 것은 조기 진단, 조기 치료로 의료비 부담을 낮추고자 하는 의도도 있다. 곳곳에 에어로빅 교실, 찾아가는 치매 예방, 식생활 개선 캠페인 등을 운영하는 것도 이와 무관하지 않다. "스포츠에 1% 투자하면 환자가 3.4% 줄어든다"라는 연구 보고 그대로 스포츠클럽은 이러한 정부의 의료비 부담을 덜어주는 역할도 일정 부분 담당하게 된다.

(4) 국가경쟁력 제고의 필요성 대두

사회체육이 잘된 나라일수록 노동생산성이 높다. 병원비로 지불하는 비용도 상대적으로 적다. '라인강의 기적'을 이룬 바탕이 '골든플랜'이라는 연구 조사도 여럿 있을 정도다. 공부도 엉덩이로 한다. 연구 개발도 체력으로 한다. 강한 체력이 집중력의 원천이다. 스포츠클럽 활성화는 알게 모르게 국가경쟁력을 성큼성큼 향상시킨다. 노인이지만 스포츠로 건강한 노인은 얼마든지 생산 활동에 참여할 수 있다.

(5) 학생들에게 '스포츠'라는 여가 선용 무대 제공

학교 엘리트 체육에 이전과는 다른 변화가 일어나고 있다. 정치 경제 사회 문화뿐만 아니라 어느 분야에서나 정부 규제는 시장(현장)에 결정적인 충격을 준다. 불법으로 단속하자 '바다 이야기'가 순간에 사라졌다. 학교

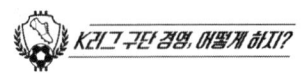

축구부도 모든 수업 후 연습하는 팀이 빠르게 늘어나고 있다. 감독 코치 선수가 좋아서 이처럼 하는 게 아니다. 교육청의 결정사항, 지시사항이기 때문이다. 위장전입이 어렵게 되었다. 초 중은 합숙소 운영도 못하게 되었다. 앞으로 고교까지 이어질 것이다. 학교 축구부가 클럽축구로 빠르게 전환되고 있다. 축구팀이 학교에서 학교 밖으로 옮겨가고 있는 중이다.

학생들은 주 5일 수업으로 토, 일요일이라는 개인 자유시간이 생겼다. 청소년기의 화수분 같은 에너지는 스포츠로 향하고 있다. 국가는 마음껏 젊음을 발산할 수 있는 스포츠 환경을 만들고 충실하게 운영해야 할 필요성을 느끼고 있다. 청소년 문제가 심대한 사회 문제로 대두되고 있는 오늘날 스포츠는 청소년에게 다양하고 효과적인 순기능을 제공한다. 스포츠 자체가 교육으로서의 기능을 한다. 스포츠를 하는 과정을 통해 협동심, 인내심, 존중, 규칙 준수, 희생, 리더십, 창조성 등등을 저절로 배우게 된다. 잠재적 교육과정으로서의 역할이 매우 크다. 청소년과 유아들이 스포츠에 참가하는 시간이 많을수록 학교 가정 사회 국가가 그만큼 건강해진다. "건강한 신체에 건전한 정신이 깃든다"라는 말 그대로다.

3) 스포츠클럽 설립 시 고려할 점

(1) 먼저 설립하여 선점하라

'공공스포츠클럽' 설립을 장려하는 문화체육관광부와 대한체육회, 프로야구를 비롯한 타 프로구단, 기업이나 시민단체보다 가장 먼저 스포츠클럽을 설립하여 선점하라. 지역에서 '최초와 유일'의 포지션을 만들라. 특히 한국에는 5대 도시를 제외하고는 한 지역이나 도시에 2개 이상의 스포츠클럽을 만들 수 있는 시장의 크기가 아닌 경우가 많다.

(2) 협력하고 활용하여 만들어라

정부 기관, 지자체, 공기업, 대기업, 교육청, 지역의 여러 단체와 개인을 최대한 활용하라. 재정 시설 제도 행정 등등에서 매우 유리하다. 이들과 함께 스포츠클럽을 만들어간다고 생각하면 된다. 단, 어떠한 경우든 주체는 프로구단이 되어야 한다.

(3) 유럽의 스포츠클럽을 충분히 벤치마킹하되 선택은 한국의 지역 실정에 맞게 하라

벤치마킹은 '후발성의 이점'을 제공한다. 시간과 노력을 줄여준다. 이 바탕 위에서 창발성을 더해가면 된다. 한국은 유럽과 다른 생활 패턴과 문화가 있다.

(4) 가능한 몇 종목으로 먼저 시작하라

이후 점차적으로 넓혀 가라. 위에서 말한 선점과 관련이 있다. 지역 주민들의 의견을 수렴하여 몇 종목을 선정하여 시작한다. 5개 종목 이상이면 된다. 어른들은 주로 배드민턴 탁구 족구 등을 선호하며, 학생들은 축구 풋살 농구 등을 많이 즐긴다. 그다음에 계속 외연을 확장해간다. 바둑 요가 등 보다 쉽게 실행할 수 있는 종목도 있다.

(5) 뛰어난 지도자 채용과 수준 높은 재교육으로 참여자의 만족도를 계속 높여가야 한다.

지도자의 역량과 서비스 수준이 스포츠클럽 발전에 결정적으로 작용한다. 코치는 참여자가 만나는 스포츠클럽의 최일선 직원이다. 지도자의 서비스에 의해 고객의 스포츠클럽에 대한 만족도가 정해지는 것이다. 지도자 평가 시스템을 만들어 활용한다. 승진과 보수 그리고 재계약에 반영한다.

(6) **스포츠클럽 설립 준비 시 필요한 분야를 '외주'(外注) 주면 추진력을 높일 수 있다.**

스포츠클럽 설립은 방대한 업무다. 프로구단 사무국에서만 맡아 하기에는 업무 부하가 많다. 이때 필요한 분야를 수시로 외주를 주면 업무 추진력을 크게 높일 수 있다. 아르바이트도 적극 활용하라. 예상 밖으로 역량 있는 뛰어난 인재들이 많이 있다. 정확하게 빠르게 추진할수록 업무 피로도를 줄이고 저항을 보다 효과적으로 돌파할 수 있다.

(7) **각 종목별로 연령별 '선수반'을 두면 클럽 활성화와 참여자의 동기부여를 촉발한다.**

바르셀로나 스포츠클럽은 12만 명 수용의 경기장과 2만 명 좌석의 보조경기장을 갖고 있다. 1만 명 규모의 체육관도 있다. 그 옆에는 아이스링크가 있다. 이 외에도 여러 종목의 자체 경기장과 연습장을 여유 있게 소유하고 있다. 농구 핸드볼 아이스하키 등 여러 종목에서 국제 대회에서 우승하는 등 활발하게 움직이고 있다.

이처럼 종목별 선수반을 두고 대회나 리그에 참가하면 클럽을 보다 활성화하는 역할을 하게 된다. 자신의 기량을 높이려는 선수 각자의 자발적 참여와 노력이 클럽에 활기를 불어 넣는다. 어린 선수에게 목표를 주고 동기부여하는 결과로 나타난다. 이 과정에서 선수 부모와 가족의 관심과 적극적인 참여가 나타날 수도 있다. 스타 선수가 등장하면 여러 가지 시너지 효과가 발생한다. 대회에서 꾸준히 탁월한 성적을 내면 폭발적인 회원 증가로 연결된다.

⑧ 스포츠클럽 시설을 전지훈련 장소와 종목별 전국 대회 개최지로 적극 활용한다.

기존의 인력 시설 장비와 운영 노하우를 활용하는 것이다. 지역 상권 활성화는 보너스다.

⑨ 타 지역과 해외에 스포츠클럽의 노하우를 전파하고 수출한다.

가능하면 외국의 한 나라의 스포츠클럽 설치와 운용에 대한 프로젝트를 맡으면 더욱 좋다.

⑩ 'B & I team'(Benchmarking & Innovation team)을 두어 지속적으로 운영을 혁신한다.

"혁신과 마케팅만이 수익을 내고 나머지는 모두 소모되는 비용이다"

—— 피터 드러커

4) 추진 로드맵

여기에 제시하는 추진 로드맵이 정답 중의 하나가 될 수도 있다. 정답이 아닐 수도 있다. 생각을 전개해 가는데 필요한 하나의 참고 자료가 되기를 바란다. 여러분은 반드시 더 좋은 과정을 찾아낼 것이다.

⑴ 태스크포스 팀(Task Force Team 임시 업무 조직) 조직

반드시 필요하다. 이곳에서 사업의 책임 부서를 명확히 규정해야 한다. 전략 사령부인 동시에 정예 부대다. 인력을 조직한다. 해외 모범 사례를 수집하는 등 스포츠클럽의 상황을 파악한다. 관련 국내외 제도를 확인한다. 필요한 자원을 점검한다. 회의 준비를 하고 안건을 제시한다. 이 외이 사업에 대한 거의 모든 일을 담당한다.

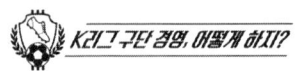

(2) **설계도 작성하기**

일별하여 사업 구조와 추진 과정을 알 수 있는 설계도를 만든다. 이 설계도는 구단의 대표가 바뀌어도 변하지 않고 지속적으로 추진한다. 설계도의 완성도가 높을수록 더 빠르게, 더 효율적인 스포츠클럽을 만들 수 있다. 일종의 추진 로드맵이다.

(3) **추진하기**

정해진 담당자(또는 팀)가 주어진 업무를 추진한다. 모든 업무에는 달성해야 할 시점이 있어야 한다. 정기적으로 추진 상황을 점검한다. 업무량이 많아 외주나 아르바이트를 사용해야 할 경우가 많을 것이다. 이때 주저 없이 이들을 활용하라. 추진력이 배가된다. '필요는 발명의 어머니'이고, 인간 세상에는 하는 만큼 이루어진다.

02
세계에 앞서 있는 〈지도자 강습회〉와 '평생교육 프로그램' 운영

1) 감독 코치, 왜 평생교육에 치열해야 하는가?

(1) 자기 자신을 성장시키기 위해서다

지금은 평생학습 시대다. 학습의 첫 번째 수혜자는 자기 자신이다. 공부할수록 의도적 구조적 과학적 통합적으로 가르칠 수 있다. 감독 코치 스스로 자신의 지도에 대한 만족도가 높아지고 자신이 자랑스러워진다. 긍정적인 자기 이미지가 형성된다. 날마다 자신이 가르칠 다음 수업이 기다려진다.

(2) 더 잘 가르치기 위해서다

감독 코치는 선수의 목표 달성에 깊은 책임감을 가지고 있어야 한다. 책임감은 인격자가 반드시 가지고 실천해야 할 덕목이다. '어떻게 하면 지금보다 더 잘 가르칠 수 있을까?'에 끊임없이 천착해야 한다. 매 수업 시 현저하게 탁월한 교수학습 능력으로 최고의 지도를 해야 한다. 영(靈)과 혼(魂)을 던져서 바람직한 변화를 이끌어내어야 한다. 매 수업 시간마다 경기력 향상에 전력투구해야 한다. 날마다 이 세계에서 가장 효과적으로 축구를 가르치겠다는 결의와 그 실천을 해내기 위해 총력을 기울여야 한다.

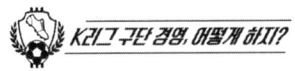

(3) 자신의 목표 달성을 위해서다.

"감독의 종류는 단 두 가지이다. 하나는 해고된 감독이며, 또 하나는 앞으로 해고될 감독이다"

—— 켄 레플러

한국 축구계는 감독 코치가 팀 수에 비해 훨씬 많다. 포화상태다. 동시에 감독 코치의 당쟁 시대다. 언제 어디서나 누구에게나 공부하는 만큼 목표 달성에 더 가까워진다. 혹시 스페인 대표팀 감독이 되고 싶은가? 오직 공부뿐이다. 공부하면 길이 열린다. 공부하면 저절로 세계 경쟁 우위를 가지게 된다. 공부할수록 더 높은 레벨의 리그에서, 더 좋은 성적으로, 더 오래 지도할 수 있다.

(4) 현저하게 탁월한 선수를 계속 배출하기 위해서다

오래 지도자 생활을 해도 뛰어난 선수를 육성하지 못하는 이유가 무엇인가? 여럿 있지만 가장 근원적인 이유 중의 하나가 감독 코치가 공부를 하지 않기 때문이다. 반면에 공부하는 만큼 거기에 비례하여 그 공부만큼의 역량을 가진 선수가 등장한다. 한결같이 공부하면 저절로 자신감이 생기고, 지도력이 나날이 향상된다. 뛰어난 선수가 배출될 수밖에 없다.

(5) 선수들에게 장차 세계적인 지도자가 될 수 있는 토대를 마련해준다.

선수 입장에서 공부하는 지도자를 만나는 건 크나큰 행운이다. 공부하는 감독 코치는 수업 전 강의실에서 매일 그날 연습할 과제에 대한 이론을 밝게 가르친다. 이해시키고, 즉 선수를 이론에서 감독 코치로 만든 다음 연습하는 것이다. 수업 내용을 이해시키지 않으면 연습에 들어가지 않는다. 연습도 차원이 다른 경지를 보여 준다. 계획적 구조적 과학적 통합적으로 준비한 교수학습지도안 그대로 지도한다. 이론과 연습, 이 과정 모두에서 앞서 있는 코칭 철학이 선수들에게 침투된다.

매일매일의 선수 지도가 이러하여 대한축구협회의 '지도자 강습회'를 넘어서는 것이다. 그리하여 선수가 배우는 것 자체가 저절로 지도자 공부가 되는 것이다. 여기에다 개인 시간을 자기주도적으로 활용하는 방법도 전수한다. 독서의 습관화도 이루어진다. 선수가 이렇게 배우면 은퇴 후에 유능한 코치 감독이 되지 않을 수 없다. 공부하는 감독 코치만이 이런 선물을 선수들에게 줄 수 있다. 그 누구도 자신이 갖지 못한 걸 남에게 줄 수 없다.

(6) **지식과 경험 전파로 한국 축구 지도자들의 지도력을 한 단계 이상 성숙시키기 위해서다.**

만약 한국의 모든 코치 감독이 매일 7시간 이상 축구를 공부한다면 어떤 일이 벌어질까? 가히 혁명적인 결과가 나타날 것이다. 세계의 나라별 축구 지도자 지도력을 측정했을 때 단연 한국이 1위가 될 것이다. 뛰어난 선수들이 한없이 등장하여 세계의 프로 리그를 평정해버릴 것이다. 프로선수 수출 1위의 나라가 될 것이다. 해마다 축구산업으로 최소 100조 원 이상 벌어들일 것이다.

2) 왜 일개 프로구단이 이 둘을 조직하여 운영하려고 하는가?

그것도 대한축구협회(이하 협회)의 〈지도자 강습회〉와 유럽 축구 선진국의 〈지도자 강습회〉를 능가하는 것은 물론이고 세계 최고를 목표로 하는 〈지도자 강습회〉를 왜 만들어 운영하려고 하는가? 반드시 필요해서다. 협회의 〈지도자 강습회〉와 '보수교육'만으로는 뜻을 이루기 어렵기 때문이다. 그리하여 누가 해주지 않기에 구단 스스로 하려고 하는 것이다. 이게 있어야 목표를 성취할 수 있기에 그러하다. 여기에서 이루고자 하는 목표가 무엇인가?

(1) 프로구단 소속 감독 코치의 지도력 배가

"학교를 획기적으로 발전시킬 수 있는 두 가지 방법이 있다.
 더 나은 교사를 확보하라. 기존 교사를 개선하라."

― 토드 휘태커

프로팀, 프로 유스, 생활축구 코칭스태프 모두가 대상이다. 이들에게 앞서 있는 〈지도자 강습회〉와 '평생교육 프로그램'을 제공하여 지도력을 계속 향상시키는 것이다. 목표는 세계 최고 수준이다. K리그 22개 구단 거의 전부가 소속 감독 코치의 '평생교육 프로그램'이 없거나 부실하다. 제대로 된 실행이 있는가? 여기에다 선수 지도는 감독 코치의 고유 권한이라고 규정하여 사무국이 관여하지도 않는다. 이게 올바른가? 전혀 아니다. 지금처럼 해서는 여전히 세계적인 선수 육성이 불가능하다. 국제 대회에서 성적도 기대하기 어렵다.

한 연구 결과에 의하면, 지도자 중 대다수는 자신은 지도 경험이 많고, 지도 내용이 좋으며, 선수를 인간적으로 이해하고, 선수 지도와 경기 전략 수립에 있어서 다른 지도자에 비해 월등하다고 생각한다. 그리고 다른 지도자들보다 거짓말도 덜하며, 양심적이며 능력 있는 지도자라고 생각한다. 또한 다른 지도자들은 자신에 비해 거짓말을 할 가능성이 3배 정도 높고, 지도 방식이나 지도 내용이 뒤떨어져 있으며 좋은 성적을 내지 못할 가능성이 크다고 생각한다. 내 방식이 최고이기 때문에 선수는 내 방식으로 따라야 한다고 믿는다는 것이다.

― 베스트일레븐 2008년 11월 호 p48

그런데 선수와 학부모가 이렇게 생각하고 있는가? 그런 경우도 있다. 하지만 그렇게 생각하지 않는 경우가 훨씬 더 많다. 선수 학부모가 많이 가입해 있는 한 축구 카페의 '익명 토론방'에는 감독 코치에 대한 불만과 지

도자들의 비리에 대한 폭로가 끊이지 않고 올라오고 있다. 비등점을 지나 폭발 직전에 와 있다는 느낌을 준다. 한국의 감독 코치는 공부를 더 해야 한다.

구단 사무국이 나서야 한다. 구단 소속 감독 코치가 세계적인 선수를 한결같이 배출하면 구단 사무국이 나서지 않아도 된다. 전혀 그렇지 못하기에 구단 사무국이 도와야 한다. 소속 감독 코치에게 지속적으로 '평생교육'(재교육) 기회를 제공하여 세계 경쟁 우위를 소유하도록 지원해야 한다. 그리하여 만나는 고객(선수, 학부모, 생활축구 참여자)에게 '서비스'와 '지도력'에서 '매우 만족' 평가를 받아야 한다. 이럴 때 장차 타 스포츠 클럽과의 경쟁에서 이기고, 지속적으로 성장 발전할 수 있다. 해외 무대로도 진출할 수 있다.

(2) **한국의 감독 코치에게 '평생교육' 기회 제공**

프로구단 소속 코칭스태프 이외의 한국의 감독 코치에게 '평생교육'(재교육) 기회를 제공하기 위해서다. 협회의 '보수교육'(재교육), 전에는 3년 안에 16시간의 교육을 받는 것이었다. 3년 안에 16시간? 없는 거나, 안 하는 거나 무엇이 다른가? 지금은 점수제로 바뀌었지만 전과 대동소이하다. 협회가 보수교육 일정을 공지하고, 보수교육 과제별로 점수가 배정된다. 일례로, '축구 과학회'에서 진행하는 '축구과학 콘퍼런스'에 참가하면 '10점'을 보수교육 점수로 준다. 이렇게 협회가 정해 놓은 일정 점수를 받으면 보수교육을 받은 것으로 인정한다. 여기에 사용되는 시간은 2 ~ 3일 정도다. 3년 동안에 2 ~ 3일, 지나치게 한가하다.

선수는 공부도 제대로 못하고 축구에 올인하다시피 하고 있다. 학원축구와 클럽축구의 경우 극심한 불경기 속에서 학부모는 힘들게 번 돈으로 회비를 비롯한 전지훈련비 대회 참가비 등 각종 경비를 내느라 등이 휠 지경

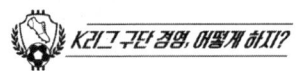

이다. 축구 선수인 자녀의 경비를 마련하기 위해 멀쩡한 가정주부가 파출부로 심지어 가요방 도우미로 나서는 경우도 적지 않다. 비용을 내지 못해 고심하고 괴로워하다 극단적 선택을 한 아버지도 있다. 각종 비용을 입금하라는 축구부 총무의 문자가 오면 간담이 녹아내린다. 비용도 가지가지다. 월 회비, 전지훈련비, 대회비, 김장비, 운동복비, 안전기원비, 스카우트비, 심판로비비, 진학로비비, 송년의 밤 행사비, 간식비, 차량 유류대, 설 명절 사례비, 성적 사례비, 생일 축하비 등 헤아리기 어려울 정도다. 감독 코치는 부모의 고통을 깊이 공감해야 한다.

지도자는 최고로 가르쳐 선수와 학부모의 꿈을 성취시켜 주겠다는 결의를 하고 최선을 다해야 한다. 오직 공부뿐이다. 배움에의 욕구가 강렬한 감독 코치들도 있다. 한계에 부딪혀 돌파구를 찾고자 하는 감독 코치도 있다. 처음 감독 코치가 되어 부족하기에 더 배우고자 감독 코치가 있다. 감독 코치에게 구단이나 팀에서 더 배우기를 요청하는 경우도 있다. 이 경우 협회의 보수교육에만 의존할 것인가? 아니다. 보수교육이 연중 열리는 것도 아니고 깊이와 폭에서도 많이 부족하다. 이때 프로구단에서 제공하는 〈지도자 강습회〉나 '평생교육 프로그램'이 있다. 한국 감독 코치의 수업과 경영 능력을 획기적으로 높이는데 목표를 두고 있다. 그리하여 세계 경쟁 우위를 가진 감독 코치를 마구 배출하는 데 있다. 이들이 세계로 진출할 것이다.

(3) 외국의 감독 코치 교육

말 그대로 외국의 축구 감독 코치를 가르치는 일이다. 쉽지 않은 과제다. 그러나 결코 할 수 없는 과제도 아니다. 그 나라로 가서, 또는 한국으로 그들이 와서 교육받는다. 교육과정과 강사진, 교수학습 수준과 침투력에서 월등한 비교 우위를 보일 때 가능하다. 일례로, 인접한 중국은 큰 시장

이다. 이게 가능하다. 중국축구협회와 계약하여 중국의 감독 코치들을 가르칠 수 있는 것이다. 중국뿐만 아니라 동남아시아와 일본, 중동 등도 얼마든지 가능하다.

(4) 각급 지도자 자격증 수여

현재 협회에 등록된 팀이 3,300여 개 있다. 협회와 유럽 축구 연맹(UEFA)이 발급한 자격증을 가져야만 협회 등록 팀에서 가르칠 수 있다. 한국 내 협회 이외의 다른 곳에서 발급한 자격증으로는 협회 등록 팀에서 가르칠 수 없다. 각급 지도자 자격증 발급이 협회에서만 배타적으로 독점하고 있어야 하나? 프로구단에서 진행하는 〈지도자 강습회〉 수준이 협회의 〈지도자 강습회〉를 능가하면 협회와 협상이 가능하지 않을까? 협회의 의탁을 받아 〈지도자 강습회〉를 실행하는 것도 한 방법이다. 협회와 업무제휴를 통해 또는 교과부와 문광부의 인정을 받아 협회뿐만 아니라 프로구단에서도 지도자 자격증을 발급할 수도 있을 것이다.

언제나 협회를 앞서는 걸 목표로 한다. 아니, 세계 최고를 추구한다. 협회에 무엇을 어떻게 해야 하는지를 보여주어 분발하게 하면 좋다. 선의의 경쟁을 촉발하는 게 나쁘지 않다. 지도자의 지도력이 〈지도자 강습회〉와 그 후의 '평생교육 프로그램'에서 결정된다고 해도 과언이 아니다. 개선을 향한 노력이 계속되어야 한다.

(5) 한국 감독 코치의 해외 진출 지원

유럽 빅 5(잉글랜드 스페인 독일 프랑스 이탈리아) 1부 리그에서 일하는 한국인 감독이 있는가? 없다. MLS(북미 축구리그)에도 없다. 이보다 시장이 작은 J리그에는 더러 진출하기도 한다. 유럽으로 세계로 마구 진출하는 방법이 없을까? 먼저, 프로구단에서 시행하는 〈지도자 강습회〉가 유럽 축구 연맹으로부터 지도자 자격증 발급을 인정받아야 한다. 이어 한

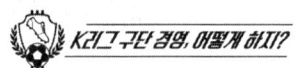

국인 감독 코치의 우수성과 탁월성을 세계에 보여주어야 한다. 그 모든 것의 토대는 건강한 코칭 철학이다. 시도하여 성공하면 놀라운 일들이 전개될 것이다.

상상해보라! 바르셀로나 감독으로 유럽챔피언스리그에서 우승한 한국인 감독 고차원. 프리미어리그 맨체스터 유나이티드와 리버풀의 윤병태와 곽동욱 두 한국인 감독이 지략 대결을 펼치는 경기가 전 세계로 중계되는 장면을 상상해보라.

(6) 외화 획득으로 국가 경제에 기여

세계 경제가 위축기에 돌입했다. 한국은 극심한 경제 침체기에 들어가 있다. 이런 상황에서 축구가 한국경제에 일조할 수 없을까? 먼저, 축구 인력을 세계에 수출하는 방법이 있다. 감독 코치와 프로선수, 경기 분석관, 피지컬 트레이너, 축구행정가 등을 마구마구 해외로 진출시키는 방법이다. 일종의 해외 취업이다. 이와 함께 다양한 축구산업으로 해마다 축구로 100조 원 이상 벌어들이자! 프로연맹과 협회가 이런 계획을 세우고 추진했다는 이야기를 한 번도 들어본 적이 없다.

매년 프로선수를 600 ~ 1,000명 이상 해외로 진출시키는 등 브라질은 프로선수 생산 공장이다. 해마다 축구산업으로 90조 원 이상 벌어들이고 있다. 둘째, 세계의 선수, 감독 코치, 축구 행정가, 마케팅 전문가 등이 한국으로 유학 오도록 만드는 것이다. 셋째, 경기 수준을 프리미어리그보다 높여 K리그 중계권을 세계에 판매하는 것이다. 넷째, 스포츠용품과 축구 전문서 등을 천문학적으로 수출하는 일이다. 지금은 프로연맹과 협회가 이런 생각조차 하지 않고 있다. 프로연맹과 협회가 유럽에 너무 주눅 들어 있고 별다른 여과 없이 추종하고 있는 형국이 아닌지 점검해보기 바란다.

3) 도달하고자 하는 지향점

감독 코치의 현재 역량을 무엇으로 평가하는가? 사람마다 다르다. 여기서는 4가지를 가장 중시한다. 코칭 철학, 평생교육(자기주도적 학습문화), 지도력, 경영학이다. 이 중에서 코칭 철학이 가장 중요하다. 코칭 철학이 나머지 3가지를 이끌어내는 원동력이기 때문이다. 평소 부지런히 공부하느냐 공부와 담을 쌓았는가, 선수와 학부모를 섬기는가 군림하는가, 정직한가, 상습적으로 부정부패를 일삼는가? 이 모든 것이 코칭 철학의 결과이다.

이 4분야에 〈지도자 강습회〉와 '평생교육 프로그램'이 집중해야 한다. 그리고 〈지도자 강습회〉의 목적이 과정을 이수하고 통과한 수강생에게 자격증을 주는 것에서 그쳐서는 안 된다. 그런데 지금은 어떠한가? 비유하면 자격증은 이제 막 학교를 졸업한 것과 같다. 진정한 공부는 졸업 후에 이루어진다. '평생교육(자기주도적 학습문화)'에 대한 결단과 습관을 길러주는 것이 강습회의 목적이 되어야 한다. 공부하면 문제가 해결되기 시작한다. 공부하면 할수록 자신이 부족하다는 걸 절감한다. 공부하면 세계 경쟁력이 생기기 시작한다. 감독 코치로서의 성공과 실패는 자기주도적 학습문화를 어떻게 얼마나 실천하느냐에 달려 있다.

박남기 교수(前 광주교육대학 총장)는 교수학습이론과 수업 경영 능력에 해박하다. 책도 여러 권 내었다. 초청 강연도 자주 다닌다. 박 교수가 학생들에게 내어 주는 독특한 숙제가 있다. 학생이 평생교육의 모델이 될 만한 사람에게 미리 허락을 받아 하루 종일 그림자처럼 동행하는 것이다. 아파트 문 앞에서 기다렸다 아파트로 귀가할 때까지 따라다니면서 어디에서 무얼 공부하며 누구와 만나 어떤 대화를 하는지 등을 기록하면서 배우는 것이다. 한국 축구에도 이렇게 해보면 재미있을 것 같다.

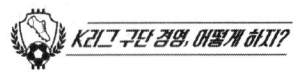

4) 교육과정과 강사진

협회의 〈지도자 강습회〉 교육과정은 거의 대부분 축구와 직접 관련된 내용으로 구성되어 있다. 이와는 일정 부분 다르게 진행해야 한다. 협회의 〈지도자 강습회〉는 이걸 주관하고 관리하는 1명의 주강사가 있다. 주강사가 교육과정의 50% 이상을 가르친다. 나머지는 거의 축구와 관련된 초청강사가 와서 강의한다. 자연스럽게 강의 수준이 주강사의 수준을 넘어서지 못하는 한계가 상존한다. 변화가 절실하고 시급하다.

여기에서 제안하는 〈지도자 강습회〉의 목적이 축구 관련 정보와 기능을 전달하고 자격증을 주는 데 있지 않다. 강습회 이후 스스로 평생교육을 실천하겠다는 의지와 방법을 가르쳐주고, 스스로 결단하여 실천하게 하는 게 핵심이다. 축구 지식이나 정보 전달은 가능한 줄이고, 건강한 코칭 철학 정립과 교수학습의 근원적인 원천과 팀 경영 능력을 알려주는데 중점을 둔다. 축구 관련 지식 정보는 인터넷에 지나치게 많고, 연습 방법도 주말리그, 전국 대회, 연습경기 전에 보고 듣고 견문을 넓히고 있다. 반면에 교육학 경영학 정신세계, 평생교육, 이런 분야는 평소 감독 코치가 만나기 어렵다. 이게 핵심이고 필수지만 그냥 방치된 채 세월만 흘러가는 모양새다.

가장 중시하는 교과목은 다음과 같다. 코칭 철학, 교육학, 경영학, 정신세계, 평생교육, 독서다. 두 번째가 스포츠생리학, 코칭 상품, 체력, 인간관계론, 식품영양학 등이다. 세 번째가 축구의 개인기, 전술, 경기 분석, 선수 분석 등이다. 보다 근원적이고 일차적인 분야에 집중하고 있다. 우물을 깊게 파려면 터를 넓게 잡아야 하는 것과 같은 이치다.

자연스럽게 강사진도 해당 분야의 각계각층의 전문가들로 구성된다. 강사진의 차원부터 달라야 한다. 주강사 제도는 채택하지 않는다. 수강생의 머리에

천둥 벼락을 치는 듯한, 깨달음의 '아 ~ 하 경험'을 수시로 전달하는 현저하게 탁월한 강사진으로 구성한다. 독보적인 경지에 도달한 거장의 지식과 경험을 만나면서 수강생들이 '나도 공부해야겠다'라는 도전을 받기를 기대한다. 동시에 강습회 이후 강사진과 의논하고 개인적으로 배울 수 있는 연결고리도 제공한다.

5) 희망이 넘쳐나고 효과적인 평생교육 방법

여기서는 생각을 전개해나가는 재료로 몇 가지를 펼쳐 보인다. 이것만 해도 충분하고도 남는다. 이렇게 하기도 쉽지 않다. 더 좋은 방안을 찾아내면 더욱 좋다.

(1) 코칭 철학 계속 성장시키기
(2) 자신만의 평생교육 방법 가지기 및 실행
(3) 매일 독서 및 매달 독서토론회 참여
(4) 인터넷의 축구 관련 공간에서 공부하기 : 축구 카페, 블로그, 홈페이지, 페이스북 등
(5) 책 쓰기 : 2년에 1권 도전 및 성취하기
(6) 코칭 상품 정보 알기 및 활용
(7) 경영학 공부하기 : 팀에 적용
(8) 학습 및 상담 멘토 가지기
(9) 기간별(일간 주간 월간 연간) 목표 수립 및 달성

6) 왜, 다시 '코칭 철학'인가?

거듭 말하지만 '코칭 철학'이 팀 운영과 지도의 핵심이요 원천이다. 시작이요 끝이다. 알파요 오메가다. 그의 코칭 철학이 건강하냐, 삐뚤어져 병든 상태인

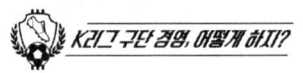

가에 따라 감독 코치로서의 성공과 실패가 결정된다. 그 모든 것이 코칭 철학에서 시작되어 마무리된다. 가치관에 따라 의식 생각 말 행동이 결정되는 것과 같다. 거기에다 코칭 철학은 주위의 선수 학부모 구단 그리고 다른 코칭스태프에게 직간접적으로 영향을 준다. 코칭 철학이 어떠하냐에 따라, 선수에게 감독 코치가 악마가 되기도 하고 천사가 되기도 한다. 특히 한국처럼 선수가 감독 코치에게 거의 무조건적으로 복종하고 지시에 따르는 문화에서는 더욱 그러하다. 일부 감독 코치는 경기 출전이나 진학을 미끼로 온갖 전횡과 부정 비리를 저지르기도 한다. 반면에 근면과 열정을 바탕으로 합리적으로 일을 처리하며, 섬김과 배려를 실천하는 감독 코치도 있다. 이런 지도자들은 어린 영혼을 올곧게 성장시키는 스승으로서의 역할을 잘 감당하고 있는 것이다.

03
공정하고 적확한 성과 보상제도

프로구단마다 1년 동안의 성과는 다르다. 해마다 적자를 기록한다. 아주 드물게, 지나치게 오랜만에 한 해 흑자를 기록했다가 이내 적자로 돌아간 적이 있다. 한때 잠깐 인천 유나이티드 FC가 그런 적이 있다. 주식 상장까지 거론했지만 지금은 어떠한가? 소속 선수들에게 임금 체불 소송을 몇 번이나 당했다.

22개 프로구단이 한 해 농사를 짓고 나면 이적료 수익도 적자와 흑자 둘 중 하나다. 생활축구 분야에서도 목표를 초과 달성했을 수도 있다. 올바른 선택과 세밀하고 지속적인 실천으로 성공적인 지역밀착 마케팅을 펼쳐 신뢰받고 사랑받는 프로구단으로 한 발짝 더 지역 주민 속으로 들어가는 성과를 축적할 수도 있다. 별다른 성과 없이 평범하게 지나간 1년이 될 수도 있다.

여기서 주목할 점이 있다. 1년 농사를 마무리하는 12월 하순에 목표 대비 성취를 평가한 후 이렇다 할 조치 없이 그냥 넘어가서는 안 된다. 특히 특별한 업적에 대해서는 더욱 그렇다. 반드시 합당한 보상을 해야 한다. 변화가 가장 느린 집단 중의 하나라는 공무원 사회에서도 성과급 제도는 이미 시행하고 있다. 더구나 프로구단은 기업이다. 인센티브는 사람을 행동하게 한다. 제도화한 성과 보상 제도는 지속적으로 구성원들에게 동기부여한다. 그리하여 계속 더 큰 성과를 내게 한다. 성과에 대한 보상을 반드시 해야 한다.

04
적극적인 해외 마케팅

1) 세비야 FC의 유니폼 등번호 마케팅

경제 상황이 항상 좋지만은 않다. 스페인이 경제 위기에 처하자 스폰서를 구하지 못하는 구단이 생겼으며 심지어 선수 임금을 체불하기도 했다. 프리메라리가 세비야 FC는 경제 위기를 새로운 방식으로 대처하였다. 세비야 FC는 유니폼 등번호에 팬들의 사진을 싣는 이색 마케팅을 펼쳐 화제가 되었다. 세비야 FC는 인터넷을 통하여 팬이 원하는 선수를 선택해서 유니폼 등번호에 사진을 넣는 서비스를 2×2mm 사진 한 장당 24.9유로(약 3만 3,170원)를 받고 판매하였다.

유니폼 한 장에 대략 3,142개의 사진이 들어가므로 7만 5,000유로(약 9,900만 원)의 가치가 있다. 세비야 FC는 이 이색 마케팅으로 5,000만 유로(약 666억 원)에 달하는 거액을 벌었다. 팬들은 원하는 선수를 직접 선택하며 유니폼에 자신의 사진을 싣는 것을 매우 좋아하였다. 팬들은 "내가 원하는 스타 플레이어를 위하여 기꺼이 돈을 내겠다"라며 환영하였다.

―― 축구 마케팅의 실상 / 김상섭 / BOOKK / P 37

세비야 FC가 이 마케팅으로 벌어들인 666억 원이 적은 금액인가? 웬만한 K리그 시, 도민구단이 7년 이상 구단을 운영할 수 있는 거액이다. 만약 K리그 22개 구단이 이 마케팅을 시도한다면 얼마만큼의 수익이 발생하며 동참하는

팬들이 어느 정도일까? 레알 소시에다드와 박주영 선수가 뛰었던 셀타 비고도 이 마케팅으로 목표를 달성했다.

2) K리그의 축구 시장의 크기는 어떠한가?

한마디로 K리그 시장은 조그마하다. 22개 구단이 한결같이 노력하고 있지만 제자리걸음을 벗어나지 못하고 있다. 구단이 지속적인 이익 창출 모델을 만들지 않은 상태에서 단시간의 마케팅 활동으로 큰 효과를 기대하기는 어렵다. 새로운 변화가 요구되고 있다. 축구 시장의 크기를 측정하는 지표 중 하나가 중계권료다. K리그의 지상파 중계권료는 60억 원이다. KBS, MBC, SBS가 각각 20억 원을 낸다. 프리미어와는 비교 자체가 되지 않고 일본 중국에도 아득히 뒤져 있다. 일본 J리그 1년 중계권료는 2,200억 원이고 중국 슈퍼리그는 2,713억 원이다. 반면에 SBS는 EPL 중계권료로 매년 441억 원을 지불하고 있다. EPL 중계권료는 16/17 시즌에 51억 3,600만 파운드(7조 6,155억 원)를 넘어섰다. 19/20 시즌에는 얼마일까?

올해 2019년에는 계약 종료를 앞두고 프로연맹과 3개 지상파 방송사가 협상 테이블에 앉는데 귀추가 주목된다. 3개 지상파 방송사가 연장 거부를 밝힌 바 있지만, 다행히 K리그 프로 축구가 지난해에 비해 흥행에 성공적이라 계약 체결 가능성도 없지 않다. 2019년 7월 20일 현재 K리그 1 관중이 2019년보다 50% 이상 증가했지만 계약 여부는 여전히 유동적이다. 시스템에 의한 안정적인 증가가 아니기 때문이다. 2018 월드컵 독일전 승리, 아세안게임 우승, 전북 울산 서울의 치열한 선두 다툼, 대구 FC의 전용구장 효과, 프로야구의 상대적인 침체로 인한 반사 효과 등 상황 변화에 따른 관중 증가다. 1998, 2002 월드컵 후 반짝 인기가 높았으나 그 후 K리그는 침체기를 벗어나지 못했다. 현재도 좌석 점유율이 30%도 되지 않는다.

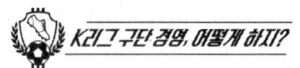

K리그 우승 상금이 5억 원이고, J리그는 149억 원으로 K리그의 30배다. 중국 슈퍼리그는 421억 원이다. 프리미어리그는 590억 원이다. 2018년 최고 연봉이 김신욱의 14억 원 남짓이었다. K리그는 메이저 스폰서 구하기가 매우 어렵다. 구단의 상품 판매도 미미하다. K리그 시장은 아직은 작고 고만 고만하다. 새로운 시장을 만들어내어야 하지만 그리 만만하지 않다. "대중의 취향은 변화무상하고, 대한민국에서는 K리그 말고도 놀 거리가 너무 많기 때문이다"(홍재민)

3) 시장을 어떻게 키울 것인가?

크게 두 구역으로 나누어 생각해볼 수 있다. 하나는 국내 시장이다. 또 하나는 해외 시장이다. 국내 시장 점유율을 높여가면서 역량에 맞추어 해외 시장 개척이 시급하다. 여기서는 해외 시장 개척에 대해 알아보기로 한다. 물론 해외 시장이 비교할 수 없이 훨씬 더 크다. 하지만 K리그 22구단의 해외 시장 개척은 거의 하지 않는 것과 다름이 없다. 무한 매장량의 금광을 방치해두고 있는 것과 같은 모양새다. 행하지 않으니 그 어떤 성과도 일어나지 않고 있다. 지금까지의 행보를 볼 때 해외 무대에 진출할 의지가 있는지조차 궁금하다.

물론 엄두가 나지 않을 수도 있다. 현재 역량이 되지 않거나 의지가 부족할 때 그러하다. 하나, 객관적으로 점검해볼 때 지금의 역량으로 할 수 있는 일도 여럿 있다. 목표를 정하고 역량을 키워가면서 할 수 있는 일부터 점진적으로 해내갈 수도 있다. 프로구단은 기업이기에 수익 창출에 전력투구해야 한다. 해외 시장이 K리그 22개 구단을 학수고대 오매불망 기다리고 있다고 생각하면 의지가 솟아날 것이다. 어떻게 하느냐에 따라 화수분 금광으로 만들 수도 있다. 여러 방법이 가능하다. 여기서는 몇 가지를 제시한다.

가. 해외 선수 및 일반학생 지도
나. 해외 축구 지도자 지도(연수)
다. 해외 프로구단과 업무 제휴
라. 해외 구단 인수 및 활용
마. 마케팅 중점 해외 국가 프로선수 영입
바. 해외 유망주 육성
사. 프로구단의 모범 사례 수출

4) 해외 시장 개척 방안

(1) 해외 선수 및 일반학생 지도

현재 K리그 22개 구단 모두 이 일을 해낼 수 있는 역량을 가지고 있다. 이 과제부터 시작하는 게 효과적이다. '매우 만족' 평가를 받으면서 다른 과제를 성사시키면 된다. 해외 시장 개척의 열쇠로 활용하는 것이다. 엄청난 시장이다. 세계 각국에서 프로선수를 목표로 오늘도 연습에 열중하고 있는 선수가 얼마나 많은가? 가까이 중국과 일본이 기다리고 있다. 동남아시아도 기다리고 있다. 미국은 또 얼마나 큰 시장인가! 축구는 지구에 인류가 살고 있는 한 사라지지 않는 시장이다. 무한정의 시장이 있지만 능력이 안되고, 의지조차 없이 하루하루 세월만 가고 있는 모양새로 머물러 있으면 안된다. 핵심은 가르치는 감독 코치의 코칭 철학과 지도력의 수준이다. 구단 사무국에서 이걸 해결할 수 있다. 이 두 가지에서 세계 경쟁 우위를 확보하면 공급이 수요를 따라 가지 못할 정도로 역동적인 시장이다.

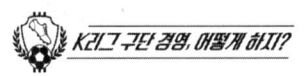

가. **코칭스태프** : 프로구단 소속 감독 코치

가능한 '해외 전담팀 코칭스태프'로 구성한다. 사전에 준비와 연습이 필요하다.

나. **대상** : 해외 선수
    a. 1순위 : 초, 중, 고, 대 선수 및 일반학생
    b. 2순위 : 프로선수

다. **장소**
    a. 1순위 : 해외
    b. 2순위 : 한국
        한국으로 와서 배운다. 방학이나 연휴를 활용할 수 있다. 학기 중에도 가능하다.

라. **행정 사항 및 준비**
    a. 프로구단 내 전담팀 조직 및 가동
    b. 최고 최적의 강사진 구성
    c. 교육과정과 교재 만들기 : 나이별, 남녀별
    d. 여행자 보험 및 실손보험(자국) 가입
    e. 한국에서 진행할 경우 최적의 숙박시설, 음식, 장비 활용 : 부모와 동행 권장

마. **대상 국가**
    a. 1순위 : 중국
        한국인 A씨는 한국과 중국에 체류하면서 해마다 중국 초등생 3천여 명을 경상북도로 수학여행 오게 하고 있다. 그는 '경상북도 중국

관광 홍보단장'이기도 하다. A씨는 중국의 폭넓은 인맥을 활용하여 중국 초등생 축구 선수의 한국 연수를 추진하기도 했고, 한국에서의 중국 감독 코치 연수 계획이 거의 성사 단계에 접어들었으나 '사드 배치'를 둘러싼 한중 갈등으로 인해 보류해둔 상태다.

실제로 중국에는 유럽과 남미의 여러 구단이 진출하여 중국 선수들을 가르치고 있다. 그러나 이 역시 거대한 중국 시장의 일부분에 지나지 않으며 기회는 여전히 가득하다. 한국과 인접해 있어 접근성도 좋다. 여기에다 유럽과 남미 프로구단을 능가하는 '서비스와 수업 만족도'를 제공할 수 있다. 세밀하고 계획적인 준비로 얼마든지 가능하다.

b. 2순위 : 동남아시아(태국 베트남 말레이시아 인도네시아 등) 일본 중동 등

c. 3순위 : 미국 유럽

바. 외국에서 진행할 경우

국내 진행보다 해외 진행이 결정적으로 중요하다. 시장도 월등하게 크고 넓다. 고객의 입장에서 볼 때 외국보다 자국이 훨씬 편리하다. 일례로 중국을 목표로 하면, 빠르게 "중국 진출한 외국 프로구단들 중 가장 잘 가르친다"라는 평가를 획득하여 거점을 신속하게 확장해나가야 한다. 해당 국가의 시장 점유율 70% 이상을 목표로 하여 성취하면 나쁘지 않다. 프로구단 입장에서는 가히 혁명적인 사건이 된다. 여러 가지 시너지 효과가 동시다발적으로 일어나 상상 그 이상으로 구단 성장이 일어날 수도 있다.

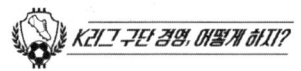

(2) 해외 축구 지도자 지도(연수)

해당 국가의 축구협회와 의논하여 이 일을 수행할 수 있다. 프로구단, 지역 축구 협회, 각급 개별 팀과 계약하여 추진할 수도 있다. 감독 코치의 역할이 실로 중차대하다. 감독 코치는 '축구'라는 스포츠가 만들어내는 가장 근원적이고 1차적인 상품인 '경기'의 품질을 결정짓는 사람이다. 투자 우선순위도 선수보다 감독 코치가 먼저다. 여러 국가에서 감독 코치의 지도력 향상에 대해 고심하고 있다. 이 역시 크나큰 시장이 기다리고 있다.

(3) 해외 프로구단과 업무 제휴

아래의 기사 내용이 업무 제휴의 한 방안을 보여주고 있다.

대전 구단은 10일 공식 보도 자료를 통해 브라질 세리에 A 구단들과 협약을 공식 발표했다. 협약의 주요 내용은 다음과 같다. 대전과 양 구단은 향후 선수 이적시, 우선 협약을 전제로 구단 대 구단의 계약으로 선수를 영입할 수 있다. 또한 1부 B팀 선수에 대한 무상임대 및 무상임대 후 이적에 관한 조항도 포함되어 있다. 이를 통해 우수 선수 및 유망주의 수급, 중개인 비용 절감 등의 효과를 기대하고 있다. 유소년 지도자 및 선수의 적극적인 교류를 통해 선진 축구 기술을 배울 수 있는 연수, 교육의 기회를 제공할 계획이다. 이는 앞서 발표했던 혁신안에 포함된 유소년 특별 관리 시스템의 일환이다.

대전은 혁신안을 통해 "유소년 육성 목표를 팀 성적이 아닌 프로선수 배출로 재설정하고 우수 선수 특별 관리 시스템을 도입하겠다"라고 발표한 바 있다. 포르탈레자의 마르셀로(Marcelo Paz) 회장은 "양 구단 선수 교류 및 유소년 지도자, 선수 교류를 통해 양 구단이 함께 발전하는 계기가 되길 바란다"라고 밝혔다. 플루미넨시의 마리오(Mario Bittencourt) 회

장은 "이번 협약을 통해 양 구단이 우호 관계가 증진되길 바란다. 또한, 발전적인 관계 구축을 통해 대전 시티즌의 1부 리그 승격에 도움이 되길 바란다"라고 말했다. 대전은 이번 협약을 시작으로 타 대륙별, 국가별의 우수 팀과의 국제 교류 협약을 통해 선수 영입의 거점 마련 및 선진 축구 문화 습득을 위한 토대를 마련할 계획이다.

―― mcadoo@osen.co.kr

2013년 3월 22일, 임은주 안양 FC 단장은 NH 루츠코 자그레브와의 국제 교류 사업을 위한 업무 협약을 체결한 뒤 "중국의 젊은 선수를 영입해 한국과 크로아티아에서 6개월간 두 리그를 경험하게 한 뒤 다시 중국으로 재이적시키는 수익 사업을 공동으로 진행할 예정"이라고 말했다. 재미있는 발상이다. 하지만 임은주 단장은 현재 구단에서 도중하차했다.

AFC 투비즈가 대구 현풍 FC와 파트너십을 체결했다. 국내 스포츠 기업 스포티즌이 소유한 벨기에 프로 축구 구단 'AFC 투비즈'와 유소년 축구 클럽 '현풍 FC'가 2017년 4월 13일 파트너십을 체결했다. 양 측은 활발한 교류를 통해 벨기에와 한국 축구에 기여할 계획이다.

―― 스포탈코리아 / 홍의택 기자 / 2017. 4. 14

(4) 해외 구단 인수 및 활용

재정이 되면 해외의 2부 ~ 4부 리그의 프로구단을 인수할 수 있다. 유럽 남미 동남아가 적당하다. 소속 프로구단 선수 진출, 그곳의 선수 영입, 전지훈련 장소 등으로 사용한다. 여기에다 해외 유망주 육성 거점으로, 그 나라 프로선수 스카우트 정보 구입처 등으로 다양하게 활용할 수 있다.

국내 스포츠 마케팅 비즈니스 기업인 스포티즌(대표 심찬구)이 벨기에 2부 리그 소속 AFC 투비즈를 2014년 8월 인수했다. 투비즈는 벨기에 대표

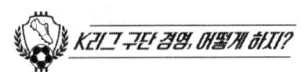

팀 에이스 에당 아자르가 유소년 시절을 보낸 구단이기도 하다. 한국 기업이 유럽 프로 축구 구단을 인수한 것은 이번이 처음이다. 벨기에 리그는 유망주들의 유럽 빅 리그 진출을 위한 디딤돌 역할을 하고 있다. 유럽의 중심부에 위치한 지리적 특성과 외국인 선수 보유 제한이 없는 제도적 특성을 지닌 벨기에 리그는 유럽 명문 클럽의 스카우터들이 주목하는 리그다.

이번 구단 인수를 통해 투비즈는 한국 선수를 적극 영입할 계획이다. 스포티즌은 "충분한 자질과 가능성을 가졌으나 경기 출전의 기회가 적은 축구 유망주들이 영입 대상 1순위다"라고 말했다. 심찬구 스포티즌 대표는 "2015년 2부 리그 우승을 시작으로 장기적으로는 2018년 유로파리그 참가가 목표다"라고 전했다. 황진성 남승우 임윤택 박찬길 등이 투비즈에서 활약하기도 했다. 스포티즌은 프로구단이 아니다. 스포츠 마케팅 및 매니지먼트 회사다. 이 분야가 중심 업무다. 아직은 이렇다 할 성과가 없으나 뜻을 이루기를 기대하고 있다.

(5) 해외 유망주 육성

J리그는 유럽리그를 아시아 실정에 맞게 개편한 리그다. 그동안 수년간 동남아 시장 개척을 추진하여 결실을 맺기 시작하였다. 2부 리그의 콘사도레 삿포로가 베트남 스타 레콩빈, 인도네시아의 스테파노를 통해 최소 수십억에서 최대 백억 이상의 효과를 볼 것으로 전망했는데 콘사도레가 인도네시아 기업들과 적지 않은 규모의 후원 계약을 맺기도 하였다.

현재 J리그는 콘사도레 뿐만 아니라 반포레 고후, 아비스타 후쿠오카 등 중소규모 구단에서 동남아시아 선수들을 적극적으로 영입하고 있다. 특히 후쿠오카의 경우 19세 이하 말레이시아 국가대표 선수들을 영입하며 젊은 유소년 육성에 뛰어들었다. J리그 사무국은 중소구단의 선수 발굴,

재정적 수입 확보를 위해 '제휴국 범위'를 신설, 현재 시행되고 있는 아시아 쿼터와는 별개로 태국 베트남 말레이시아 인도네시아 등 동남아 선수들의 영입을 적극적으로 장려하고 있다.

— 축구 마케팅의 실상 / 김상섭 / BOOKK / P 191 ~ 192

일반적으로 뛰어난 선수를 확보하는 두 가지 방법이 있다. 하나는, 완성된 선수를 스카우트하는 것이다. 즉시 전력감으로 바로 활용할 수 있는 게 장점이지만 많은 이적료를 지불해야 한다. 또 하나는, 유스 선수를 육성하는 방법이다. 2~10년 내외의 시간이 소요된다. 지금처럼 하면 K리그 22개 구단이 미래 유망주를 성장시킬 수 없다. 그러나 미리 경쟁력 있는 유스 시스템을 갖추어 놓으면 국내외의 고교 유스는 늦어도 3년 안에 성과를 낼 수 있다. 유스 선수를 완성시켜 해마다 한 명 이상 이적료 300억 원이 넘는 선수를 배출하여 유럽으로 진출시킬 수도 있다. 계속 출중한 선수를 육성할 수 있다. 잘하면 천문학적인 이적료를 구단에 안겨주는 선수도 등장시킬 수도 있다. 감식안이 탁월한 스카우터가 부지런히 움직이면 가능성이 성큼 높아진다.

예를 들면, 스페인 3부 리그 구단을 인수했을 때 스페인 유망주뿐만 아니라 유럽, 아프리카, 남미 등의 유망주를 육성할 수 있다. 물론 이 유스 선수들을 한국의 프로구단에서 가르칠 수도 있다. 핵심은 세계 경쟁력 있는 선수를 길러내는 것이다. 이 경우 '가능 능력 체감의 법칙'이 적용된다. 일찍 시작할수록, 즉 어릴수록 성공 가능성이 높아지고 스카우트 경쟁률도 덜하다. 문제는 유스 육성 역량이다. 여기에 따라 투자 대비 성과가 달라진다.

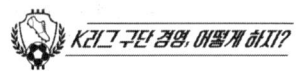

(6) 마케팅 중점 해외 국가 프로선수 영입

피아퐁 푸에온, K리그 최초의 동남아 선수였다. 럭키 금성(지금의 FC 서울)에서 2 시즌 활약했다. 1985년에는 득점왕과 도움왕을 최초로 동시 수상한 K 리거로 럭키 금성의 K리그 첫 우승에 일등 공신이 되었다. 당시에는 인터넷 보급이 미미했으며 K리그 중계권료 태국 수출도 없었다. 자연스럽게 이렇다 할 마케팅으로 연결되지 못했다. 지금이라면 상황이 달라졌을 것이다.

2016년 인천 유나이티드는 베트남 축구 신성 쯔엉을 영입했다. 피아퐁 이후 30년 만에 K리그에 등장한 두 번째 동남아 선수다. 인천은 '베트남 데이'를 열었고 2천여 명의 베트남 교민이 경기장을 찾았다. 2017년에는 강원 FC로 임대되었고 부리람 유나이티드(태국)을 거쳐 2019년 8월 현재 호앙 아인 잘라이 FC(베트남)에서 뛰고 있다. 쯔엉 효과는 어땠는가? 베트남 대표팀의 한국 전지훈련이나 일부 K리그 클래식(지금의 K리그 1) 경기의 베트남 생중계가 이루어지기도 했다. 인터넷으로 인천 유나이티드 경기를 보는 베트남 축구팬들도 적지 않았다. 그러나 여기까지였다. 인천 구단이나 프로연맹이 베트남 마케팅 성공을 위한 사전 준비가 어떠했는지 궁금하다. 거기에다 쯔엉이 포지션 경쟁에서 밀려 출전 횟수도 그리 많지 않아 미디어 노출에도 한계가 있었다.

동남아시아 축구 마케팅에서 J리그가 K리그보다 훨씬 앞서 있다. 사실 K리그가 동남아시아에서 마케팅이라고 부를만한 시도를 한 적이 있기나 했는지 의문스럽다. J리그에 레콩빈(콘사도레 삿포로, 2013), 응우엔 꽁프엉(미토 홀리호크, 2016), 응구엔 투안 안(요코하마 FC, 2016) 등이 활약했다. 무엇보다 J리그는 베트남에 중계권을 판매했다는 점이다. 2015년부터 토요타가 베트남 V리그의 타이틀 스폰서로 참여하고 있다.

경기에 꾸준히 출전하는 외국인 선수, K리그 구단이 소재하는 지역에 거주하는 그 외국인 선수의 많은 교포, 이걸 바탕으로 관중 입장 배가와 중계권료 판매, 그 외국인 나라의 어린 유망주 영입, 그곳의 2~3부 리그 구단 매입과 운영, 전지훈련 장소, 그곳 특산물 수입 판매, 그 선수의 유니폼 판매 등 펼칠 수 있는 효과적인 마케팅이 다양하다. 그리고 진행하다 보면 미처 생각하지 못한 또 다른 기회를 만날 수도 있다.

05
'집단지성' 조직 및 활용

1) K리그 구단 유스 시스템, '집단지성 그룹'이 없다

웨스트햄 아약스 바르셀로나 포르투 벤피카 산투스(브라질) 리옹 등은 유스 육성에 앞서 있다. 현저하게 탁월한 선수를 계속 배출해왔다. 유럽과 남미의 프로구단에 입단하는 선수는 98% 이상이 프로 유스 출신이다. 치열한 경쟁을 뚫고 살아남은 재능 있는 선수를 앞선 유스 육성 시스템으로 완성시켜 프로 리그에 진출시킨다. 적절한 때에 이적 시켜 거액의 이적료 수입을 확보한다. 이들은 유스 성적보다 완성된 선수 육성에 더 집중한다. 킬리안 음바페, 헤나투 산체스, 제수스, 비니시우스 등 10대에 이적료 수백, 수천억 원을 넘어선 선수들이 많이 있다.

유럽 남미와 K리그 구단의 유스 육성 시스템은 다른 점이 여럿 있다. 그중에서도 가장 극명하게 대비되는 점은 '집단지성 그룹'의 조직과 활용이다. 집단지성 그룹, 이게 유럽과 남미 프로구단에는 있다. K리그 구단에는 없다. 집단지성 그룹은 축구과학 전문가, 교육공학 전문가, 발달심리학, 아동심리학, 스포츠심리학 전문가, 인체생리학 전문가, 축구 경영학자, 식품영양학 전문가, 스포츠의학 전문가, 최고 컨디션 유지 프로그램 전문가 등 각계각층의 전문가들로 이루어져 있다. 이들은 혁신적인 지식을 창출하여 구단에 제공한다. 동시에 가치 있는 첨단 축구 지식과 정보를 취합하여 지속적으로 구단에 전달

한다. 구단은 이 정보를 유스 육성에 적극 활용한다.
K리그의 울산 현대, 수원 삼성, 포항 스틸러스 구단은 타 구단에 비해 유스 육성에서 앞서 있다. 그러나 '집단지성 그룹'은 없다.

— 3시간 만에 배우는 프로 축구선수 육성 비결 / 김기호 / 사람들 / P31 ~ 32

2) 거의 언제나 '집단지성'이 '개인지성'을 이긴다

한 세계에 천착하여 일가를 이룬 스페셜리스트의 '1인 기업'이 있다. 이들이 혁혁한 업적을 생산하기도 한다. 그러나 한계도 뚜렷하다. '1인 기업'은 여러 분야의 최첨단 지식과 경험을 융합하고 통섭해야만 창출할 수 있는 과업을 성취하기 어렵다. 지식인이 조직 속에서 일하는 이유다. 기업 간의 세계 경쟁이 치열한 오늘날은 더욱 그렇다. 첨단 연구 성과는 거의 항상 집단지성으로 창출되고 있다. 비메모리 최첨단 반도체를 한 사람의 '1인 기업'으로 만들 수 있는가? 절대로 불가능하다.

축구도 그렇다. 최고의 **경기를** 생산하기 위해 각계각층의 전문가들이 협업한다. 스포츠과학, 축구생리학, 식품영양학, 경기와 선수 분석 시스템, 최첨단 장비와 시설, 축구 심리학 등 다양한 분야에서 최고 최선의 결과를 도출해내려고 전력투구한다. **유스 육성이나 1군 선수 경기력 향상에서도** 이러하다. 위에서 말했듯이 K리그 유스에서는 이게 없다. 그 결과 세계적인 선수가 배출되지 않고 있다. '집단지성'을 조직하고 활용하지 않으면 월드 클래스 육성이 불가능하다. 하지만 유스 감독 코치들은 자신들의 지도만으로 가능하고 충분하다고 여기고 있다. 자신이 잘 하고 있다고 여긴다. 구단 사무국에서도 나서지 않고 있다.

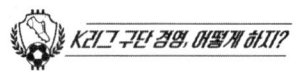

3) '집단지성' 조직과 활용은 선택이 아닌 필수!

현재 상황이 이러하다. '집단지성' 조직과 활용이 시급하다. 집단지성은 크게 두 분야로 나누어진다. 하나는, **구단 경영** 분야다. 또 하나는, 선수단 분야다. 즉, **유스 육성과 프로 1군의 경기력** 강화다. 그런데 이걸 코칭스태프가 조직할 수 있을까? 없다. 지금까지 한 곳도 없었다. 아니 필요성조차 느끼지 못하고 있는 게 아닐까? 결론은 이러하다. 두 분야의 '집단지성'을 구단 사무국에서 조직해야 한다. 해보면 이게 어려운 게 아니다. 실행하지 않고 있을 뿐이다.

구단 소재 지역과 전국 나아가 세계의 전문가들로 구성한다. 반드시 모임을 정례화해야 '집단지성'이 성장한다. '집단지성'에 소속된 개인에게도 구단이 필요로 하는 과제 해결을 요청한다. '집단지성' 조직을 만들어 놓고 활용하지 않으면 빠르게 와해되어 버린다. 소속감을 높여가고, 당면 현안을 해결해가며, 성과에 대해 사례한다. 집단지성은 지금까지 프로구단이 할 수 없는, 하지 못했던 일을 가능하게 할 수도 있다. 선택과 그 결과는 명확하다. 지금처럼 해마다 적자를 내면서 허우적거릴 것인가, '집단지성'을 조직하고 활용할 것인가? 지금처럼 '우리끼리만' 하다 세계 경쟁에서 계속 뒤처져 있을 것인가?

06
각종 축구 대회 및 리그 운영

2019년 6월 5일, '미들 스타리그'가 6개월간의 대장정에 돌입했다. 출범 16회째다. 76개 학교가 참가했다. 결승전은 인천 유나이티드의 홈구장인 인천 축구전용경기장에서 진행한다. 지역 청소년들의 축구 저변 확대와 축구를 통한 건강한 문화 형성을 목표로 진행하는 인천 지역 중학생들의 축구 대제전이다. 축구 협회에 선수로 등록하지 않은 학생 18명으로 팀을 구성하면 참가할 수 있다. 인천 유나이티드 프로 축구단이 주최하고 인천 국제항공공사가 후원한다. 우승팀 참가 선수와 담당교사에게 해외 연수 기회가 주어진다. 2018년 우승팀 불로중학교 팀은 대만을 다녀왔다.

한편 인천 유나이티드는 참가하는 관내 중학생들의 신속한 정보 전달과 활발한 토론을 위해 미들스타리그 전용 페이스북을 개설해서 운영하고 있다.

1) 목적

날마다 여기저기 인조잔디구장에서 축구를 배우는 사람들로 가득하고, 수시로 경기가 열리는 더없이 활활 발발하고 역동적인 축구도시, 건강도시로 만드는 것이 목적이다. 축구로 지역 주민들에게 건강을 선물하고, 소통과 화합을 조성하며, 이 과정에서 저절로 축구의 저변이 확장되는 것이다. 지역 주민들과의 관계 맺기를 통해 마케팅의 토대가 형성된다. '미들 스타리그'를 확대

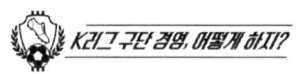

하여 응용한 사업이다. 지역 주민들에게 '과연 우리 프로구단이구나 !' 하는 신뢰를 심어주는 작업이기도 하다.

(1) **축구의 일상생활화**

무슨 일이든 자주 하게 되면 습관이 된다. 빈번하게 축구를 할 수 있는 환경을 만들고, 그 토대 위에서 실제로 축구를 습관으로 만드는 것이다. 이렇게 평생 축구를 즐기는 생활을 하도록 만들어주는 것이다. 건강 증진과 스트레스 해소는 덤으로 따라온다. 축구의 일상생활화는 축구 인구 저변 확대와 관중 증가로 자연스럽게 연결된다.

(2) **축구와 축구 경기를 통한 건강한 정신세계 함양**

스포츠는 사회적 정신적 신체적 순기능을 발현한다. 팀 정신, 희생정신, 협동심, 상대방에 대한 존중, 규칙 준수 등을 체득하여 가정과 사회생활에서 실천하게 된다. 지나치게 돈을 숭배하기에 정신이 허기진 사람들에게 자기 자신을 성찰하고 인생 설계를 새롭게 하는 계기가 될 수도 있다. 스포츠는 건강을 증진시키고, 건강한 몸에 건전한 정신이 깃들게 한다. 스트레스 해소에도 안성맞춤이다.

(3) **여가 시간의 건강한 활용**

스마트폰에 매몰되어 가는 현대인들이다. 청소년들은 게임에 열중한다. 사람이 아니라 스마트폰에 집중한다. 이렇게 파편화 개인화되어 가고 있다. 이에 따른 여러 사회 병폐 현상들이 속출하고 있다. 대표적인 현상이 중독이다. 한국은 이미 마약 청정국에서 위험국으로 분류되었고, 마약 관련 범죄자가 1만 명을 넘어섰다. 도박 중독자가 460만 명이 넘고 이중 긴급 집중 치료 대상자가 22만 명 이상이라고 한다. 스마트폰 중독, 섹스 중독, 알코올 중독, 담배 중독 등 각종 중독에 갇혀 버린 사람들이 가파르게

증가하고 있다. 중독은 죽음에 이르는 정신과 몸의 파괴 현상이다. 이때 개인이 아닌 11명이 팀을 이루어 운동하는 축구 경기와 여럿이 즐기는 축구 연습은 소통과 화합의 기회가 된다. 심신을 활짝 열어주는 건강한 여가 선용으로 작용한다. 스마트폰, 게임, 무의미한 수다 등과는 확연하게 다르다.

(4) 건강한 개인, 가정, 지역사회 만들기

개인과 가정이 건강할 때 지역사회도 튼튼해진다.

(5) 살아가면서 힘이 되는 역동적인 추억 선물

축구 대회와 축구 리그에 참가했던 일들이 '장기 기억'으로 남아 필요할 때 언제든지 꺼내 향수할 수 있다. 아름답고 긍정적인 추억은 회복탄력성을 높여주고 고난을 보다 효과적으로 극복하게 하는 자원으로 기능한다. 사진, 특히 우승 트로피를 들고 환하게 웃고 있는 자신과 동료 팀원들의 사진 속의 얼굴이 문득 그때 그날을 회상하게 한다. 만약 지치고 지난한 삶을 살아가고 있다면 손쉽게 찾아보는 스마트폰의 그 사진이 힘써 용기를 손에 쥐어줄 수 있을까? 그렇다!

2) 각종 대회

'미들 스타리그'는 리그가 아니라 대회다. 토너먼트로 우승팀을 가린다. 이처럼 봄, 가을에 대회를 개최하는 것이다. 각종 대회는 생각 그 이상으로 불꽃 튀는 격렬한 열정이 부딪히는 역동적인 현장이 될 것이다. 지역사회를 활활 발발한 기운으로 관통시키는 축제로 만든다.

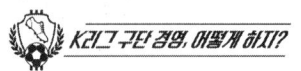

(1) **대회 분류**

　가. 학생부 : 초, 중, 고
　나. 일반부 : 조기축구회, 직장부, 노동조합 팀, 여성부 등

(2) **시기 : 연중 1 ~ 2회(봄, 가을)**

(3) **담당**

　가. 주최 : 프로구단
　나. 주관 : 지역 축구 협회, 조기축구연합회 등

(4) **심판진**

　초등부(8 : 8, 저학년은 5 : 5 경기)는 1심제로 진행해도 좋다. 그 외는 3심제로 운영한다.

(5) **행정사항**

　가. 참가 선수는 사전에 필요한 건강 검진을 받는다. 특히 심혈관 검사는 필수다.
　나. 참가 선수 개개인은 실손보험에 가입해야 한다. 실제로 90% 이상의 학생이나 성인이 실손보험에 가입해 있다.
　다. 주최 측은 대회 보험에 가입한다.
　라. 대회별, 리그별로 반드시 스폰서를 확보한다.
　마. 가능하면 우승과 2,3위에 시상을 크게 한다.
　바. 홍보를 강화한다.
　　지역 TV, 라디오, 페이스북, 구단 홈페이지, 현수막, 지역 상가 부착물 등 가능 자원을 총동원한다. 할 수만 있다면 경기를 중계하

　　고, 특히 결승전은 지역 TV 중계를 시도한다.
사. 프로구단의 홈경기가 있는 날은 경기가 없는 날이다. 프로 축구를 관람하는 날이기 때문이다.
아. 응원문화를 최대한 활성화한다.
자. 결승전 후 해당 선수를 시상한다.
　　최우수선수상, 우수선수상, 득점왕, 최우수 감독, 우수 감독, 심판상 등이다.
차. 경기 동영상과 경기 사진, 시상 사진 등을 가능한 많이 촬영하여 구단 홈페이지에 올려 당사자가 가져가 활용할 수 있게 한다.
카. 그 외 당면 현안을 의논을 통해 해결해갈 수 있다. 대회 누적과 함께 운영 노하우가 등장한다.

3) 각종 리그

각종 리그는 단기적인 대회보다 더 중요하다. 리그를 진행할 수 있는 토대는 이미 만들어져 있다. 생활축구팀이다. 여기서 리그에 참가하고자 하면 신청하면 된다. 연간 계획을 수립하여 주 1회 또는 2주마다 1회 경기를 진행한다. 진행은 각종 대회와 비슷한 점도 많이 있다.

(1) **분류**
　　가. 학생부 : 초, 중, 고, 대
　　나. 일반부 : 조기축구회, 직장부, 노동조합, 여성부 등

(2) **시기 : 연중(봄부터 가을까지)**

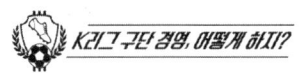

(3) **담당**

    가. 주최 : 프로구단

    나. 주관 : 지역 축구 협회, 조기축구연합회, 서포터스 등

(4) **심판진**

    초등부(8 : 8, 저학년은 5 : 5 경기)는 1심제(주심)로 진행해도 좋다. 그 외는 3심제로 운영한다.

(5) **행정사항**

    각종 대회의 '행정사항'과 대동소이하다. 이 외에 결승전은 프로구단 홈경기장에서 진행한다. 결승 전날 서포터스의 활약을 의도화 조직화해 가능한 지역 TV에 중계되도록 한다. 유튜브나 인터넷 중계도 성사시킨다. 풀 경기 상황을 구단 홈페이지에 올려 누구나 스크랩해 갈 수 있도록 해둔다. 선수 개인에게 추억을 선물하는 것이다. 사전에 미디어데이를 가져 지역 뉴스에 등장시켜 이슈화시킨다. 할 수만 있다면 매 경기를 앞서서 응원할 수 있는 경기장에서 진행한다.

4) 전국 대회 개최

여건이 갖추어지면 전국 대회를 개최할 수도 있다. 생활축구 대회와 엘리트 축구 대회 모두 가능하다. 많은 팀이 참가하며 그만큼 지역과 구단을 홍보할 수 있는 기회가 된다. 지역 상권 활성화는 보너스로 따라온다.

5) 풋살 대회 및 리그 운영

프로구단 소재 지역에서 위의 각종 축구 대회와 리그처럼 풋살도 이렇게 할 수 있다.

07
연중 제안제도 시행

"경영자에게 필요한 아이디어의 80%는 경영 테두리 밖에서 온다."

― 게리 해멀

2019년 8월 8일, 애플사가 스마트폰 단말기와 소프트웨어의 심각한 결함을 발견하는 해커에게 최대 100만 달러(약 12억 1,000만 원)의 상금을 주겠다고 발표했다. 데이터를 겨냥한 사이버 공격이 복잡해지는 가운데 외부의 지식을 활용해 이를 막자는 전략이다.

또 베타 버전에서 결함을 발견할 경우 100만 달러 상금에 더해 50% 보너스도 지급해 총 150만 달러를 받도록 했다. 이반 크르스틱 애플 보안 기술 책임자는 "(이 제도를 하는) 가장 큰 이유는 고객의 손에 닿기 전에 취약점을 찾기 위한 것"이라고 말했다. 구글과 마이크로소프트(MS) 등 많은 주요 IT 기업은 보안 연구를 위해 막대한 보상금을 내걸어왔다.

― 애플, 결함 발견한 해커에겐 '100만 달러' / 2019. 8. 9 / 뉴스 1

샤오미는 미편(米粉)으로 불리는 샤오미 팬 수백만 명과 수천만 사용자들로부터 개선점과 아이디어를 듣고 샤오미 제품에 반영하는 것으로 유명하다. 매주 목요일마다 일주일 단위로 업데이트되는 샤오미 운영 체제와 앱은 소비자를 오픈 이노베이션 파트너로 대접하는 샤오미의 개방성을 보여주는 단면이다. 쑥쑥 크는 샤오미는 소비자가 혁신의 파트너다.

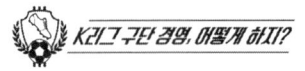

작은 스타트업 안드로이드의 잠재력을 알아본 구글은 2005년 안드로이드를 인수해 내부 개발력과 시너지를 발휘, 뒤처졌던 모바일 시장에서 애플을 빠르게 따라잡을 수 있었다. 구글의 내부 개발자들끼리만 똘똘 뭉쳤다면 오늘의 안드로이드 세계는 없었을 것이다.

LG 경제연구원 장성근 연구원은 "기업들이 오픈 이노베이션을 일시적인 유행으로만 본다면 큰 어려움에 빠질 수 있다"라며 "내부 구성원들이 외부 전문가나 소비자 사용자를 잠재적인 경쟁자로 여기고 외부 아이디어를 수용하고 활용하는 것을 꺼린다면 지속적인 생존과 발전은 어렵다"라고 말했다.

─ 오픈 이노베이션이 뭔가요 / 중앙일보 2016. 3. 23. 수. B8

기업 간의 생존 경쟁이 갈수록 치열하다. 이 싸움에서 지면 합병되거나 무대에서 사라진다. 자연스럽게 혁신과 마케팅에 총력을 기울인다. 이때 핵심요소로 등장하는 게 직원들의 '창발력'이다. 비전기업의 경우 세계 1위이기에 다른 어디서도 벤치마킹할 기업을 찾기 어렵다. 조직원의 창발력을 이끌어내기 위한 비상조치로 온갖 기발한 방법을 적용하고 있다. 이들 기업은 세계 1위를 고수해오고 있지만 결코 안주하지 않는다. 만족하는 순간 추락하기 시작한다는 걸 잘 알고 있기 때문이다. 항상 "어떻게 하면 지금보다 더 잘할 수 있을까? 무엇으로 세계 2위와 초격차를 유지할 수 있을까?"에 전력투구하고 있다. K리그 22개 구단이 배워야 할 기업가정신이다.

K리그 22개 프로구단도 대중의 창발성을 모으고 활용할 수 있다. 그것은 '연중 제안제도'의 활용이다. 어렵지 않게 팬이나 관심 있는 분들의 아이디어, 현장 경험과 노하우 등을 제공받을 수 있는 제도다. 구단 사무국이나 코칭스태프가 생각하지 못한 가치 있고 효과적인 방안을 지속적으로 만날 수 있다. 그리 어렵지 않다. 특별한 기능이나 많은 재정이 소요되는 게 아니고 부지런하면 된다. 우선 프로구단이 연중 제안을 받고 있다는 걸 알려야 한다. 이렇

게 하면 어떨까?

1) '제안' 통로 만들기

제안을 낼 수 있는 통로와 공간을 만들어 놓는다.

가. 구단 홈페이지에 '제안을 받습니다' 메뉴 개설
　　제안자는 여기에 제안(제안 사유, 현재 상황, 제안 내용 등)을 제시한다.
나. 우편 접수
다. 제안자가 직접 구단 방문
라. 대면 질문
　　구단 직원이 팬이나 관련 전문가에게 "구단이 더 잘하기 위해 무엇을 해야 할까요?"라는 질문한다.
라. '집단지성'의 아이디어 수렴 기회 만들기
　　공청회, 토론회, 세미나, 초청 강연, 발표회 등을 통해 관련 전문가나 충성 팬들의 제안을 받아낸다.
마. 그 외 : 전화, 이메일, 설문조사 등

2) '제안'의 선택

크게 3가지로 분류할 수 있다. 첫째는, '즉시 활용'이다. 둘째는, '저장'이다. 여러 여건으로 지금은 채택하기 어려우나 다음에 활용할 수 있는 가능성이 있는 제안이다. 때가 되면 꺼내어 적용할 수 있을 것이다. 셋째는, '폐기'다. 활용할 가치가 없거나 이미 구단이 시행하고 있는 제안이다.

3) 제안 채택 여부에 대한 구체적인 통보

시간, 지식과 경험, 열정 등을 투자하여 제안을 낸 제안자는 구단의 채택 여

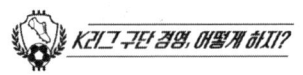

부를 알고 싶어 한다. 반드시 제안자에게 통보해주어야 한다. 그것도 늦지 않게. '6하 원칙'에 따라 명쾌하고 자세하며 친절하게 알려주어야 한다. 또한 제안에 대한 감사의 뜻도 전해야 한다. 제안서를 쓴다는 건 예사로운 일이 아니고 시간도 노력도 많이 든다. 무엇보다 제안을 할 수 있는 역량을 갖추고 있어야 한다. 구단에 깊은 애정을 가지고 있어야 가능하다. 한 번이라도 제안서를 써본 사람은 이걸 안다. 채택하여 적용하고 있는 제안에 대해서는 추진 도중에 가끔씩 제안자에게 추진 상황을 알려주면 더욱 좋다. 필요하면 제안자를 업무 추진에 참가시킬 수도 있다.

4) 제안에 대한 보상

구단은 제안의 가치에 대한 등급(일례로, 1등급에서 5등급까지)을 미리 정해놓고, 거기에 따른 보상 금액을 책정해둔다. 이걸 실행한다. 반드시 현금으로 보상한다. 그리고 보상 결과를 적극적으로 대내외에 알린다. 더 많은 제안을 계속 받기 위해서다.

5) 제안을 낼 수 있는 자격

지구인 누구나 제안을 낼 수 있다. 만약 우주인이 있다면 우주인도 좋다. 구단 내부 직원도 그러하다. 지구촌과 우주에 널리 널리 알려 창발적인 제안이 가득가득 찾아오도록 부추기고 독려한다. 어떻게 하면 지금보다 더 잘할 수 있을까?

6) 구단 홈페이지에 '익명 토론방' 메뉴 개설

만약 구단이 팬들의 불평불만이나 요구 사항을 자세히 들을 수 있다면, 이는 개선하고 혁신할 수 있는 절호의 아이디어를 얻는 것과 같다. 그런데 현실에서는 이렇게 구단에 불평불만을 전하는 팬들이 있는가? "없다"라고 말해도

좋을 정도로 거의 없다. 하여 구단은 알 수가 없다. 이걸 알 수 있는 하나의 방법이 있다. 구단 홈페이지에 '익명 토론방' 메뉴를 개설하는 것이다. 불평불만을 토로하는 팬은 구단 혁신에 아주 소중한 정보를 제공한다. '불평불만' 창구를 공식적으로 마련하면 어떠할까?

익명이기에 비교적 자유롭게 불평불만과 요구 사항을 터뜨릴 수 있다. 이 메뉴에 근거 없는 비난, 각종 루머, 중상모략이나 험담 등이 올라올 수도 있을 것이다. 이때에는 사실 그대로 차분하게 상황을 설명하면 된다. 이해를 하면 오해가 풀린다. 적극적으로 안티 팬과 소통하는 기회로 활용할 수 있다.

미국인에게 가장 인기 있는 대통령을 설문조사하면, 거의 언제나 1위가 링컨 대통령이라고 한다. 링컨은 대통령에 당선된 후 사사건건 자신을 반대하고 무시해온 에드윈 M. 스탠턴을 공화당 인사들의 반대를 무릅쓰고 전시 국방장관으로 임명했다. 그는 남북전쟁을 승리로 이끄는데 큰 역할을 했다. 이는 링컨 특유의 포용과 통합의 리더십을 말해주는 대표적인 사례로 손꼽힌다. '관포지교'라는 고사 성어를 떠올리게 한다.

08
관중 배가

1) 경기를 관전하는 관중의 역할

프로구단은 기업이다. 보다 많은 수익을 올릴수록, 시장점유율이 높을수록 건강하다. 그리고 언제나 비고객이 시장을 움직인다. 그들은 왜 K리그 프로구단의 상품을 구입하지 않는가? 가성비를 중시하는 고객들은 흔들리는 갈대처럼 이리저리 옮겨간다. 쉽지 않지만 끊임없이 충성 고객을 만들어야 하는 게 기업의 숙명이다. 고객을 확보하지 못해 망해버린 기업이 한 둘이 아니다. 축구에서도 그렇다. 한 명 한 명의 관중이 그렇게 소중할 수가 없다.

프로구단이 판매하는 상품은 여러 가지다. 그중에서도 가장 근원적이고 원초적이며 핵심적인 상품이 '축구 경기'다. 관중은 이 '경기'라는 상품을 구매한 사람들이다. 입장료는 프로구단이 '유희하는 동물'인 소비자에게 경기를 제공하고 얻는 일차적 수입이다. 돈을 내고 경기를 관전하는 관중은 프로구단에게 어떤 존재인가? 이걸 명쾌하고도 깊이 있게 그리고 구조적 통합적 과학적으로 이해할수록 '매우 만족' 서비스를 제공할 수 있다. 적확한 마케팅을 펼 수 있다.

(1) 관중은 프로 축구 경기를 유지, 성립, 발전시키는 가장 중요한 요소다

관중 없는 프로 축구 경기, 상상할 수 있는가? 실제로 연맹의 이런저런 제

재로 무관중 경기도 있다. 선수가 경기할 의욕이 일어날까? 몇 만 명을 수용하는 경기장에서 수백 명의 관중이 지켜보는 K리그 경기도 적지 않다. 프로경기라고 하기에 부끄러운 관중이다. 경기는 관중 선수 심판 경기장 방송 중계 등으로 이루어진다. 아마추어는 관중 없이 경기할 수도 있다. 그러나 상업행위인 프로 축구는 관중 없이 경기할 수 없다. 관중 없는 경기는 완벽하게 실패한 경기다. 관중이 프로 축구 경기를 성립시키는 필요충분조건이다. 몸이 음식에 의존하여 생명을 유지하듯이 프로 축구는 관중으로부터 영양분을 공급받는다. 관중은 선수들의 탄수화물이다. 거기에다 선수들에게 동기를 부여하고 최고 최선의 경기를 하도록 힘을 불어넣어주는 촉매제다.

(2) **관중은 지역밀착 마케팅의 성적표다**

"A 프로구단은 나의 팀이다. 이번 경기에서 꼭 승리해야 한다"라고 강하게 염원하는 '팀 동일시'의 지역 주민이 많을수록 경기장의 좌석 점유율이 높아진다. 물고기의 입장에서 생각하는 낚시꾼처럼 지역 주민의 요구와 필요를 정확하게 파악하여 지속적으로 효과적으로 지역밀착 마케팅을 실천해야 관중 배가를 달성할 수 있다. 그리하여 축구 경기 관람을 지역 주민의 강력한 문화로 정착시키는 단계로까지 도달해야 하는 것이다. 최소 120분 이상의 시간을 내고 입장료를 부담하며 응원하면서 경기를 관전하는 게 그리 쉬운 일이 아니라는 걸 구단이 뼈저리게 알고 있어야 한다.

(3) **관중은 구단 마케팅의 시작이요 핵심이다**

프로구단이 경기를 생산하여 판매하고 관중이 이를 구매한다. 이때 좋든 싫든 관중수가 주는 영향력 파급력이 상상 그 이상으로 강력하다. 평균 관중 수에 따라 마케팅의 성패가 거의 결정되는 것이다. 중계권 협상, 메이저 스폰서 유치, 구단 상품 판매 등 구단의 모든 마케팅이 관중 수에 의

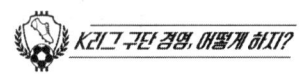

해 영향을 받는다. 관중이 적다는 건 인기가 없다는 것이기에 기업 스폰서가 바로 외면해버린다. 거의 무관중에 가까운 관중 수나 평균 관중 2만 명 이하로 그 어떤 마케팅을 성공시킬 수 있는가? 불가능하다.

그러므로 프로구단이 마케팅에 성공하려면 제일 먼저 좌석점유율을 극대화해야 한다. 여기에 가장 많은 역량을 투입해야 하는 것이다. K리그 22개 구단 중 현재 세계 2대 스포츠 브랜드인 나이키와 아디다스의 후원을 받고 있는 구단이 한 곳이라도 있는가? 없는 걸로 알고 있다. K리그가 해외에 한 곳이라도 중계권료를 팔고 있는가? 아니다. 모기업의 브랜드 외에 타사로부터 거액의 메인 스폰서 계약을 체결한 기업구단이 있는가? 지자체의 도움 없이 자체 역량으로 20억 원 이상의 메이저 스폰서를 유치한 시, 도민구단이 있는가? 없다. 심지어 K리그 타이틀 스폰서의 경우 **22년 만에** 순수 외부 타이틀 스폰서를 유치했다. 하나은행으로 계약기간은 4년(2017 ~ 2020)이다. 이전에는 백방으로 노력했으나 타이틀 스폰서를 구하지 못해 권오갑 총재의 현대오일뱅크가 몇 년째 타이틀 스폰서를 맡아왔다.

(4) 관중은 구단 재정의 젖줄이다

관심 있는 사람이라면 알고 있듯이 프로구단의 3대 수입원이 관중의 입장수입, 중계권료, 스폰서십이다. K리그 22개 구단은 이 셋 모두 미미하다. 하여 해마다 적자를 면치 못하고 있다. 그런데 평균 관중이 이 둘의 성패를 결정짓는 요인이다. 프로구단이 무엇부터 해야 하는지 알려주고 있다.

(5) 관중은 경기의 품질을 혁신하는 첨단 기술이다

프로선수도 사람이기에 경기장의 분위기에 직간접적으로 영향을 받는다. 경기장을 가득 메운 지역 팬들의 열광적인 응원에 최선의 경기로 화답하지 않을 수 없다. 놀라운 활동량, 팀을 위한 헌신, 승리에의 갈망, 호쾌한

중장거리 슛, 골키퍼가 온몸을 던져 차단기를 내렸으나 볼은 이미 네트 안에서 살아서 펄펄 뛰고 있는 환하게 빛나는 득점, 젖 먹던 힘까지 다 쏟아내고 경기 종료 휘슬 후 피치에서 쓰러지는 선수들에게 아낌없는 박수를 보낸다. 경기를 보면서 온갖 영감을 얻고 생활 에너지를 얻는다. '저 선수들처럼 나도 나의 일에 최선을 다해야겠다'라는 결의를 다지게 한다. 일어서면서 다음 경기도 구매하겠다고 결심한다. 매 경기 이렇게 되어야 하는 것이다. 사실 최선을 다해 플레이하는 선수의 이런 자세를 만들어낸 주체가 관중이라는 걸 관중 자신은 알고 있을까?

2) 부러운 바이에른 뮌헨과 갈 길이 먼 K리그

바이에른 뮌헨이 시즌 개막을 한 달 넘게 앞두고 홈 17경기 모든 좌석이 매진됐다고 발표했다. 바이에른 뮌헨은 2일(한국시간) 보도자료를 통해 "2019-20 시즌 모든 홈경기 좌석이 매진됐다"라고 전했다. 뮌헨은 75,000명을 수용할 수 있는 알리안츠 아레나를 홈구장으로 사용한다. 오는 8월 17일, 헤르타 베를린을 상대로 2019-20 시즌 분데스리가 1라운드 개막전을 치르며 2019-20 시즌에는 17번의 홈경기가 예정되어 있다.

하지만 시즌 개막을 한 달 이상 앞두고 17번의 홈경기가 모두 매진되는 진기록이 탄생했다. 그뿐만 아니라 뮌헨이 치르는 17번의 원정 경기에서 뮌헨에 배정된 원정 티켓 역시 모두 매진된 것으로 알려졌다. 뮌헨은 명실상부 독일 최고의 클럽이자 인기 팀이다. 알리안츠 아레나에서 열리는 경기를 보기 위해 독일 전국에서 축구팬들이 방문한다. 독일뿐만 아니라 해외에서도 뮌헨 경기를 보기 위해 많이 찾는 편이다. 뮌헨은 지난 시즌 평균 관중 75,000명, 좌석 점유율 100%를 기록했다.

— 이명수 기자, 인터풋볼, 2019. 7. 2

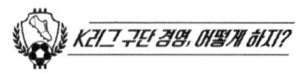

2019 프로 축구 K리그 1(1부 리그)이 시즌 누적 관중 100만 명을 넘겼다. 지난 해보다 두 달 이상 빠른 추세다. 2019년 7월 15일 한국 프로축구 연맹에 따르면 전날까지 치러진 K리그 1 125경기에서 102만 2,032명의 관중이 입장, 지난해에 비해 2개월 16일 빨리 100만 관중을 넘어섰다고 한다. 경기수로는 61경기 먼저 100만 관중을 넘겼다. 경기당 1만 명이 넘는 프로구단도 5개나 있다. FC 서울이 평균 관중 1위이며 그 뒤로 전북 대구 수원 울산 등이 선전하고 있다.

특히 전용경기장을 갖춘 대구 FC의 약진이 인상적이다. 대구의 지난해 총 관중은 6만 6,837명에 그쳤지만 올해에는 평균 관중이 1만 455명(2019년 7월 현재)으로 2018년에 비해 3배 가까이 증가했다. 입장 수입에서 5경기 만에 지난해의 수입을 앞섰다고 발표했다. 좀 더 자세히 살펴보자. 대구 FC의 전용경기장(DGB 대구은행 파크 포레스토아레나) 좌석수는 12,415석이며 최대 수용 인원은 15,000명 정도다. 좌석점유율이 84% 내외다. 이 점에서 K리그 구단 중 단연 앞서 있다. 그러나 평균 관중이 1만 455명 정도이며 최대 수용 인원 15,000명을 넘기지 못하는 구조적 한계를 가지고 있다. 예산 관계로 경기장을 작게 지었기 때문이다. 입장 수입도 한 해 20억 원을 넘기지 못한다. 프로구단의 3대 수입 통로는 입장 수입, 중계권료, 스폰서인데 입장 수입 20억 원 미만으로는 구단의 흑자 경영에 턱없이 부족하다. 2019년 관중 증가는 반가운 일이다. 그러나 K리그 구단의 좌석 점유율은 여전히 30%도 되지 않는다. K리그 2로 가면 이보다 훨씬 못 미친다. 대구 FC 역시 올해에도 적자를 면치 못할 것 같다. 아직 갈 길이 멀다.

3) 관중 배가의 조건 만들기

(1) '매우 만족'을 주는 선수의 능력과 팀의 경기력

왜 프로 축구 경기를 관람하는가? 크게 3가지다. 선수의 능력, 팀의 경기

력 그리고 서비스 요소다. 선수의 능력, 관중을 부르는 가장 큰 능력이다. 자신이 좋아하는 스타 선수의 경기를 보려고 기꺼이 외국까지 가는 팬들을 보라. 리그의 경기력이 높을수록 관중이 많아진다는 건 상식이다. 여기서 주목할 만한 것은 축구시장의 크기가 클수록 경기력이 수준 높다는 것이다. 보다 뛰어난 선수를 영입할 수 있는 돈이 있기 때문이다. 유럽 빅3는 잉글랜드 스페인 독일인데, 축구시장 크기도 1,2,3위다.

목표한 관중을 확보하려면 K리그는 선수의 능력과 팀 경기력을 지금보다 크게 향상시켜야 한다. 프리미어리그를 능가하겠다는 목표로 준비하면 그렇게 되거나 최소한 지금보다 성큼 경기력이 올라와 있을 것이다. 가끔 몇몇 K리그 감독들이 '자기부정적 예언'을 하고 있지 않는가, 하는 느낌을 받을 때가 있곤 한다. "프로선수는 개인기를 가르칠 필요가 없다. 이미 완성된 선수다. 아무리 연습해도 K리그 수준은 이보다 더 많이 좋아지지 않는다. 감독은 경기를 준비하는 사람이다. 마케팅에는 책임이 거의 없다." 등 이런 뉘앙스를 주는 말을 하곤 하는 감독들도 있다. 자기부정적 예언을 하는 감독의 말이다.

감독은 매우 중요한 사람이다. 선수보다, 스타플레이어보다 더 중요하다. 경기를 조직하고 선수단을 운용하는 사람이다. 전술을 채택하고 연습 내용을 선택하는 사람이다. 선수의 기량을 높이고 경기 수준을 발전시키기 위해 전력투구해야 할 책임이 있다. 그리고 그 성과도 내놓아야 한다. K리그에는 이게 부족하다. 개인기는 전술에 우선하고, 팀 경기력 향상은 생각보다 쉽다. 감독의 경영 능력과 최적의 교수학습이론이 절실히 요구된다.

선수의 분발도 시급하다. 어른이다. 더 이상 어린아이가 아니다. 감독 코치에게 갈수록 의존하는 부분을 낮추고 줄이자. 스스로 하라. 자기가 자

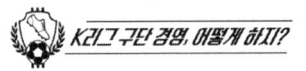

기 자신의 감독 코치가 되라. 이 세상에서 가장 뛰어난 감독 코치는 자기 자신이다. 이 세상에서 경쟁자는 오직 자기 자신뿐이다. 목표를 크게 세우고 도전하여 성취해보자. 관중에게 매 경기가 최고의 극장이 되도록 하겠다고 결의하고 이루어내자. 선수의 경기력은 체력 개인기 전술 정신력으로 구성되어 있다. 그리고 프로 선수지만 4 분야 역시 연습하는 만큼 향상된다. 올바른 방향으로 효과적으로 연습하면 향상 속도가 더욱 빨라진다. 팀 경기력을 혁신하고 원하는 유럽 명문 구단으로 진출하자. 소속팀에 이적료 천억 원 이상을 선물하고.

(2) 생활축구 참여자의 조직적인 경기 관람

생활축구 참여자의 연간 티켓 구입과 조직적인 경기 관람은 관중 배가에 결정적으로 기여한다. 가령, 2,000여 개의 생활축구팀이 있다면 회원이 약 6만여 명 이상이다. 이들 중 60%만 관람해도 3만 6천여 명이다. 여기에다 일반 관중과 서포터스 및 원정팀 관중까지 합치면 매 경기 4만여 명의 관중을 달성할 수 있지 않을까? 이외에도 앞에서 제시했듯이 생활축구는 여러 가지 시너지를 구단에 지속적으로 제공한다. '세계에 앞서 있는 생활축구 모범지역 만들기'는 선택이 아니라 반드시 해내어야 할 필수 과제다. 너무나 중요한 과제다. 우선순위에서도 성큼 앞에 두어야 한다.

(3) 성공하고 있는 지역밀착 마케팅

관중 수는 프로구단의 지역밀착 마케팅의 성적표다. 뿌린 대로 거둔다. 하지만 K리그 22개 프로구단과 지역 주민들 사이에는 여전히 간격이 크다. 경기 안내 현수막을 걸고 다양한 방법으로 홍보해도 대부분 경기가 있는지 없는지, 언제 열리는지 모른다. 도무지 피부에 와닿지 않는다. 무관심하다. 지역밀착 마케팅에 성공하고 있지 못하기 때문이다. 우리 팀이라는 공감대가 여실히 낮다. 사람들과 이야기해보면 K리그에 관심이 없

다. 주민의 요구와는 다른 구단이 자의적으로 정한 과제를 실행하거나 '수박 겉핥기'식 지역밀착 마케팅을 하고 있지 않는지 스스로 분석하고 점검해 볼 일이다.

⑷ 경기장 개선

경기장은 모두 조금씩 다르다. 경기장에 대한 팬들의 선호도 그렇다. 오래전 지은 경기장이 있고 신축 경기장도 있다. 내진시설 여부도 다르다. 경기장은 축구 경기를 담는 그릇이다. 무대다. 팬들이 경기를 관람하는 장소다. 이 두 가지 요건을 가장 잘 충족하는 게 중요하다. 선수가 자신의 경기력을 맘껏 발휘할 수 있고 관중이 가장 편안하고 효과적으로 경기를 관전할 수 있는 조건을 만드는 것이다. 방법은 크게 두 가지다. 경기장을 신축하거나 기존 경기장을 개선하는 것이다.

최초의 현대적 스타디움이라고 평가받는 그리스 아테네 지역의 파나티나이코(Panathinaiko) 스타디움이 건립된 이후 지구촌 곳곳에서 경기장이 등장했다. K리그 22개 구장의 경우 경기장 품질은 천차만별이다. 최근 건축된 대구 FC와 인천 유나이티드 경기장이 상대적으로 앞서 있다. 재정 여건상 좌석수가 그리 많지 않은 단점이 있다. 그 뒤를 2002월드컵 사용 구장이 있다. 크기에 비해 좌석 점유율이 낮아 이를 극복해야 할 과제가 주어져 있다. 그전에 만든 포항 스틸러스와 전남 드래곤즈의 전용경기장이 있다. 포항 스틸러스 경기장은 한국 최초의 축구 전용경기장이다. 전남 드래곤즈의 경우 관중석 지붕이 없어 햇볕의 자외선을 받고 비를 맞으면서 관람해야 하는 불편함이 있다. 포항과 전남의 경기장은 제철소 안에 위치하여 자유롭게 접근할 수 없는 단점을 가지고 있다. 가장 낙후된 경기장이 늦게 K리그에 뛰어든 시, 도민 구장이다.

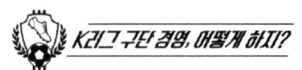

만약 누가 사과를 산처럼 쌓아놓고 단 한 번만 맘껏 가져가라고 한다면, 그릇 크기대로만 가져갈 수 있다. 큰 박스나 택배 차량이 있으면 좋을 것이다. 아무 그릇도 없다면 손으로 몇 개 집어오는 정도로 그친다. 거듭 말하건대 경기장은 선수가 경기를 펼치는 무대이며 관중을 수용하는 그릇이다. 깨끗하며 크고 편리해야 한다. 경기장이 갖추어야 할 몇 가지 상식적인 요소들을 관찰해보자. 아주 기초적이고 누구나 아는 내용이지만 실천하지 않아 불이익이 계속 발생하고 있다.

가. 축구전용경기장일수록 좋다

관중은 어떤 경기장에서 경기를 보려고 할까? 대구 FC 전용경기장은 터치라인과 관중석과의 거리가 7m다. 5m면 더욱 좋다. 종합 경기장을 사용하는 구단은 하루속히 전용경기장 건립 방안을 찾아내어 추진하도록 하자. 많은 비용이 소요되지만 대구 FC와 인천 유나이티드는 이미 하나의 해답을 주었다. 광주 FC는 건립 중이나 8,000여 좌석수이기에 너무나 작다. 아쉽다. 가변 좌석이나 추후 증축은 불편하고 기약이 없다. 내진 시설은 당연히 필수다. 하이브리드 잔디, 페라이트 시스템, 셀 시스템 등 채택할 수 있는 것도 많이 있다. 하나 가장 훌륭한 경기장은 관중으로 가득한 경기장이다.

나. 좌석수는 최소 3만 석 이상이어야 한다.

올해 지난해보다 관중수가 증가해 평균 관중이 1만 명이 넘는 구단은 5곳이다. 서울 전북 울산 수원 대구다. 1만 명? 결코 만족할 수 없는 관중 수다. 경기장 좌석 수는 최소 3만 석 이상이어야 어느 정도 입장 수입을 확보할 수 있다. 우선 3만 석 이상의 좌석수를 만들고 최고 최선의 노력으로 100% 좌석 점유율을 달성하면 된다. 그렇지 않고 대구 FC처럼 좌석수 12,415석에 최대 수용 인원을 15,000명으로 만들어

놓고, 경기 관람하러 온 사람들 중 수용 인원 초과 관객을 돌려보내는 것보다 훨씬 바람직하다. 대구시의 인구는 250만 명 내외다. 대구 FC 전용경기장 최대 수용인원 15,000명은 대구 시민의 1%도 되지 못한다. 0.006%에 불과하다.

다. 관중석 위에 반드시 지붕이 있어야 한다

이게 없으면 햇볕의 자외선과 더위 그리고 비바람과 진눈깨비 등으로부터 관전하기에 너무나 불편하다. 하루속히 지붕을 설치해야 한다. 경기장을 지을 때 처음 이런 설계를 하고, 이걸 허용한 관계자가 누구인지 궁금하다.

라. 접근성이 편리할수록 좋다

대중교통이나 지하철 노선이 많을수록 좋다. 당국과 협의하여 경기 당일에 배차 횟수를 늘리는 것도 한 방법이지만 한계가 있다. 셔틀버스 운행도 나쁘지 않지만 경기 때마다 많은 인력과 에너지가 소모되는 단점이 있다.

마. 주차장이 충분할수록 관람 욕구를 높인다

K리그 모든 경기장이 주차장이 많이 부족하다. 주차하기가 너무 어렵고 경기 후 빠져나오는데도 시간이 오래 걸린다. 매우 불편하다. 자가 운전자가 경기 관람을 주저하는 중요 이유 중의 하나다. 처음 설계부터 잘못되었다. 지하와 지상으로 이루어진 다층 주차장을 만들지 않았다. 지금이라도 이걸 만들어야 한다. 다층 주차장은 주차난을 획기적으로 해결한다. 축구 경기뿐만 아니라 다른 행사 때에도 두고두고 활용할 수 있다.

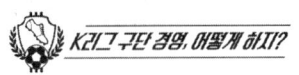

바. 그 지방만의 독특한 먹거리를 제공해야 한다.
여러분의 구단은 어떤 지역 먹거리를 내놓고 있는가?

사. 여자화장실이 충분하고 청결해야 한다
부족하여 불만이 많다. 청결 유지에도 더 부지런해야 한다.

아. 구단 상품 판매소 운영이 제대로 올바르게 되어야 한다.

자. 구장 투어나 박물관 건립 등도 이미 유럽과 남미에는 일반화되어 있다.

■ 선진리그의 경기장 활용 및 연고 개념

선진 리그(미국, 유럽)의 경우 프로구단이 경기장을 소유하고 있거나 경기장을 최소한 직접 운영하면서 공격적인 마케팅을 펼치고 있다. 선진 리그에서의 경기장 개념은 '운동 경기를 하는 장소'라는 단순한 공간적 개념이 아니라 구단과 팬들의 마음을 이어주는 매개체이며 구단이 곧 경기장이며 경기장이 곧 구단인 '구단과 팬들의 영혼이 깃든 성지'로서의 개념을 가진다. 선진 리그에서의 경기장은 프로구단을 팬들과 이어주는 정서적인 통로가 되며 구단의 입장에서는 공격적인 마케팅과 팬 서비스를 지속적으로 펼칠 수 있게 하며 팬의 입장에서는 정서적인 공감과 구단에 대한 충성심을 확인하게 되는 매개체로서 존재한다.

잉글랜드의 경기장은 정식 축구가 시작된 100여 년 전에 지어진 경기장들이 대부분이어서 1970~80년대에 낙후된 경기장 시설로 인한 잇단 대형사고로 프로 리그가 위기를 맞았다. 잉글랜드는 국가 차원의 개혁을 통해 모든 경기장을 안전하고 쾌적한 관람 조건으로 바꾸게 하면서 동시에 프리미어리그를 출범시켰고 90년대 축구의 상업적 발전을 계기로 세계 최고의 리그로 발돋움

할 수 있었다. 잉글랜드 팬들에게 경기장은 단순히 '축구 경기를 하는 장소'로서 존재하는 것이 아니라 자신과 구단을 '영혼으로 이어주는 성지'로 인식하고 있으며 이를 통해 각 구단과 축구리그가 상업적 토대를 구축하고 결국 오늘날 잉글랜드 프로 축구가 세계 최고의 리그로 인식되는 핵심 요인이다.

이탈리아의 경우 경기장은 한국과 마찬가지로 공공시설로서의 개념을 가지고 있다. 90년대까지는 이탈리아 프로 축구리그는 유럽의 3대 리그로 각광받았으나 낙후된 경기장 시설로 인해 팬들이 점점 경기장을 찾지 않으면서 상업화 물결에서 뒤처지고 있다. 현재 세리에 A의 경기당 관중은 프리미어리그의 절반 수준까지 하락한 상태이다.

그러면 마케팅의 관점에서 경기장을 어떻게 활용해야 하나? 대부분 답을 알고 있다. 실천으로 연결하고 있지 못할 뿐이다. 원인이 무엇일까? 복습 삼아 한번 살펴보자.

가. 다양한 경기장 활용 프로그램

축구 경기 이외의 다양한 경기장 활용 이벤트가 필요하다. 연중 20회 안팎의 적은 홈경기 수를 보완하고 경기장의 역할과 가치를 향상시키기 위해 대형 콘서트, 오페라 및 뮤지컬 등의 무대 이벤트, 복싱, K-1 등의 격투기와 대형 기업 문화 행사 및 종교 행사, 관공서 행사 등의 유치가 필요하며 이를 위한 시설적 운영적 조건들을 충족시킬 필요가 있다. 이 역시 프로구단이 경기장을 운영할 때 가장 높은 효율을 발생시킨다.

나. 복합적 상업 및 문화 시설 운영

경기장의 활용도를 높이고 관중들과의 유대감을 증진시키기 위해서는 경기장의 내 외부 공간을 활용한 다양한 상업 및 문화 시설의 운영 또한 필요하다. 경기장의 집객 효과를 극대화하고 복합적인 여가, 문화 공간으로서 활용할 수 있는 시설로는 레스토랑, 커피 전문점, 스포츠 용품점, 유소년 미니 축구장, 어린이 놀이 시설, 미술관 및 전시관 등이 알맞다. FC 서울과 광주 FC의 대형마트 입점과 경기장 흑자 운영이 많은 걸 이야기해주고 있다.

다. 대규모 상업 시설 임대 사업

새로 짓는 경기장이나 리모델링이 필요한 경기장은 건물 내부 공간을 활용한 복합 상업 시설이 필요하다. 이는 프로구단이 경기장을 운영한다는 전제로 경기장의 상업적 가치를 극대화하여 임대 수익을 올리고 이를 구단의 전력 강화와 팬 서비스에 재투자하는 구조에서 그 효과를 극대화할 수 있다. 이러한 상업 시설에는 대형 할인점, 영화관, 실내 스포츠센터, 컨벤션 & 웨딩홀 등이 있다.

라. 명칭권(Naming Rights)

경기장의 이름은 언론을 통해서 또는 시각적으로 많은 노출이 발생하므로 경기장 이름을 짓거나 변경할 때 소재 지명을 딴 이름보다 민간기업에 경기장 명칭을 판매함으로써 상업적인 이득을 확보할 수 있다. 경기장 명칭권을 가진 기업을 구단의 메인 스폰서와 일치시켜 해당 기업의 이미지와 연결하는 시너지 효과를 얻는 것도 한 방법이 될 수 있다.

미국의 경우 거의 모든 프로스포츠 경기장에서 명칭권을 활용하고 있다. 유럽 축구의 경우도 최근 늘어나고 있는 추세에 있는데 독일의 알리안츠 아레나(바이에른 뮌헨), 코메르츠 방크 슈타디온(프랑크푸르트), 잉글랜드의 에미리츠 스타디움(아스널), 리복 스타디움(볼턴) 등이 대표적인 사례이다.

- 수익 창출 및 여가문화 공간으로서의 구장 인프라 개선/안종복/2008.6. 19/P64~68

축구 서적 한 권을 소개한다. 경기장에 대해서만 쓴 한 권의 책이다. 여기에서 경기장 신축과 개선에 대한 기발한 영감과 화수분 같은 의욕을 선물 받기를 기대한다.

〈스타디움 / 박정운 / 사람들 / 2013. 11. 14 / 12,000원〉

(5) 스토리 개발과 보급

인간은 '유희하는 동물'이다. 모든 유희는 스토리다. 영화도 스토리다. 재미있는 스토리의 영화는 1,000만 관객을 훌쩍 뛰어넘는다. 그것도 2개월 안팎에 단숨에. K리그 1의 1년 관중이 200만 명 내외인 것과 비교가 된다. 드라마도 스토리다. 소설도 스토리다. 인간은 극적인 이야기에 열광한다. 그리고 이걸 스스로 적극 퍼뜨린다. 스토리는 가장 효과적인 마케팅 도구 중의 하나다. 몇 가지 사례를 찾아보자.

고뇌하는 이정수

2011 AFC 챔피언스리그 전북과 알 사드의 결승전의 키워드는 '닥공 축구와 침대축구', '정파(K리그)와 사파(중동, AFC)' 그리고 '고뇌하는 이정수'(당시 알 사드 소속)였다. 이 스토리가 확산 증폭되면서 결승전 열기가 고조되었고 미디어 노출이 빈번해졌다. 관중 증가는 자연스럽게 따라오는 보너스였다.

귀차 전쟁이 발발했다

2007 ~ 2009 시즌 동안 서울의 귀네슈 감독과 수원의 차범근 사이에 격렬한 귀차 전쟁이 전개되었다. 이 전쟁이 서포터스 간에도 확산되어 지상전 해전 공중전에서 최첨단 무기가 사용되었다. '곡선 축구와 직선 축구, 사상 첫 5만 관중, 기성용의 캥거루 춤, 눈 내리던 빅버드' 등 스토리에 팬

들의 축구 화제가 풍성했다. 이 밖에도 2007년의 '파리아스 매직', 2010년의 '조광래 유치원', 2011년의 '최강희의 닥공' 등 스토리는 세월 속에서 역사가 되었다.

스토리에는 자원(재료)이 필요하다. 레전드(legend 전설)는 최고의 자원이다. 스타는 대중이 가장 보고 듣고 만나기 원하는 대상이다. 스토리가 될 수 있는 자원을 수집, 가공, 편집하여 미디어에 적극 알리고 보도되도록 해야 한다. 서포터스와 충성 팬들이 이걸 마구 구전 홍보하고 온라인에서도 적극 알리도록 지원해야 한다. 성공하는 스토리는 구단 팬 미디어의 상호 협력에서만 생산된다. 서로 간에 생산, 가공, 아이디어, 정보, 직관, 응원, 참여, 전달, 스타 마케팅, 확산 등 K리그 스토리 생성의 선순환 과정이 이루어져야 한다. 그런데 K리그는 아직 이게 부족하다. 미흡하다. 그 효과도 미미하다. 팬들은 스토리를 기다리고 있다. 왜 스토리를 낭비해버리고 있는가? 스토리 생산과 확산 시스템을 만들어 보다 효과적으로, 보다 혁명적으로 스토리를 전파해야 한다.

09
출판사 운영

"책이 없는 집은 문이 없는 가옥과 같고,
 책이 없는 방은 혼이 없는 육체와도 같다"

― 키케로

1) 책과 독서가 축구에 도움이 되는가?

그렇다. 너무나 당연한 말이라 설명이 필요 없을 정도다. 그렇지만 구체적일수록 생생하게 다가오기에 잠시 살펴보기로 하자. 인류는 지식(지혜)과 경험을 책에 담아 전승해왔다. 책은 손쉬운 평생교육 통로다. 가지고 다니면서 언제든지 읽을 수 있고 별다른 에너지도 요구하지 않는다. 고급 정보는 대부분 책에 담겨 있다.

책은 일종의 '지식의 기초체력' 연습 장소다. 독서를 통해 단련한 내공은 이후 사람과 인터넷을 통해 배울 때 더 정확하게, 더 깊이 있게, 더 빠르게, 더 넓게 학습할 수 있도록 도와준다. 책과 독서는 성공으로 안내하는 가장 확실하고 빠른 지름길이다. 감독 코치에게도 그렇다. 대표적인 저능아였던 에디슨, 처칠, 아인슈타인이 어제의 자신과 결별하고 역사 속의 에디슨, 처칠, 아인슈타인으로 우뚝 서게 된 것은 독서의 힘이었다. 빌 게이츠는 새벽 3시에 일어나 책을 읽곤 한다. 워런 버핏 역시 독서광이다. 조지 소로스도 마찬가지다. 손정의 역시 치열하게 책을 읽어왔다. 엄청난 독서량을 통해 이전의 '일반 뇌'

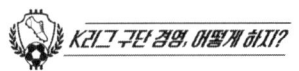

에서 차원이 다른 '독서 뇌'로 바뀌었고, 창발성이 화수분처럼 분출되었다. 미국에서 특별히 성공한 사람들의 공통점 중 하나가 초등 시절 1,000권 이상의 책을 읽었다는 연구 보고도 있다.

책 읽기의 최대 걸림돌이 휴대폰이다. 독서를 구시대의 유물로 여기는 대학생들이 적지 않다. "스마트폰에 다 있는데 왜 책을 읽지?" 하는 사람도 많다. 얕고 자극적인 정보들로 넘쳐나는 스마트폰, "스마트폰 뇌는 결코 독서 뇌를 이길 수 없다"라고 김병완 소장이 강조하고 있다. 휴가 온 자녀가 휴대폰 하느라 방 밖으로 나오지도 않아 속 터져 죽을 것 같은 축구선수 부모들이 한 둘이 아니다.

감독 코치에게도 책과 독서는 중요하다. 아무리 강조해도 모자랄 정도다. 왜 그런가? 먼저, 팀 경영 능력을 획기적으로 향상시킨다. 그 결과 선수와 학부모가 행복해진다. 둘째, 날마다 지도력이 배가된다. 항상 강조하듯이 감독 코치는 공부하여 아는 그만큼만 가르칠 수 있기 때문이다. 독서하면 월등한 선수와 성적이 저절로 나오게 되어 있다. 특히 이론을 구조화시켜 체계적으로 가르칠 수 있다. 이러면 선수 기량이 최소 3배 이상 빠르게 성장한다. 세계적인 선수가 배출되지 않으려야 않을 수 없게 되는 것이다. 셋째, 가끔 현실에서 만나게 되는 벽을 돌파하는 능력을 길러준다. 문제해결력이 성큼 높아지는 것이다. 넷째, 장차 선수들이 뛰어난 감독 코치가 될 수 있는 토대를 만들어준다. 독서하는 감독 코치의 언행과 지도 그 자체가 '지도자 강습회'이기 때문이다. 무엇보다 가장 큰 혜택은 감독 코치가 삶에, 인생에 대해 더 밝게 알아가게 된다는 점이다. 즉, 영(靈) 혼(魂) 육(肉) 그리고 돈에 대해 점점 더 건강한 인식과 사유를 하게 된다는 점이다.

2) 한국어판 축구 서적의 현주소

한국어판 축구 서적은 크게 2가지 경로를 통하여 출판된다. 하나는, 모국어인 한글로 한국인이 쓴 축구 서적이고 또 하나는, 번역본이다. 지금까지 한국 축구계가 내놓은 축구 서적의 수준과 종수는 스페인 독일 이탈리아 일본 등과는 비교조차 할 수 없고 아프리카나 동남아시아보다는 우월하다. 세계 축구인들의 찬사를 받을만한 수준의 축구 서적이 있는지 궁금하다. 한국의 축구 서적 중 축구 선진국으로 저작권이 수출된 사례가 있는가? 반면 해마다 여러 종의 해외 축구 서적 번역본이 출판되어 100% 가까이 서비스수지 적자를 기록하고 있다.

경제에서 중진국이나 개도국은 최고의 지식체계인 원천기술을 가지고 있는 선진국과 경쟁이 되지 않는다. 축구에서도 마찬가지다. 한국은 축구 지식이 부족한 국가다. 지구 최후의 경쟁 수단이며 가장 강력한 경쟁 무기인 지식, 한국 축구계는 축구 지식에서 기존의 축구 선진국을 능가하지 못하면 밝은 미래를 기대할 수 없다. 변화의 기운은 감지되지 않고 있다. 하지만 여전히 유럽 축구 지식을 가져와서 흉내 내기에 급급한 모양새다. 그리고 한국의 축구 서적은 몇 가지 공통점이 있다.

(1) **축구 서적의 수준이 세계 수준에 많이 뒤진다.**

일례로,「축구, 그 빛과 그림자」(에두아르도 갈레아노, 예림 기획),「축구의 과학」(존 웨슨, 한승),「축구 철학의 역사」(조나단 윌슨, 리북) 등 이런 수준의 책을 쓸 수 있는 인식 세계를 가진 축구 지식인이 있을까? 공부, 경험, 지식, 자료 등에서 여전히 격차가 크다. 책에는 저자의 인식 수준이 고스란히 반영되어 있다. 인식과 그 한계가 오롯이 드러난다.

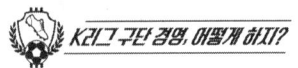

(2) **해마다 출판되는 축구 전문서 종수가 빈약하다.**

국립중앙도서관 문화관광부 국회도서관에 납본한 도서자료 집계에 의하면 2007년 발간된 신간도서는 총 4만 1094종에 1억 3250만 부였다. 최근에는 매년 7만여 권의 신간이 출판된다. 이 중 축구 서적은 15종도 되지 않는다. 이 중 외국어판 번역본이 더 많다. 한국은 2019년 현재 해마다 7만여 권의 신간을 내는 세계 7위의 출판 대국이지만 축구 서적 출판은 더없이 빈곤하다.

(3) **축구 평론·수필 성격의 책이 많고 전문적인 분야의 축구 전문서가 거의 없다.**

축구 서적 중 축구 평론·수필 분야가 가장 많이 출판되고 있다. 해외 축구가 어떻고, 어느 선수가 이러저러해서 성공했고, 어느 팀의 역사와 마케팅이 이렇게 앞서 있다, 어느 축구 대회의 역사와 기록이 이러하다, 등등의 내용을 담은 책들이 축구 서적의 대부분을 차지하고 있다. 이런 책들도 필요하다. 축구 문화의 다양성을 확장하는 데 도움이 된다.

반면 경기력 향상에 활용할 수 있는 전문분야의 축구 서적이 나무나 적다. 축구 경기는 체력 개인기 전술 정신력으로 구성되어 있다. 이 중 개인기는 6가지로 이루어져 있다. 패스 드리블 슛 볼 컨트롤 킥 헤딩이다. 그러면 패스만을 담은 패스 전문서? 한 권도 없다. 드리블 전문서? 역시 한 권도 없다. 볼 컨트롤 슛 전문서도 마찬가지다. 준비운동 정리운동을 체계화해 놓은 책도 나와야 하고 수비 중반 공격 전술을 수준 높고 명확하게 풀어낸 책도 시급하다. 피지컬 트레이닝 전문서도 요구된다. 현재 한국인 K리그 감독이 쓴 전문서가 한 권이라도 있는가? 이들이 경험하고 공부한 걸 책으로 내면 모두에게 크게 도움이 될 것이다. 여기에다 구단 흑자 경영서, 축구 코칭학 등도 절실하다.

⑷ 마케팅에서 성공한 책은 극소수이다.

협회 등록팀이 3,360여 개가 있고, 감독 코치는 1만 명이 넘는다. 협회 밖의 감독 코치도 많다. 이들 중 10%만 책을 읽어도 초판 1쇄 1,000권을 가볍게 넘긴다. 그러나 이런 경우는 500년 가뭄에 콩 나듯 아주 드물다. 반면에 일본은 출판되는 축구 전문서는 종수도 많고, 1만 부를 이상 팔린다. 축구 서적 중에서 베스트셀러도 나오고 있다. 일본 감독 코치들이 책을 읽고 있다는 이야기다. 책 읽기는 습관이다. 독서 습관이 되어 있지 않는 감독 코치는 책을 읽을 수 없다. 자연히 책에서 배울 수 없게 되는 것이다. 다행히 2,30대의 젊은 감독 코치들 중 학구열이 대단한 분들이 적지 않다. 이들의 공부하는 태도가 한국 축구계에 전파되고 침투되기를 기대한다.

축구 서적이 출간되어도 신문이나 TV에 광고 홍보되는 경우는 없다시피하다. 축구 서적이 워낙 시장이 없다 보니 알릴 필요성을 느끼지 못하는 것이다. 스포츠신문사에 책을 보내어도 지명도가 낮은 저자들의 책은 소개하지 않는다. 지면이 돈이기에 내어주기 힘든 것이다. 이러하기에 독자는 책이 출판되었다는 사실조차 모르는 경우가 허다하다. 그리고 대부분의 독자들도 지명도에 쏠려 책을 구입한다. 2002 월드컵 이전에 나온 축구 서적 중 판매에서 성공한 책은 오직 한 권뿐이다. 홍명보의 「영원한 리베로」(은행나무)가 그것이다. 나머지는 철저하게 실패했다. 초판 1쇄 1000부를 넘기지 못한 책이 98% 이상이다. 2002 월드컵 이후에는 히딩크 전 대표팀 감독의 「마이 웨이」(조선일보사)가 월드컵 열기와 지명도에 힘입어 비교적 많이 팔렸다. 가장 많이 팔린 책은 박지성의 「멈추지 않는 도전」(랜덤하우스 중앙)으로 10만 부를 넘어섰다. 축구 서적으로는 기록적인 수치다. 최근 주목할 만한 한 권의 축구 서적이 출판되었다. 손흥민 선수의 첫 에세이집이다. 「축구를 하며 생각한 것들」(손흥민 / 브레인스토어 / 2019. 7. 12 / 16,200원)이다. 이 책은 많이 팔릴 것 같다. 좋은 일이다. 책에서

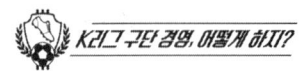

배운 걸 현실에 적용하면 매우 유익하다. 판매를 이끄는 힘은 현재 한국 최고의 축구 스타이며 세계 축구 무대에도 명성이 자자한 손흥민 선수의 인기와 지명도다. 여기에 더해 이 땅의 감독 코치, 선수, 학부모, 축구 관계자가 책의 위력을 절감하고 독서의 습관화를 실천해주기를 기대한다.

(5) **빠르게 절판된다.**

한국의 축구 서적 시장은 너무나 좁다. 300 ~ 500권 정도 찍는 초판 1쇄를 넘기는 축구 서적이 드물다. 책이 안 팔리니 서점 매대에 잠시 있다, 곧 서점 서가로 옮겨지고 빠르게 창고로 사라진다. 출판사도 더 이상 그 책을 내지 않는다. 자연스럽게 빠르게 품절된다. 축구 공부를 하는 사람은 책이 나오면 절판되기 전에 얼른 구입해 두어야 나중에 여기저기 찾고 수소문하는 수고를 덜 수 있다. 해당 출판사는 이후 축구 서적을 낼 생각을 단념하게 될 가능성이 크다. 실제로 그런 출판사를 여럿 만난 적이 있다.

(6) **절판된 책은 더러 인터넷 헌책방에 있다.**

고구마, 북코아, 북어게인 등 인터넷 헌책방에서 가끔 절판된 책을 구입할 수 있다. 이들 인터넷 헌책방에서 가끔 절판되거나 품절된 축구 서적을 찾는데, 성공할 때도 실패할 때도 있다. 개인적으로 「우연히 들어가는 공은 없다」 (페란 소리아노 / 도서출판 잠)를 찾고 있으나 구하지 못하고 있다. 인터넷 헌책방 여러 곳을 검색했으나 찾지 못했다. 아직도 구하지 못한 그 축구 서적은 어디에 있을까?

(7) **처음 책을 내려는 지명도 낮은 저자는 출판사를 순례하게 된다.**

한국에서 원고 내용이 아무리 뛰어나도 지명도 낮은 사람이 책을 출판하기는 무척이나 어렵다. 먼저 출판사의 벽에 부딪힌다. 축구인들이 워낙 축구 서적을 구입해 읽지 않으니 대부분 300 ~ 500부 내외로 내는 초판

1쇄도 판매되지 않아 적자를 보기 때문이다. 원고를 완성한 후 출판 의사를 타진하면, 고개를 절레절레 흔들면서 "다시는 축구 서적은 출판 안 합니다"하는 출판사 사장이 한 둘이 아니다. 현재 출판 시장이 불황이고 축구 서적은 더욱 그러하기에 자비출판이나 저자가 일정 부수를 떠맡는 조건부 출판을 요구하는 출판사도 많다. 이래저래 갈수록 축구 서적 출판하기가 어려운 세상이 되어 가고 있다. 감독 코치가 심원하고 구조적 체계적으로 축구 지식을 알려주는 축구 전문서를 읽지 않으면 어디서 배워 차원이 다른 코칭을 할 수 있는가?

3) 대한 축구 협회에 제안하는 출판 정책

협회는 조직·재정·대외 협상 창구 등 한국 축구의 거의 모든 것을 장악하고 있다. 1년 예산이 800 ~ 1,200억 원 내외다. 대한체육회 가맹단체 중 가장 많다. 유급 상근직원만도 80여 명이 넘는다. 이들이 1년 연중 계획을 세우고 나름대로 힘써 추진하고 있다. 그러나 예방적 정비나 앞서 있는 시스템 창조는 아직 부족하다는 느낌을 주고 있다. 해마다 1년이 지난 후 협회가 한 일을 살펴보면 이 지적에 공감할 것이다. 홍명보 전무 체제 이후 많이 좋아지고 있다. 그전에는 수시로 팬들과 국민의 원성이 자자했다. 특히 초 중 고 대학의 선수와 학부모들은 현실에서 실감하고 있다. 그러나 협회는 지금보다 훨씬 더 잘할 수 있다. 그런 결과를 국민에게 보여주어야 한다.

협회의 출판 정책도 시급히 개선되어야 한다. 협회는 더러 축구 서적을 발간하여 일선 지도자에게 보급하고 있다. 하지만 협회가 낸(외주 또는 직접) 축구 서적은 그리 많지 않다. 「축구 강국 유소년 훈련서」시리즈(대한 미디어), 「축구 이론 총서」시리즈(대한 미디어), 「축구 동영상 훈련교재」(하재훈 외), 「2003 기술 보고서」(기술 위원회, 대한 미디어) 등 얼마 되지 않는다. 그리고 월드컵이나 연령별 월드컵 후에는 '기술 보고서'를 낸다. 이 중 대부분이 비매

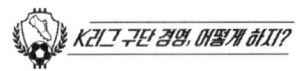

품이다. 「축구 이론 총서」와 「축구 동영상 훈련교재」, 각종 '기술 보고서'는 비매품으로 협회에 등록된 현직 축구 지도자 외의 축구인이나 축구 마니아들이 구입할 수 있는 길이 막혀 있다. 협회의 출판 정책에 적극적인 전환이 요구된다. 의도적인 계획을 세워 세계에 앞서 있는 축구 지식 체계를 구축하여 활용할 수 있도록 해주기를 제안한다. 일정 부수를 시중 서점을 통해 유통하는 것도 필요하다. 아래의 제안은 하나의 참고 자료로 활용될 수 있을 것이다.

(1) **먼저, 고객이 무엇을 필요로 하는지 알아야 한다**

감독 코치와의 면담, 설문조사 등을 통해 일선 지도자들이 요구하는 분야가 무엇인지를 알고, 그 분야의 책을 출판 보급해야 한다. 선수와 학부모의 요구를 들으면 방향 설정에 도움이 된다.

(2) **현재까지의 축구 서적 자료를 데이터 베이스화해야 한다**

그리하여 누구나 이 정보를 명쾌하게 알 수 있게 한다. 어디에 누가 쓴 어떤 축구 서적이 있는가?

(3) **어느 수준 이상의 축구 서적이 출판되면 협회가 일정 부수를 구입하여 지도자에게 배포하자**

도무지 팔리지 않는 축구 서적, 축구 서적 출판을 꺼리는 출판사, 온갖 노고를 다해 책을 내어도 보상은커녕 시간 돈 노력만 소모해버린 듯한 느낌을 받는 저자. 협회의 축구 서적 구입은 이런 현실을 일정 부분 해결할 수 있다. 이때 협회는 저자가 낸 원고를 검토한 후 협회 기준을 통과한 원고에 대해 일정 부수 '구입 보증서'를 저자에게 전달하면, 저자가 출판사와 보다 수월하게 출판계약을 체결할 수 있을 것이다. 이 사업에는 3억 원도 들지 않는다.

(4) 국민과 해외동포를 대상으로 능력 있는 저자를 발굴하여 책을 집필할 수 있도록 지원한다

적극적인 저자 발굴이다. 작품이 나올 개연성이 높다.

(5) 저작권 수출을 목표로 기획 출판하여 유럽 빅 3를 비롯한 전 세계에 저작권을 수출한다

가능한 일이다. 세계 수준의 축구 서적은 자연스럽게 한국 축구의 소중한 지적 자산이 되며 감독 코치 선수의 경기력 향상에 길잡이 역할을 하게 된다. 영어 교재를 영국 미국 등 영어권에 수출하는 한국의 출판사가 있다. 마찬가지로 축구 서적을 유럽과 남미 그리고 세계에 수출할 수 있다. 공동 기획 출판하면 그 가능성이 성큼 높아진다.

(6) 축구자료 문헌정보 센터를 운영해야 한다

상근 전문 직원이 근무하는 독립된 공간이다. 여기에 한국과 세계의 각종 축구자료가 갖추어져 관리 열람 대여되는 것이다. 축구 서적, 정기간행물, 무크지, 논문, 각종 세미나 자료, 보고서, 비디오테이프, DVD 등 온갖 활자매체와 동영상 매체를 계속 모으고 활용하는 것이다. 한국에는 아직 제대로 된 이런 곳이 하나도 없다.

4) 출판사 운영

프로구단이 출판사까지 운영해야 하나? 이렇게 생각하는 분들도 있을 것 같다. 역으로 출판사 운영에는 효과적인 면도 여럿 있다. 출판사 운영이 흑자를 낼 수 있고 한국 축구계에 소중한 지적 자산을 지속적으로 제공하면 모두에게 유익하다. 협회와 프로연맹과 긴밀하게 협의하고 도움을 주고받으면, 또는 최고 최선의 방법으로 운영하면 흑자는 가능하다고 여겨진다. 이렇게 할 수

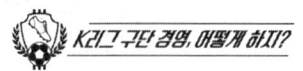

있다면 출판사를 운영하지 않을 이유가 없다.

축구 서적을 내려는 저자를 발굴하고 출판 기회를 주면 더 많은 축구 서적이 출간될 것이다. 저작권을 수출하기 위해 기획 출판을 할 수도 있다. 보다 많은 감독 코치, 선수, 학부모, 축구 관계자가 읽고 활용하면 경기력 향상에 놀라운 일들이 일어날 것이다. 적확한 축구 이론을 바탕으로 차분하게 한 계단 한 계단 쌓아 올라가면 세계적인 선수 육성으로 연결될 것이다. 프로구단의 출판사 운영, 이 역시 어렵지 않다. 마음만 내면 얼마든지 잘 해낼 수 있다.

행정적인 절차, 인력, 사무실, 사업 계획, 실행과 추진, 성과 도출 등을 통해 재미있고 가치 있는 일들이 연속적으로 일어날 것이다. 프로구단의 출판사 운영을 적극 권유 드린다.

10
감독 코치의 지도력 향상과 경기력 고양

현재 K리그 팬들이 리그의 경기 수준에 얼마만큼 만족하고 있을까? 프리미어리그를 비롯해 지구촌 모든 리그와 국제 대회를 거의 언제 어디서나 볼 수 있기에 팬들의 눈높이가 성큼 높아져 있다. 소속 팀의 경기력은 1차적으로는 감독 코치가, 그리고 그다음으로는 구단이 만들어낸다. 관중은 경품이 아니라 경기를 보러 온다. 좋은 상품은 저절로 팔린다. 경기도 마찬가지다. 코칭 스태프와 구단은 경기력을 점검하고 보다 향상시킬 수 있는 방안을 찾아내어 실현해야 한다. 그 결과로 관중이 매우 만족하는 경기를 해야 한다.

K리그는 아직 그 수준에 도달하지 못했다. 일례로, AFC 챔피언스리그에서 우승하여 세계클럽축구대회에 출전한 K리그 팀들이 약속이나 한 듯 현격한 실력 차이로 패퇴하곤 했다. K리그 경기 관람 만족도도 썩 높은 편은 아니다. 이걸 모든 구단이 과제로 가지고 있다. 해결 방안이 있고, 또 반드시 해결해야 할 숙제다. 열쇠는 구단이 쥐고 있다. 비유하면, 평균 성적이 79점 내외인 학생의 성적을 95점 이상으로 올리려면 그 학생에게만 맡겨 놓으면 불가능하다. 교사와 부모가 나설 때 실마리가 풀리기 시작한다. 1983년 5월 8일 K리그 출범 이후 지금까지 아무리 감독 코치에게 권한을 위임하였으나 현실이 이러하기에 구단이 감독 코치를 지원하고 협의해야 하는 것이다. 감독 코치도 이걸 자연스럽게 받아들여야 한다. 스스로 해결할 수 없는데 자신의 고유 권한이라고 고집하며 움켜쥐고 있는 감독 코치의 태도가 올바른가? 물론 경기

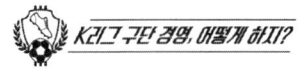

력, 관중, 유스 육성 등에서 세계적인 성과를 내면 구단 사무국이 나서지 않아도 된다. 현실은 세계적인 성과는커녕 정체되어 있는 모양새다. 감독 코치의 선수 지도와 경기 운영 모두 크게 보면 구단 운영의 한 부분이다. K리그보다 비교할 수 없이 앞서 있는 마케팅을 펼치고 있는 NBA(미 프로농구)나 MLB(미 프로야구)를 벤치마킹하면 여러 해답을 얻을 수 있다. 협력하여 문제를 풀면 더 빨리, 더 효과적으로 해결할 수 있지 않는가?

1) 혹시 '자기부정적 예언'을 하고 있지는 않는가?

그 대학은 하루 네 번 연습한다. 새벽 오전 오후 밤이다. 토 일요일이나 국경일, 방학 등 수업이 없는 날에 이처럼 하루 네 차례 연습하는 대학이나 고교 팀들이 적지 않다. 이 경우 하루 8시간 정도 연습하는 것이다. 초등 시절에는 세계 무대에서 앞섰던 선수들이 학년이 높아갈수록, 즉 연습을 많이 할수록 빠르게 세계 경쟁력을 잃어버리는 이 기막힌 현실을 어떻게 설명해야 할까?

박지성은 2002 한일 월드컵 후 교토 퍼플상가를 시작으로 2005년 맨유에 입단하여 2013년까지 활약했다. 이 기간 동안 한국 축구계에는 박지성에 근접하거나 능가하는 선수가 등장하지 않았다. 기성용의 경우도 이와 같다. K리그는 드물게 스타 선수들을 이적시키지만 이들의 공백을 메울 수 있는 역량의 선수를 육성하지 못하고 있다. 이들보다 아래 레벨의 평범한 선수들을 양산하고 있을 뿐이다. 그 이유는 한 마디로 구단과 감독 코치의 역량 부족이다. 전략 사령부로서의 구단 사무국의 책임이 가장 크고 소속 감독 코치들에게도 크나큰 숙제를 던져주고 있다.

감독 코치도 각기 고유의 의식 구조와 사고 체계가 있다. 여기서 한 가지 권유 드린다. 자신이 부족의 심리와 충족의 심리, 그리고 자기부정적 예언과 자기 충족적 예언 중 어느 쪽으로 치우쳐 있는지 스스로 점검해보길 바란다. 왜냐? 팀 운영과 경기력 전반에 크나큰 영향을 주고 있기 때문이다. K리그 감독들

의 인터뷰를 보면, 먼저 변명을 하고(누구누구가 부상으로 출전할 수 없고, 경고 누적으로 그 선수도 나오지 못한다 등등 변명부터 하는 경우가 너무 많다) 난 뒤 자신의 생각을 밝히는 경우가 많다.

"팬들의 기대 이상의 최고의 경기를 보여주겠다. 이 경기에서 우리 팀이 우승한다. 왜냐? 상대팀보다 우리가 준비를 더 잘했기 때문이다. 서포터스들이 우승 축하를 활활 발발하게 해주기를 부탁드린다" 등 자신감 넘치고 호연지기 가득한 인터뷰는 정말 만나기 어렵다. 안에 있는 것이 밖으로 나온다. 말은 그의 정신의 표현이다. K리그의 수준이 해마다 높아져 가고 있는 것도 아니다. 여전히 외국인 선수 영입 성공 여부에 따라 팀 성적이 좌우되는 경우가 많다. 관중에게 '매우 만족' 경기를 보여주고 있는가? 이 원인 중의 하나가 지도자의, 특히 감독의 혁신 능력 부족과 '자기부정적 예언'일 수도 있다. 예를 들면 이런 것이다.

'K리그 수준은 원래 이 정도였다.
프로선수는 이미 완성되어 오는 선수이기에 따로 개인기를 가르칠 필요가 없다.
이 큰 경기장의 관중석 점유율을 60% 이상 올리는 건 K리그에선 불가능한 일이다.
감독은 마케팅과는 직접 관련이 없고 경기 준비만 잘하면 된다.
세계 경쟁이 너무 심하기에 유스 선수 중 월드 클래스 배출은 앞으로도 힘들 것이다.
중소구단인 우리 팀은 리그 우승을 할 수 없다.'

이런 생각을 수시로 했다면, 또는 하고 있다면, 이런 생각이 당연하다고 여기고 있다면 허약한 정신세계에 갇혀 있다는 증거다. 이런 '자기부정적 예언'은 고스란히 그러한 부정적인 현실을 만들어내기에 성장과 발전을 일어날 수 없다. 반면에 관점을 전환하여 새로운 시도를 실행할 수도 있다. 이렇게 생각할

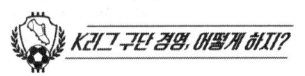

수도 있는 것이다.

'단기간에 선수를 획기적으로 성장시킬 수 있다.' 이게 지도력이다.
프로선수도 얼마든지 변화가 가능하다. 칼 하인츠 루메니겐 선수의 헤딩 정복 사례처럼…
지금 전력으로 리그 우승도 가능하다. 왜냐? 내가 감독이기에…
유스 선수 중에 엄청난 재능들이 즐비하다. 고교 3년 안에 월드 클래스 배출 가능하고 해내어야 한다.
관중에게 이전과는 차원이 다른 창발적이고 혁명적인 플레이를 보여주겠다.
양자강의 발원지인 성숙해의 샘물처럼 솟아나는 영감을 마구 전달해주겠다.
활활 발발하고 더없이 역동적인 경기로 한량없는 감동을 배달하겠다.
이는 관중들의 삶에 긍정적인 변화를 일으키는 에너지로 작용하게 될 것이다. 경기 관전을 통해 팬들 중 누구는 무기력 상태에서 생기발랄한 생활로 역전시킬 수도 있을 것 같다.
선수는 경기에서 이걸 관중에게 선물해야 한다.
선수를 가르치는 나는 매일 7시간 이상 공부하겠다. 세계 최고 수준의 축구와 경쟁하여 승리하겠다.
우리 팀은 우리가 생각하고 있는 그 이상으로 폭발적인 잠재력을 가지고 있다. 특히 팀의 병태 동환 하주 상만 한철 남근 재곤 종봉 종태 형덕 종육 철혁 해주 우창 병배 경기 병희 종호 태호 을조 태곤 규인 형수 원규 정근 용문 재학 원권 성길 손덕 승욱 등은 미래의 '블루 다이아몬드' 같은 선수다.
최고로 조련하여 빠른 시기에 원하는 유럽 명문 구단 주전으로 이적시켜 천문학적 연봉을 안겨주고 구단에는 돈벼락 맞게 해주겠다. 가능한가? 당근이다.
내가 감독이고 나보다 뛰어난 코칭스태프가 있다. 지금까지의 모든 자기부정적 예언들과 이별하자. 그래, '할 수 없다' 장례식을 치르고 새롭게 시작하자!'

"여러분이 할 수 없다고 생각하든지,
할 수 있다고 생각하든지 여러분의 생각 그대로 된다"

— 헨리 포드

2) 감독 코치의 자기 자신, 구단, 팬들에 대한 깊은 책임감

삶은 한 번뿐이다. 연습이 없다. 매 순간순간이 실전이다. 누구나 자기 자신의 말과 행동에 대해 책임을 져야 한다. 책임감은 누구에게는 부담스러운 것이고, 또 누구에게는 충실한 삶을 만드는 촉매제다. 특히 지도층에 있는 사람의 책임감이 조직의 건강과 사회 발전에 반드시 필요하다. 감독 코치, 특히 팀의 의사 결정권자인 감독도 그러하다. 인격자는 자신의 잘못에 대해 부끄러워하는 사람이다. 자신에게 주어진 의무를 깊이 자각하여 힘써 완성하는 사람이다. 그러면 K리그 감독 코치는 지도력을 높이고 리그 수준을 고양시키기 위해 무엇을 해야 하나? 자신의 역할을 자각하면 올바른 방향을 찾아내고 구체적으로 실천할 수 있는 개연성이 성큼 높아진다.

(1) 소속 구단의 경기력을 지금보다 성큼 높여야 한다

이걸 해내어야 한다. 그것도 최대한 빠른 시일 안에. 매 연습 시 계획적으로 작성한 교수학습지도안대로 가르쳐야 한다. 경기를 구조적 효과적 통합적으로 준비하여 빠르게 프리미어리그 수준 그 이상으로 높이면 나쁘지 않다. 감독 코치가 공부하는 만큼 리그 수준이 발전한다.

(2) 감독은 구단 마케팅의 선봉장이 되어야 한다

엄밀하게 분석하면, 감독의 '고유 권한'이란 무엇인가? 감독은 구단에 고용된 사람이다. 계약 기간이 끝나거나 또는 중도에 해고될 수도 있다. 구단은 오래 존속하나 감독은 왔다가 간다. 감독의 업무는 구단과 동떨어져

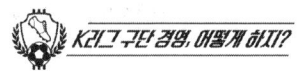

있는 독립적으로 존재하는 게 아니다. 직책에 따른 구단의 모든 업무가 구단이 이루고자 하는 목표 달성의 한 분야다. 감독의 선수단 운용도 그렇다. 구단 경영 안에서의 '선수단 운용'인 것이다.

여기에다 감독 코치가 마케팅의 중심이고 선봉이라는 걸 하루속히 깨달아야 한다. 가성비가 높은 좋은 상품은 저절로 팔린다. 찬탄을 자아내는 흥미진진한 경기에는 관중이 몰려온다. 감독 코치의 역할을 선수 지도와 경기 운영으로 한정해서는 안 된다. 구단 마케팅, 그중에서도 관중석 점유율이 감독 자신에게 달려 있다는 걸 한시라도 잊어서는 안 된다. 평균 관중 숫자가 중계권료와 메이저 스폰서십 성패의 핵심요소라는 걸 감독은 항상 인식하고 있어야 한다. 이 외 K리그 감독 코치가 걸어가야 할 방향에 대해서는 아래의 '4) 감독에게 방향과 기준을 제시하는 목표 설정'을 참고하기 바란다.

3) 감독 코치가 '평생교육'을 실현하는 몇 가지 방법

방법은 실로 다양하다. 많고도 많다. 아래에서 보여주는 방법도 유력한 방안 중의 하나다. 모두 실행할 수 있으면 더할 나위 없이 좋지만 현실적으로 거의 불가능하다. 취사선택하되 보다 많이 보다 치열하게 실천할수록 더 **빠르게** 지도력이 향상된다. 아마 감독 코치 스스로 하기에는 어려움이 있을지도 모른다. 구단 사무국이 도와줘야 가능하다. 감독 코치 스스로 하기에는 벅찬 과제들이 여럿 있다.

(1) 축구 전문서 집필하기

집필하는 그 자체가 탁월한 공부가 된다. 집필하기 위해 틈틈이 공부하게 된다. 자료를 찾고 읽으며, 글을 쓰게 된다. 차례를 정하고 본문을 한 꼭

지식 완성해가고, 탈고 후 교정 수정 보완하는 그 자체가 확실한 공부가 된다. 그런데 한국의 감독 코치가 출간한 축구 전문서(수필이나 평론 등이 아닌)가 너무나 희귀하다는 건 무엇을 의미하는가?

우연히 그 감독과 통화를 하게 되었다. 여러 이야기가 오갔고 도중에 축구 서적에 대해 의견 교환을 나누게 되었다. 이 서적 저 서적 등을 말하면서 "알고 있느냐?"라고 질문하자 "그런 책이 있는가? 모른다"라고 답했다. '축구 전문서에 대해 관심이 별로 없는 분이구나. 책도 읽지 않는 감독이구나' 하는 느낌을 받고 실망스러웠다. 감독 코치의 집필과 출간은 너무나 드물고 축구 서적을 읽는 감독 코치도 그리 많지 않다. 축구 서적이 출간되면 초판 1쇄 500권도 판매되지 못하는 경우가 98% 이상이다.

(2) 세계 최고의 의도된 '교수학습지도안'에 의한 코칭

계획 없는 하루는 잃어버린 하루다. 계획 없는 즉흥적인 연습은 실패한 연습이다. 그날 연습의 성패는 준비에 달려 있다. 즉, '교수학습지도안'을 준비했느냐, 아니냐, 준비했으면 완성도가 어느 정도냐에 달려 있는 것이다.

최고 최적의 교수학습지도안을 만들어라

교수학습지도안이 지도 계획의 출발이요 시작이다. 준비를 잘할수록 좋은 성과를 내는 건 상식이다. 반면에, 준비에 실패하면 실패를 준비한 것이나 다름없다. 세밀하고도 의도적으로 계획되고, 최적의 학습도구를 사용하며, 파급 효과가 가장 큰 기본적이고 핵심적인 요소를 빠뜨리지 않고 모두 담고 있으며, 실수에 즉시 교정이 이루어지며, 다양하고도 과학적인 교수학습이론과 교육공학을 적용하며, 주제의 전개가 구조적이면서도 통합적

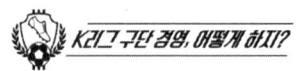

이며, 최적의 피드백을 제공하는 세계의 경쟁자보다 앞서는 혁명적인 학습지도안을 작성하라.

그리고 매일의 연습이 이처럼 계획되고 준비된 학습지도안 그대로 진행되어야 한다. 이러면 월드 클래스가 나오지 않으려야 나오지 않을 수 없다. 여기에다 이렇게 만든 교수학습지도안이 책으로 출판되어 시중 서점과 인터넷 서점에서 판매되곤 해야 한다. 그리하여 그 성과가 다른 감독 코치에게 전파, 공유되고 그들에게 도전을 주어 학습지도안을 책으로 내는 감독 코치가 점점 많아져야 할 것이다. 그 책들은 한국 축구의 소중한 지적 자산으로 두고두고 활용될 것이다. 그러나 이런 결과물 역시 한국 축구 시작 이래 지금까지 단 한 권도 나오지 않고 있다. 감독 코치 여러분, 자신의 교수학습지도안을 선수와 학부모에게 공개하라!

—— 1등 축구팀을 만드는 비결 / 김기호 / 도서출판 사람들 / P74

(3) 연구수업

감독 코치는 자기 자신의 코칭의 완성도에 대해 잘 모른다. 연구수업을 하고 수업(연습) 참관자의 지적을 통해 자신의 수업의 장단점을 알 수 있다. 이걸 바탕으로 바로 자신의 코칭을 한 단계 이상 발전시킬 수 있다.

연구수업을 하라!

'연구수업'이란 미리 정한 시간과 장소에서 초청한 축구 지도자, 선수 학부모, 축구 관련 전문가, 교육학자 등 관계자들 앞에서 감독이나 코치 중 1인이 소속팀 선수를 1회 지도한 후 활발하고 깊이 있게 수업을 평가하고 더 바람직한 방안을 찾아내는 수업을 말한다. 물론 연구수업도 철저하게

미리 계획한 교수학습지도안에 의해 이루어진다. 이 과정에서 자신의 옷에서 나는 냄새를 자신이 감지하지 못하듯 지도자 스스로는 생각하지도 않고, 생각할 수도 없는 장단점이 속속들이 드러나기에 한 번의 연구수업으로 많은 걸 배울 수 있다. 이걸 지도력의 혁신으로 사용하는 것이다.

초청자들의 혹독한 평가는 피가 되고 살이 된다. 사회 각계각층에서 가장 폐쇄적이라는 평가를 받고 있는 집단 중 하나인 각급 학교에서도 오래전부터 이렇게 하고 있다. '학생들을 보다 잘 가르치기 위해서'라는 명분으로 아예 제도화시켜 놓았다. 그러나 한국 축구계는 이런 것조차 하나 제대로 하고 있지 않다. 어느 팀의 축구 감독이나 코치의 연구수업, 이런 걸 한 번이라도 들어본 적이 있는가? 이런 연구수업에 한 번이라도 참관한 사람이 있는가? 초중고 대학 등 학원축구팀의 경우 감독 코치의 지도력에 대해 지도하거나 조언하는 그 누구도 없다. 어제도 오늘도 내일도 감독 코치의 개인적인 판단과 선택으로 연습이 이루어지고 있다.

─── 1등 축구팀을 만드는 비결 / 김기호 / 도서출판 사람들 / P74 ~ 75

(4) 독서

매주 엄선한 책 2권 이상 읽자. 1년이면 102권 읽을 수 있다. 10년이면 1,000권을 돌파한다. 100권을 돌파하는 순간 잠들어 있는 두뇌의 인식과 사유에 혁명이 일어나기 시작한다. 팀 경영이 달라지는 터닝 포인트로 작용한다.

(5) 감독 자신의 연습 내용을 동영상으로 보고 피드백하기

객관적인 입장에서 살펴보면 고칠 점이 저절로 보인다. 매우 효과적인 자기 점검, 자기 분석 도구다.

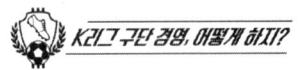

⑹ 코칭스태프의 집단토의

리버풀의 4번(1977, 1978, 1981, 1984)의 유럽챔피언스리그 우승은 집단토의에서 비롯되었다.

⑺ 전문가의 강연 듣기

자신이 모르는 새롭고 독창적인 세계를 알게 된다. 정보 알아 찾아가서 들으면 된다.

⑻ 타 종목의 우수 감독의 연습 참관하기

배우고 채택할 게 많다.

⑼ 경영학 공부하기

팀 운영이 바로 경영이다. 지금 팀의 무엇을 혁신하고 무엇을 폐기할 것인지를 알게 된다.

⑽ 학부모의 역할 알려주기

학부모가 올바른 역할을 수행하면 선수 경기력이 3배 이상 빨리 향상된다. 이걸 반드시 해야 한다.

⑾ 코칭 상품 활용하기

이 역시 선수의 경기력을 최소 3배 이상 빠르게 향상시킨다. 여러분의 팀에서 활용하고 있는 코칭 상품의 종류는 얼마인가? 그보다 더 효과적인 코칭 상품은 없는가? 코칭 상품 정보를 어디서 구하고 있는가? 많고 많은 코칭 상품 중 왜 그 정도의 코칭 상품만을 활용하고 있는가? 현재 당장 최우선적으로 채택해야 할 코칭 상품은 무엇인가?

⑿ 외부 전문가 활용하기

많은 영역에서 외부 전문가가 해답을 가지고 있다. 감독 코치는 만능이 아니다. 외부 전문가를 활용하는 게 자존심의 상처가 아니다. 이런 '부족의 심리'에서 벗어나지 못하면 절대로 유능한 감독 코치가 될 수 없다. 스스로 족쇄를 채우는 꼴이다. 열린 마음으로 유능한 외부 전문가를 찾아 팀 성장에 적극 활용하라.

⒀ 인터넷은 현저하게 탁월한 스승

축구 카페, 블로그, 홈페이지, 유튜브 등에서 온갖 유익한 정보와 지식을 습득할 수 있다.

⒁ 코칭 철학을 계속 성장시키기

코칭 철학은 코칭의 방향, 기준, 과정, 목표를 알려준다. 코칭 철학에 대해서는 앞에서 비교적 자세히 다루었다. 한결같은 정신자세로 자신의 코칭 철학을 성장시켜가야 한다.

4) 감독 코치에게 방향과 기준을 제공하는 목표 설정

도달하고자 하는 목표가 분명하면 세부 계획과 시기별 단계별 실천 과제를 명쾌하게 알 수 있다. 목표는 방향이다. 언제나 '열심'보다 '방향'이 더욱 중요하다. 감독 코치는 아래 목표를 설정하고 반드시 성공하길 기원드린다.

⑴ 지도력의 성과를 창출하여 한국과 세계에 전파

월드 클래스를 꾸준히 배출하면 세계가 주목한다. 이 방법을 창안하여 한국과 세계에 전파한다. 세계의 유망주들이 앞다투어 한국으로 유학 오게 된다. 세계의 여러 축구 협회와 프로구단의 외주 요청과 컨설팅 제안이 쇄도하게 될 것이다. 오직 공부뿐이다.

(2) 자국 리그 및 AFC 챔피언스리그 우승

어려운 일이 아니다. 계속해서 우승할 수 있다. 우승 노하우가 축적되면 더 쉽게 더 많이 우승할 수 있다. 여러 우승 경력이 더 높은 레벨에서 일할 수 있는 기회를 만들어줄 것이다.

(3) 지속적인 월드 클래스 육성

오랜 시간이 필요 없다. 18세 이전에 월드 클래스로 완성시킨다. 고교 유스의 경우, 3년 안에 충분하다. 섬세하고도 충실하게 활용할 때 3년이란 엄청 긴 시간이다.

우선, '3년 안에 이적료 1,000억 원 이상의 월드 클래스를 배출하겠다'라고 발표하는 것이 시작이다. 자기 자신과 외부에 한 이 약속이 출발점이다. 그는 약속을 지키기 위해 행동할 것이다. 둘째, 이걸 달성하기 위해 최고 최선의 방안을 마련하는 것이다. 셋째, 그 결과물이 등장하는 것이다. 목표 행동 결과가 일직선으로 관통하면서 최고 최대의 시너지 효과를 창출할 때 걸작품이 완성되는 것이다.

(4) 선수들의 빈번한 유럽 진출

유럽 메이저 리그에 한국 선수들이 가장 많이 활약한다면? 이걸 달성할 수 없을까? 이 역시 가능하다. 그들이 추구하는 그 이상의 실력을 소유하면 팀을 골라서 진출할 수 있다.

(5) 유럽과 남미 축구 강국의 감독으로서 월드컵 우승

불가능한 일이 아니다.

(6) 유럽 명문 구단 감독

유럽챔피언스리그 우승이면 더욱 바람직하다.

(7) 창발적이고 흥미진진한 경기로 매 경기 만원 관중 기록

이에 촉발되어 고액의 중계권료와 메이저 스폰서십을 성공시킨다.

11
철저하고 온전한 셀링 구단 되기

2019년 1월 1일 광주광역시가 광주 FC를 매각하겠다고 발표했다. 이용섭 광주광역시 시장은 민선 7기 취임 초부터 광주 FC의 매각 의사를 두 차례 밝힌 바 있다. 2019년 9월에도 매각 의사를 밝혔다. 정원주 광주 FC 대표이사 사장도 "K리그 1으로 승격하면 한해 운영비가 100억 원을 넘어서는데 매각하는 게 맞다"라고 말하고 있다. 한해 80억 원(보조금 60억 원)에 달하는 운영비 부담에 따른 피로감 때문이다. 유스 선수를 현저하게 탁월하게 완성시켜 거액의 이적료로 유럽 명문 구단에 파는 게 아니라 해마다 밑 빠진 독에 물 붓기식으로 만성적자에서 헤어나지 못하는 구단을 아예 팔겠다고 하였다. 이전에 대전 시티즌도 매물로 내놓았으나 그 어떤 기업도 관심을 가지지 않았다. 포항 스틸러스나 전남 드래곤즈 같은 기업 구단에서도 외국인 대주주가 매년 소속 프로 구단에 대한 지원을 줄이려고 은근하게 압력을 넣고 있는 경우도 적지 않다. 여러 이유로 기업구단의 1년 예산이 점점 줄어들고 있다. 전북 현대 정도만 예외다. 더 나아가 구단을 매각하자고 주장하는 경우도 있다. 프로구단의 1년 적자분 만큼 자신의 주가 상승과 배당에 도움이 되지 않기 때문이다.

2019년 6월, 19세의 주앙 펠릭스(벤피카 리스본)가 스페인 아틀레티코 마드리드로 이적했다. 이적료는 1억 2,600만 유로(1,656억 원)였다. 대한축구협회의 2년 치 예산에 가까운 금액이다. 데 리흐트(19세, 아약스)도 1,000억 원 이상의 이적료를 기록했다. 올해 보도된 내용이다. 잘 알려진 그대로, 킬리안 음바페(당시 18세)의 이적료는 2,400억 원이었다. 10대 유망주에게 1,000억

원 이상의 몸값이 매겨지는 시대가 왔다.

그러나 K리그는 이런 뉴스가 그림 속의 떡이다. 1983년 5월 8일 K리그 출범 이후 그 적지 않은 시기에 이적료 신기록은 김기희의 70억 원이다. 최근에 이루어진 한국 최고의 10대 유망주들의 이적료를 살펴보면 아예 유럽의 미래 스타들에 비교조차 되지 않는다.

2019년 7월, 2019 FIFA U-20 월드컵 준우승의 주역 수비수 이재익(20, 강원 FC)이 카타르의 알 라얀으로 이적했다. 구단과 김병수 감독은 이재익을 조련시켜 장차 팀 전력의 중심축으로 삼으려고 했다. 그러나 그의 이적을 막을 수는 없었다. 바이아웃 조항 때문이다.

원인이 무엇일까? 여러 가지다. 가장 중요한 원인 중의 하나가 '생각의 크기'가 지나치게 작다는 것이다. 이적료 1,000억 원 이상의 선수를 육성하겠다, K리그 구단 사무국과 감독 코치는 이런 생각조차 하지 않고 있는 듯하다. 생각이 없는데 어떻게 행동이 나오겠는가? 자신이 없다고 지레 포기하거나 현실에 안주하는 건 비겁한 자세다. 스스로 하려니 자신도 능력도 없고 다른 사람의 도움을 받으려니 자존심이 상하고, 이런 부족의 심리에 갇혀 있는 감독이 아닌지 스스로 점검해볼 일이다. 자신의 발전도 구단의 성장도 막는 극단적인 나약함이다. 방법을 모르기는 구단도 마찬가지다. 종종 해답이 조직 밖에 있는 경우가 많다. 함께 힘 모아 아이디어를 모으고 창발성을 길어 올리면 K리그 구단도 얼마든지 작품을 만들 수 있다.

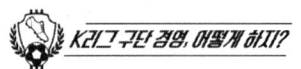

1) 이적료 수익이 발생하는 3 가지 통로

첫째, 프로 유스 이적료다. 가장 바람직하고 효과적인 방법이다. 18세 이전 유럽 명문 구단 이적을 목표로 준비한다. 물론 이적료는 1,000억 원 이상으로 잡는다. 크게 생각하고 크게 이루자. 그들이 해냈으니 우리도 할 수 있다. 아니 더 잘할 수 있다. 팀의 성장이 목표가 아니라 선수 개인의 성장을 목표로 한다. 여기에 최고 최선의 방법으로 최단 시간에 성과를 낸다.

둘째, 외국인 선수의 이적료 수익이다.
정확한 감식안으로 외국인 선수를 스카우트하면 이런 일이 일어난다. 2019년 2월 말컹이 중국 허베이 화샤 싱푸로 이적했다. 이적료는 600만 달러(67억 원)이다. 말컹은 경남 FC를 K리그 1으로 승격시키는데 일등공신으로 활약했고, 거기에다 67억 원의 이적료를 구단에 안겨준 친절하고 고마운 선수다.

셋째, 구단 소속의 한국인 선수 이적료다.
실력 있고 거기다 운이 좋으면 팀에 거액의 이적료를 선물하기도 한다. 대표적인 보기로, 이적료 540만 유로(70억 원)의 김기희 선수가 1위이며, 올해 2019년 상하이 선화로 옮긴 김신욱 선수의 535만 유로가 2위를 기록하고 있다.

2) K리그 구단, 왜 셀링 구단이 되어야 하는가?

구단마다 직면하고 있는 상황이 모두 다르고 추구하는 방향도 그러하다. 선수를 육성시켜 거액으로 이적시키면 여러 가지 유익이 발생한다. 천문학적인 이적료는 구단 재정에 크게 도움이 된다. 유스 육성 노하우를 가지게 되어 뛰어난 선수를 계속 배출할 수 있고, 1군 경기에 활용할 수 있다. 그 선수 포지션에 영입 자금이 들지 않거나 줄일 수 있다. 이 선수의 성장과 함께 한 충성 팬들이 생기기도 한다. 유스 육성 지명도가 높아지면 보다 우수한 유스 확보

에도 유리하다. 이 외에도 여럿 있다. 유스 육성에 자신 있다면 적극적으로 셀링 구단이 되어야 한다. 아니, 확고한 셀링 구단을 목표로 하고 성과를 내면 된다.

대표적인 셀링 리그인 벨기에는 FIFA 랭킹 1위를 차지하곤 한다. 인구는 고작 1,150만 명 정도다. 2018 러시아 월드컵에서는 3위를 차지했다. 결승에 오를 뻔한 뛰어난 경기력을 보여 주었다. 한국과 세계는 벨기에를 벤치마킹하기 시작했다. 포르투갈과 네덜란드도 유럽의 대표적인 셀링 리그다. 대표적인 셀링 구단으로는 웨스트햄, 사우샘프턴, 포르투, 벤피카, 모나코, 아약스, 산투스(브라질) 등이 있다. 참고로, 지난 5년간 가장 많은 이적료 수익을 올린 구단은 모나코다. 무려 8억 6,500만 유로(1조 1,470억 원)의 수익을 올렸다. 벤피카도 예사롭지 않다. 프로연맹과 K리그 22개 구단은 이런 보도를 구경만 하고 있을 뿐이다. K리그 22개 구단도 철저하게 온전한 셀링 구단이 되어야 한다. 왜 그런가?

(1) 상대적으로 조그마한 한국 축구시장

한국의 축구시장은 그리 크지 않다. 개발 가능한 영역에서도 개척과 활용이 지지부진하다. 프로 축구보다 인기 있고 재미있는 분야도 여럿 있다. 거기다가 축구 자본과 경영 노하우를 가진 유럽 구단이 호시탐탐 여건이 무르익기를 기다리고 있다. 지금으로선 만성적자를 반전시킬 카드가 있는가?

국내시장과 해외시장 모두 중요하다. 가용할 수 있는 인력과 자원이 한정되어 있기에 우선순위를 정해야 한다. 그중의 하나가 '철저하고 온전한 셀링 구단'이 되는 것이다. K리그 22개 구단이 해외에 무엇을 팔 수 있을까? 중계권료, 스폰서십, 구단 상품? 아니다. 아직은 설득력이 부족하다.

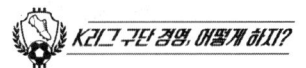

그러나 선수 이적은 가능하다. K리그는 아시아에서는 최고 수준의 리그다. 실제로 일본 중국 중동 유럽 미국 등 여러 나라로 진출하고 있다. 선수 이적은 조금만 더 준비하면 바로 그만큼 효과를 낼 수 있는 분야다. 제대로 준비하면 천문학적인 이적료를 확보할 수 있다. 유스 육성, 외국인 용병, 구단의 한국 선수의 해외 이적은 조그마한 한국 축구시장에서 고전하고 있는 K리그 구단이 반드시 그리고 의도적으로 선택하고 나아가야 할 방향이다. 마치 자원이 없는 한국경제가 수출로 돌파구를 열었듯이.

(2) 이적료, 구단의 가장 큰 수익 발생 통로

K리그 22개 구단은 매년 적자를 기록하고 있다. 뾰족한 해결 방안도 없다. '구단 자립기금'을 적립하는 구단이 한곳도 없는 듯하다. 프로구단은 기업이다. 수십 년 동안 한 해도 흑자를 내지 못하고 계속 적자를 면치 못해도 존립하고 있는 게 신기할 정도다. 계속 이래서는 안된다. 자존심도 없나? K리그 구단이 국내외에서 수백억 원에서 1,000억 원 이상의 수익을 발생시킬 수 있는 영역은 없다. 오직 하나, 선수 이적 분야뿐이다. 그러나 아직 어느 구단도 못하고 있다.

결과에는 원인이 있다. K리그 구단에는 여러 조직이 있다. 이사회, 대표이사 사장, 단장, 사무국 직원, 코칭스태프, 선수단이다. 이들 중 그 누구도 '꿈같은' 목표를 세우지 않아 '꿈같은' 성과가 나오지 않은 건 아닐까? 조그마한 성과에 안주하면 결코 혁신이 일어날 수 없다. 세계 비전기업들의 기업문화 중의 하나가 '불만족 제도'다. 날마다 세계 1위를 추구해야 한다. 자기중심적인 고정관념을 탈피해야 한다. 어제의 자기 자신과 결별해야 한다.

유망주 육성을 통한 거액의 이적료는 K리그에 절실하다. 구단 흑자, 구단 자립 기금 적립, 우선순위에 따른 투자 등에 활용하여 선순환 연착륙을

가능하게 한다. 다행히 한국에는 월드 클래스의 재능이 즐비하다. 세계의 축구시장은 점점 커져 가고 유럽 명문 구단들이 실력 있는 미래 스타를 찾고 있다. 우선 3년 안에 이적료 1,000억 원 이상의 유스 선수를 1명 이상 만들어내기 바란다. 그리고 구단 직원 모두에게 3억 원 이상의 성과 보너스를 지급하자.

(3) '세상에 없던' 유스 육성 시스템 창조 기회

K리그 22개 구단 관계자들은 모두 유스 육성의 중요성을 강조하고 있다. 그러나 그 성과는 미미하다. 끈기와 집념도 부족했다. 사명감으로 과제를 대하는 진지함이 아쉽다. 목표를 달성할 때까지 전력투구하는 집요함도 찾아보기 어렵다. 하지만 지나간 과거는 돌이킬 수 없고, 지금부터 심기일전하여 제대로 하면 된다. 지금까지 세계적인 유망주를 기르지 못한 이유부터 철저하게 분석해야 한다. 지금의 방법으로는 불가능하다는 걸 완벽하게 온전하게 이해해야 한다.

거대한 성과를 낼 수 있는 '세상에 없던' 유스 육성 시스템을 만들자. 얼마든지 가능하다. 이 쉬운 걸 아직도 못해낸 게 신기하다. 의식을 전환해야 한다. 관점을 바꾸어야 한다. 습관의 관성을 탈피해야 한다. 이렇게 할 때 비로소 적확한 방향을 선택할 수 있다. 마르지 않는 샘물처럼 이런 시스템은 특출한 선수를 계속 배출해내는 구조로 기능한다.

(4) 축구산업을 통한 한국경제 부흥에 기여

아마 이런 생각을 하는 프로구단 관계자나 축구인들이 없는 듯하다. 언제 어디서나 누구에게나 갇혀 있는 조그마한 의식으로 획기적인 변화를 창출할 수 있을까?

다시 말하지만 브라질은 해마다 600 ~ 1,000명 이상의 프로선수를 해외

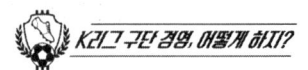

로 진출시키고 있다. 이 분야 세계 1위다. 축구 유학 오는 세계의 선수들과 축구 여행 오는 여행객들, 브라질 감독 코치의 세계 진출 등 축구산업으로 매년 90조 원 이상을 벌어들이고 있어 국가 경제에 효자 노릇을 톡톡히 하고 있다. 브라질에서 이보다 더 많은 외화를 획득하고 있는 산업 분야가 있는가? 한국이 브라질보다 더 많은 프로선수를 수출할 수 없을까? '세상에 없던' 유스 육성 시스템, 유능한 감독 코치, 축구 장비와 시설, 축구 상품, 구단 경영 노하우, 축구과학, 해외 유망주 유치, 마케팅, 미디어 등으로 해마다 200조 원 이상 벌어들일 수 없을까? 200조 원 이상이면 한국의 1년 예산의 40% 이상이다. 그 실마리는 유스 육성이 될 것이다.

사람은 인식하지 않은 것에 대해서는 어떤 행동도 생각도 할 수 없다. 축구인들 각자가 자기 자신이 하는 일을 세계 1위로 만들겠다는 결의를 해야 한다. 그리고 빠르게 그렇게 해내어야 한다. 왜 못하는가? 왜 현재에 만족하는가? 매일 그렇고 그런 평범한 일상에 매여 평생을 살아가기 위해 태어났는가? 축구인들도 역사와 경쟁해야 한다. 민족과 국가가 처한 어려움을 극복하기 위해 각자 각자가 선봉에 서자. 그리하여 축구산업으로 한국경제 위기를 극복하고 부흥을 이루어내자.

3) 무엇을 어떻게 할 것인가?

상식적으로 생각하고 풀어 가면 된다. 상황을 정확하게 파악하는 데서부터 시작해야 한다. 평균 점수가 79점인 학생이 99점인 양 도취되어 있으면 원하는 명문 대학에 입학할 수 없다. 그리고 정직해야 한다. 최선을 다하고 있는지 스스로 점검해야 한다. 1983년 5월 8일부터 이 글을 쓰고 있는 오늘 2019년 8월 2일까지 단 한 명의 월드 클래스도 배출하지 못한 걸 겸허하게 인정해야 한다. 월드 클래스의 재능이 적지 않았다. 지금까지는 백약이 효험이 없었다. 자신의 무능을 아프게 받아들여야 한다. 이러한 뼈저린 자기성찰 없이는

근본적인 혁신이 일어날 수 없다. 여기서부터, 이 바탕 위에서 출발해야 한다. 그러면서도 '세상에 없던' 유스 육성 시스템을 창출해야 한다.

(1) **목표 확립과 공유 : 철저하게 셀링 구단 되기**

구단 사무국이 전략 사령부다. 구단 사무국이 중심이 되어 온전하고 철저하게 셀링 구단을 추구한다고 코칭스태프, 선수, 학부모, 지역사회, 축구 관계자들에게 알려야 한다. 이들이 크게 모여 목표와 정보를 점검하고 역할도 분담한다. 수시로 아이디어를 모으고, 추진 상황을 점검하고 지원하며, 수정 보완하는 등 개선과 혁신을 위한 전진을 멈추지 않는다. 그리고 지속적으로 셀링 구단으로서의 목표, 과정, 성과 등을 의논하고 정보를 공유해야 한다. 그 필요성을 이해시켜 자발적으로 동참하는 환경을 만들어야 한다.

(2) **'지금까지 세상에 없던' 유스 육성 시스템 만들기**

이제 가능한가? 당연하다. 유럽 축구를 우상시하는, 유럽축구에 사로잡힌, 유럽 축구에 경도된 축구인들이 너무나 많다. 유럽 축구에서 배울 것도 있다. 그러나 유럽 축구도 취약점이 여기저기에 있고, 유럽을 이겨야 한국 축구가 세계 경쟁력을 가지게 된다는 걸 명심해야 한다. 유럽 축구는 극복 대상일 뿐이다. 또 그렇게 할 수 있다. 이 세상에서 경쟁자는 오직 자기 자신뿐이다. 한국 축구도 그렇다. 각자가 자신의 역할에서 세계 최고가 되면 된다. 한 세계에 일평생 천착하여 일가를 이루어 지구촌 첫째 가는 전문가가 속출해야 한다.

가. **2가지 안 도출 후 하나로 통합하기**

두 곳에서 '지금까지 세상에 없던 유스 육성 시스템'을 만든다. 한 곳은, 구단 사무국이다. TF(임시 업무 조직)를 조직 후 여기서 계획서를

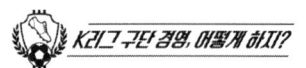

낸다. 또 하나는, 외주를 주고 여기서 또 하나의 보고서를 제출한다. 그리고 이 두 안을 통합하여 하나의 안으로 통일한다. 이 작업은 'TF팀'과 '외주팀'이 공동으로 진행한다. 완성도를 높이기 위해서다. 이걸 다시 외부 전문가에게 넘겨 신뢰도와 타당도를 높인다. 이후 토론회(유스 육성 시스템 발표와 이에 따른 토론)를 거쳐 확정한다. 이제 유스 육성 시스템이 나왔다. 물론 이후에도 수정, 보완, 추가, 혁신, 질문, 다르게 생각하기 등을 계속해야 한다.

나. 유스 육성 담당 부서 확대 개편

현재 K리그 22개 구단 사무국에 유스 담당이 거의 1명이다. 몇 곳이 2~3명 있다. 유스 육성을 중시한다면 이렇게 홀대할 수가 없다. 아예 경쟁이 안되는 조직이다. 인건비를 아끼기 위해서다. 그러나 인원을 충원하고 월등한 성과를 내면 비할 수 없이 구단 재정에 기여한다. 담당 인원을 확대해야 한다. 사무국의 유스 전담팀, 코칭스태프, 집단지성(축구과학, 축구 심리학, 경영학, 교수학습이론, 동기부여가, 식품영양학, 체력학, 코칭 상품 전문가, 중개인 등), 스카우터, 선수 대표, 선수 부모 모임 등으로 구성해야 한다. 그리고 새들 중에서 가장 빨리 비행한다는 마르틴 제비처럼 활활 발발하게 운영해야 할 것이다. 한마디로 확실하게 성과를 낼 수 있는 조직으로 만들어야 한다.

(3) 역할 분담 및 지원하기

사무국이 유스 육성 담당 구성원들에게 역할을 부여한다. 이때 반드시 업무 완료 시기를 명시해야 한다. 그리고 역할은 명쾌하게 구체화하여 문서로 전달한다. 동시에 수시로 만나 의논, 점검, 지원하는 등 임무를 잘 수행할 수 있도록 동기부여하고 긴밀하게 돕는다. 적절한 보상은 필수다. 사무국 코칭스태프 그리고 집단지성의 역할에 대해서는 수차례 말한 바 있다.

12

벤치마킹 팀 운영

프로연맹과 K리그 22개 구단도 벤치마킹으로 구단 경영과 리그 운영을 보다 발전시키려고 시도하곤 한다. 프로연맹이 주선하여 12월에 K리그 유스 지도자들이 유럽 연수를 갔다 오곤 한다. 사무국도 J리그에서 배우려고 수시로 일본으로 간다. 이 역시 벤치마킹의 한 방법이다. 한 가지 아쉬운 점은 이런 벤치마킹의 효과가 미미하다는 것이다. 달라졌는가? 감독 코치의 교수학습 방법이 괄목상대 환골탈태를 이루었는가?

앞에서도 말했듯이 프로연맹은 정말이지 많은 일을 하고 있다. 부지런하다. 최근 사례를 한 가지 살펴보자. 2019 K리그 15세 이하와 14세 이하 챔피언십이 포항 일원(2019. 6. 23 ~ 7.3)에서 펼쳐졌다. 선수들이 더 많이 경기할 수 있도록 토너먼트에서 리그 방식으로 바꾸었다. 팀 순위도 매기지 않는다. 선수와 학부모가 만족하고 있다. 이 전에는 준프로 계약, K리그 22세 이하의 의무 출전 제도, 해외연수 등 더 효과적인 제도를 만들어 시행하고 있다. 2019 U-20 월드컵에서 2위를 해냈고, 엔트리 20명 중 12명이 K리그 유스였다. 1군 선수 중 유스 출신 비율이 31%다. 스페인(23.7%) 프랑스(19.4%, 이상 2016년 기준)보다 높다.

그러나 K리그 유스 정책은 여전히 그리고 너무나 부족하고 부실하다. 마치 '찻잔 속의 태풍', '도토리 키 재기'를 벗어나지 못하고 있는 형국이다. 1군 선수 중 유스 출신 비율이 스페인 프랑스보다 높다고 자랑할 일이 전혀 못된

다. 스페인 프랑스 등이 월드 클래스를 꾸준히 배출하고 있는 동안 K리그는 단 한 명도 육성하지 못했기 때문이다. 미래 유망주 한 명의 이적료가 1,000억 원이 넘는 사례가 속속 등장하고 있다. 대한축구협회 1년 예산보다 많고 웬만한 시, 도민 구단 10년 치 예산 총합보다 많은 액수다. 한 해 해외로 이적하는 한국 축구선수 이적료를 다 합해도 1,000억 원근처에도 못 가고 있는 실정이다.

2019 U-20 월드컵에서 한국 대표 선수들은 체력과 조직력 그리고 전술로 경기했다. 개인기에서 경쟁이 안되기 때문에 선택한 고육지책이었다. 프로 무대에서는 그 무엇보다 1 : 1 능력이 선수의 성패를 결정짓는다. 프로 축구는 1 : 1의 연속이다. 개인기가 전술에 우선한다. 상대적으로 개인기에 뒤지는 이 선수들 중에서 후일 월드 클래스로 성장하는 선수가 한 명이라도 나올 수 있을지 궁금하다. 1983년 20세 세계청소년축구대회(감독 박종환) 4강과 2012 런던올림픽 축구 3위를 기록한 선수들 중에서 세계적인 선수로 활약한 경우는 단 한 명도 없었다.

작은 것을 개선하는 것도 중요하다. 하지만 근원적인 혁신 없이 이 수준에서 머문다면 결코 세계 경쟁력을 만들어낼 수 없다. 프로연맹과 K리그 22개 구단은 구조를 혁신해야 한다. 구조가 결과를 결정한다. 의식을 전환해야 한다. 생각의 크기가 너무 작다. 여기서부터 출발하는데, 이게 없으면 그 어떤 혁신도 일어날 수 없다. 지금 당장 무엇을 혁신하고, 무엇을 폐기할 것인가? 우선순위 선정이 시급하다.

1) 벤치마킹의 장점

이 역시 상식적으로 정리할 수 있다. 벤치마킹이란 모범사례나 성공사례를 적용하는 행위다. 프로구단도 개인, 기업, 조직, 국가와 마찬가지로 벤치마킹을 통해 톡톡히 효과를 볼 수 있다. 비유하면, 자동차가 어느 길을 더 빨리 운행하겠는가? 잘 만들어진 20차선 고속도로와 길이 없어 산을 깎고 나무를 베

어 길을 만들어가면서 가는 것과.

(1) 보다 빠르게 적용하고 실행할 수 있다

사실 벤치마킹은 별 어려움이 없는 경우도 많다. 다른 구단이 이미 실행하고 있기에 곧바로 차용할 수 있다. 기획하고 연구하는 시간과 노력을 절약할 수 있다. 그대로 적용하여 실행하거나 보완하면 되기 때문이다. 일례로, K리그 A 구단이 웨스트햄의 유스 육성 시스템을 확보했다면, 구단 실정에 맞게 취사선택하여 바로 활용할 수 있다.

(2) 벤치마킹 대상보다 더 뛰어난 시스템을 만들 수 있다

기존의 시스템이나 매뉴얼에 새로운 걸 추가하면 되기 때문이다.

(3) 또 하나의 성취를 이루게 하는 원동력이 되곤 한다.

벤치마킹을 통한 성취와 성공은 조직 구성원들에게 자신감을 고취시키고 동기부여한다. 그리하여 새로운 시도를 하게 한다. 하나의 성공이 또 하나의 성공을 만들어내는 것이다.

(4) 새로운 과제를 시작할 수 있게 한다

벤치마킹하면 영감을 얻는 경우가 많다. 그동안 생각하지 못한 아이디어를 만나기도 한다. '앞서 있는 구단은 이렇게 하는구나. 우리도 할 수 있겠는데!' 하는 자신감을 쥐어주기도 한다. 이런 영감, 아이디어, 자신감이 모여 새로운 과제를 시도하는 원동력으로 작용하기도 한다. 이 외에도 벤치마킹의 장점은 여럿 있다. 벤치마킹의 사례 하나와 그 효과를 소개한다.

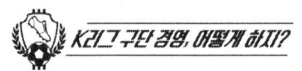

더 높은 곳에 베이스캠프를 설치하라

1922년부터 인류는 세계에서 가장 높은 산인 에베레스트를 정복하기 위해 끊임없이 시도해왔다. 하지만 그 산을 정복하는 인간의 수는 기껏해야 1년에 2명에서 3명뿐이었다. 아무리 많은 이들이 도전해도 그 산을 정복하는 사람의 수는 1년에 3명을 넘기기 힘들었다. 이는 60년 이상 지속되었다. 그러다가 놀라운 사건이 일어났다. 1988년을 기준으로 해서 그전에는 1년에 고작 3명 정도만이 그 산을 정복했지만, 1988년 이후부터 그 산을 정복하는 사람들의 수가 기하급수적으로 늘어나기 시작한 것이다. 1987년에도 2명밖에 에베레스트 정상을 밟지 못했다. 하지만 1988년에 무려 50명이 그 산의 정상을 밟았고, 그 후로 성공한 사람들의 숫자가 72명, 90명, 129명으로 늘어났다.

이유는 무엇이었을까? 한마디로 고정관념에서 벗어났기 때문이다. 1988년 이전까지는 에베레스트를 등정하고자 하는 모든 원정대는 해발 2,000~3,000m 지점에 베이스캠프를 설치했다고 한다. 하지만 1988년에 어떤 한 팀이 해발 5000m나 되는 높은 곳에 베이스캠프를 설치했다. 그러자 성공 확률이 갑자기 엄청나게 높아져 버렸다. 그래서 그 팀은 등정에 성공했다. 그것을 본 다른 팀들 역시 하나같이 그것을 따라 했다. 그러자 한 해에 기껏해야 2명이 성공하던 어려운 일이 50명 이상 성공할 수 있는 쉬운 일로 바뀌어 버렸다. 해발 2000m의 낮은 지대에 베이스캠프를 설치하던 고정관념을 깨버리고 해발 5000m의 고지대에 베이스캠프를 설치함으로써 성공 확률이 수십 배 높아진 것이다.

──나는 도서관에서 기적을 만났다/ 김병완 / 아템포 / P 209 ~210

2) 프로구단의 벤치마킹 팀 운영

(1) 벤치마킹 팀 조직하기

먼저, 사무국에 벤치마킹 팀을 구성한다. 여기서 출발한다. 업무 강도가 높지 않으니 벤치마킹 팀은 또 하나의 다른 업무를 동시에 맡아도 좋다. 업무 강도가 높지 않다는 건 쉽게 실행할 수 있다는 의미다.

(2) 연중 벤치마킹 대상 발굴

유럽 일본 미국 남미 등 앞서 있는 리그에서 보다 많이 찾아낼 수 있다. 기업과 사회단체에서도 적용할 수 있는 방안을 많이 발견할 수 있다. 발굴한 정보는 온, 오프라인에 담아두어 필요시 언제라도 찾아볼 수 있도록 한다. 신문에 보도된 모범사례를 스크랩북에 담는 것도 매우 효과적인 방법이다.

3) 적용하고 실행하기

벤치마킹 팀에서 적용할 수 있는 사례들을 선정한 후 구단 관계자들이 모두 모인 '벤치마킹 회의'에서 채택 여부를 결정한다. 통과한 걸 실행한다. 이때 필요하면 망설이지 말고 '아르바이트'나 '외주'를 줄 수 있다. 구단 내 인력이 없다는 핑계로 해야 할 일을 하지 않거나 못하는 잘못을 범해서는 안된다.

사실 벤치마킹은 업무 강도가 낮은 과제다. 바로 적용할 수 있는 등 장점도 많다. 시시각각 생존의 위협을 받고 있는 기업은 끊임없이 벤치마킹하고 있다. 프로연맹과 K리그 22개 구단이 벤치마킹 팀을 운영하지 않을 이유가 있을까?

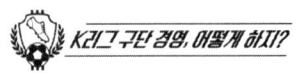

함께 일할 프로 축구단을 찾고 있습니다!

K리그는 1983년 5월 8일 출범하여 2019년 현재 37번째 리그를 진행하고 있습니다. 그동안 한국프로축구연맹과 K리그 프로구단은 부지런히 일했습니다. 유럽과 일본을 벤치마킹하려고 여러 번 갔다 왔습니다. 구단 사무국은 한결같이 업무를 추진해 왔고, 코칭스태프는 열과 성을 다해 선수를 지도했습니다. 일정 부분 발전을 이루었으나 핵심적인 과제는 여전히 해결되지 않고 있습니다. 아시아의 일본 중국 등에 뒤지고 있는 형국입니다. 세계 경쟁력은 말할 필요조차 없습니다. 원인이 무엇일까요? 새로운 방법, 새로운 시도가 있어야 하지 않을까요?

리그 출범(1983년) 처음부터 지금까지 적자 경영, 세계적인 선수를 한 명도 길러내지 못하는 유스 시스템, 갈수록 어려워지는 메이저 스폰서 유치, 빠르게 야구 영화 게임 유튜브 스마트폰 등 다른 여가활동에 점점 시장을 뺏겨 가는 추세이기에 해결해야 할 과제가 많이 있습니다. 1998, 2002 월드컵 이후의 반짝 인기 후 원점으로 돌아온 사례에서 보듯이 시스템에 의한 시장점유율 우위 확보가 중요하지 않나요?

지금의 구단 경영이념과 방법으로는 문제 해결이 쉽지 않다는 걸 현실이 보여 주고 있습니다. "한국 축구는 유럽에 비해 30년 이상 뒤져 있다."라고 말하는 유럽 축구인들이 적지 않습니다. "마케팅과 혁신만이 수익을 내고 나머지는 소모되는 비용일 뿐이다."라는 현대 경영학의 창시자 피터 드러커의 지적은 K리그에도 그대로 적용되지 않나요?

제안자는 지금까지 프로구단이 추진해온 방법과는 다른, 여기에다 기존의 방법을 혁신하는 방안을 여럿 가지고 있습니다. 요청이 있을 시 프로구단에 프

레젠테이션을 할 수 있습니다. 발표를 듣고 난 후 의논하여 진행하면 될 것입니다. 그동안 하나의 목표에 집중하여 쉼 없이 축구를 공부하고 연구해 왔습니다. 이미 해답을 가지고 있는 제안자와 함께 하는 프로구단은 두고두고 크나큰 성과를 낼 것입니다. 현저하게 탁월한 선수들이 계속 배출하고 상상하지 못한 이적료 수익이 지속적으로 발생합니다. 획기적인 구단 경영으로 이전과는 차원이 다른 성장이 일어날 것입니다.

세계 축구계에서 경쟁 우위를 만들어 내기 위해서 한결같이 공부하고 있습니다. 9종 10권의 축구 전문서를 출간한 것이 하나의 증거입니다. 한국 축구 역사 138년(1882 ~ 2019) 이래 축구 전문서를 가장 많이 낸 사람이라고 하더군요. 이 책이 세상에 나왔으니 다음에는 〈축구 교수학습지도안〉, 〈드리블〉 등 제안자의 책 쓰기는 멈추지 않을 것입니다. 그동안 출간한 축구 서적은 이렇습니다.

1) K리그 구단 경영, 어떻게 하지? / 김기호 / 사람들 / 2019. 11. 15 / 14,000원
2) 3시간 만에 배우는 프로 축구선수 육성 비결 / 김기호 지음 / 사람들 / 2018. 11. / 13,000원
3) 슈팅 / 김기호 지음 / 두남 / 2017. 12. 5 / 20,000원
4) 1등 축구팀을 만드는 비결/ 김기호/ 사람들/ 2017. 1. 25 / 15,000원
5) 헤딩 / 김기호 / 사람들 / 2014. 8. 1 / 18,000원
6) 축구 코칭론 / 김기호 / 두남 / 2009. 12. 29 / 22,000원
7) 킥오프 / 김기호 / 삼보 출판사 / 2005. 5. 5 / 10,000원
8) 신태용의 축구교실 킥 / 김기호 / 예림 기획 / 2003. 3. 31 / 15,000원
9) 축구 기초기술 지도 상 하 / 김기호 / 금광 / 1992. 3. 31 / 각권 6,500원

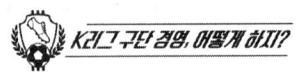

제안자는

세계 경쟁에 들어가 있는 축구 경영자인 동시에 선수 지도 전문가입니다.
한국 축구와 세계 축구는 계속 발전해야 합니다!
꿈꾸는 사람은 멈추지 않습니다.
인류 역사에서 꿈같은 이야기를 한 사람들이 꿈같은 업적을 이루어 왔습니다.
이제는 준비되었기에 제안서를 보내고 찾아가고 대화할 것입니다.
그동안 준비한 공부를 프로구단에서 실현할 수 있을 것이라는 기대를 가지고 있으며, 제시한 과제를 성취하고 전파하여 한국 축구의 획기적이고 지속적인 발전을 위해 심부름하고자 합니다.

1. 수행하고자 하는 직책

  1) 1순위 : 대표이사 사장, 단장
  2) 2순위 : 사무국장, 기획경영팀장, 유스 팀장

2. 프로구단 대표이사 사장, 단장직을 제안 드림!

그동안 이 분야를 공부하면서 준비해 왔습니다. 22개 K리그 구단의 사장과 단장의 임기는 온전하게 보장되어야 합니다. 이 제안은 임기가 끝나 공석이 되거나 여러 사유로 자진 사퇴할 경우에 해당하는 일이지요. 이 점 오해가 없기를 당부드립니다.

평소 K리그를 유심히 살펴보고 있습니다. 제안자 자신이 누구에게도 뒤지지 않는 경쟁력을 가지고 있다는 걸 발견합니다. 1인 기업, 1인 연구소인 제안자는 K리그 구단이 해결해야 할 당면 과제와 중장기 목표를 해결할 수 있는 방안을 가지고 있습니다. 지면 관계로 몇 가지만 말씀드리면?

(1) **구단 자립기금 조성 및 활용**

다양하고 효과적인 방법으로 목표한 자립기금을 적립해가면서 수익으로 4 분야에 활용합니다. 새롭고 놀라운 효과가 발생하기 시작합니다. 초 중 고 유스팀에 최고 재능의 선수들이 앞다투어 스스로 찾아오기 시작하지요! 목표한 자립기금이 조성되면 모기업이나 지자체의 도움 없이 독립적으로 구단 운영이 가능합니다. '구단 자립기금', 이걸 추진하는 프로구단이 있는지 궁금합니다. 흑자 경영의 출발선이지요!

(2) **지속적인 월드 클래스 육성 및 거대 이적료 창출**

한국 축구 역사 138년 동안(1882 ~2019) 단 한 명의 월드 클래스를 배출하지 못하고 있습니다. 그러나 제대로 하면 얼마든지 가능하지요. 고교 유스는 늦어도 3년 안에 월드 클래스로 육성시켜 이적료 최소 200억 원 이상으로 유럽 명문 구단으로 진출시킵니다. 계획적 구조적 과학적 통합적 창발적으로 육성하면 1년 ~ 3년의 기간이면 월드 클래스를 육성하기에 충분하고도 남는 시간이지요.

김기희(전북 현대) 선수의 이적료 70억 원, K리그 이적료 기록입니다. 나쁘지 않습니다. 그러나 만족할 수도 없습니다. 지금부터 3년 안에 해마다 매년 이적료 최소 200억 원 이상의 선수를 1명 이상 길러낼 수 없을까요? 가능합니다. 시, 도민 구단의 1년 예산보다 많은 이적료 수익이지요. 이적료 성과급으로 수시로 구단 사무국 직원과 코칭스태프에게 1인당 3억 원 이상 또는 아파트 1채씩 선물하겠습니다.

그러나 현재 22개 K리그 프로구단은 이런 생각조차 못 하고 있는 게 아닐까요? 그렇게 할 수 있는 능력과 자신을 가지고 있나요? 유럽과 남미에 크게 뒤져 있는 지금의 유스 육성 시스템으로는 불가능합니다. 결과가 생

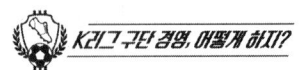

생한 증거이지요. 스스로는 잘하고 있다고 자부하지만 K리그 유스 시스템이 너무나 낙후되어 있고, 유럽과 남미에 아득하게 뒤져 있습니다. 그 격차는 조금도 줄어들지 않고 있습니다. 월드 클래스 선수 육성? 물론 가능합니다! 누구는 생각조차 하지 않고 있지만 또 다른 누구에게는 어렵지 않습니다!

18세의 AS 모나코의 킬리안 음바페는 16/17 유럽 챔스리그에서 7골을 기록, 팀을 4강에 올렸습니다. 2018 러시아 월드컵에서 4득점으로 프랑스 우승의 중심 선수였고 '영 플레이어 상'을 수상했습니다. 19세에 한 일이지요. 이적료 2,400억 원에 파리 생제르맹으로 이적했습니다. 대한축구협회 2년 예산보다 많은 금액입니다. 가장 최근의 기록으로는 2019년 7월 벤피카에서 아틀레티코 마드리드로 옮긴 후앙 펠릭스(19)의 이적료 1,700억 원이지요. 이걸 어떻게 받아 들여야 할까요? 그들이 했으니 우리도 할 수 있지 않을까요? 그렇습니다. 이들보다 더 잘할 수 있습니다. 그러나 지금 같은 시스템과 코칭 철학으로는 여전히 불가능합니다. 월드 클래스 배출, K리그에는 아직 실낱같은 기미조차 감지되고 있지 않습니다. 이걸 깨닫는 것이 출발이요 시작이 되지요!

(3) 세계적인 생활축구 모범 도시 만들기

한국에는 이런 도시나 지역이 한 곳도 없습니다. 조기축구팀이 인조구장에서 경기하기가 무척이나 어렵습니다. 이 일은 가장 효과적인 지역밀착형 마케팅이지요. 달성하면 엄청난 시너지 효과가 창출됩니다. 해마다 최소 100억 원 이상의 수익도 발생하지요. "스포츠에 1% 투자하면 환자가 3.4% 줄든다."라는 연구 보고가 널리 인정되고 있습니다. 여기에는 많은 돈이 투자되어야 하나 이미 조달 방안을 가지고 있습니다. 획기적인 구단 수익 창출과 관중 배가가 달성됩니다! 추진하지 않을 이유가 있을까요?

⑷ 메이저 스폰서 유치

지금 K리그에 광고하려고 하는 기업이 거의 없다시피 하지요. K리그 타이틀 스폰서를 구하지 못해 몇 년째 현대오일뱅크(권오갑 K리그 총재 회사)가 맡아 오다 외부 기업으로는 22년 만에 하나은행이 타이틀 스폰서를 하고 있습니다. K리그가 아직은 기업에게 매력적인 무대가 아닌 것 같습니다. 그러나 관중석 점유율이 70% 이상 되고(70 ~ 100%) 지역민의 호응이 열렬하면 K리그 22개 구단에도 메이저 스폰서가 관심을 가지게 됩니다. 이게 어려운가요?

⑸ 관중석 점유율이 최소 70% 이상 가능

아직까지 이런 기록 가지고 있는 구단 있나요! 이 역시 쉬운 일이지요!

⑹ 늦어도 3년 안에 지속적인 흑자경영 달성

가능합니다! 조금도 어렵지 않습니다!

⑺ 프로 1군 경기력 향상

수준 높은 경기력으로 이전과는 다른 관중석 점유율을 달성하여 대형 스폰서 유치가 이루어집니다!

이 외에도 여럿 있지만 때가 되면 발표할 기회가 있을 것입니다. '제안자가 할 수 있지 않을까? 한국 축구 발전을 위해 내가 할 수 있는 일이 무엇일까?'라는 생각이 드는 분은 이 정보를 활용할 수 있습니다. 구단 관계자가 읽으면 바로 저에게 연락하셔도 됩니다. 이 글을 구단 홈페이지에 그대로 올려주셔도 좋습니다!

3. 사무국장, 기획 경영팀장, 유스 팀장을 제안 드림!

4. 주문

위에서 말씀드린 그대로 제안자를 활용하는 프로구단은 두고두고 큰 업적을 이루어나갈 것입니다. 구단 입장에서는 지금이 이전에 한 번도 만나지 못한 절호의 기회가 될 것입니다!
그동안의 공부를 실천하고자 프로구단을 찾고 있는 제안자와 먼저 계약하여 세계적인 명문 구단으로 도약하기를 권유 드립니다.
전화(HP 010. 3776. 5935)를 기다리고 있습니다!

시간 내어 이 글과 책을 읽어주신 분들에게
깊은 감사의 마음을 전합니다!

참고문헌

1. 90분 리더십 / 데이빗 볼초버 외 / 제이앤북 / 2006. 5. 11
2. 전설적인 조직 뉴욕 양키스의 경영 방식 / 랜드 A 버거 외 / 예솜출판 / 2005. 10. 10
3. 꿈의 기업 메이저리그 / 송재우 / 인플루엔셜 / 2014. 4. 10
4. 메이저리그 경영학 / 제프 앵거스 / 부키 / 2009. 3. 20
5. 슈팅 / 김기호 / 두남 / 2017. 12. 5
6. 1등 축구팀을 만드는 비결 / 김기호 / 도서출판 사람들 / 2017. 1. 25
7. 킥오프 / 김기호 / 삼보 출판사 / 2005. 8. 8
8. MLS, 미국 축구를 깨우다 / 태원찬 / 퍼플 / 2016. 8. 5
9. 축구 코칭론 / 김기호 / 두남 / 2009. 12. 29
10. 3시간 만에 배우는 프로 축구선수 육성 비결 / 김기호 / 도서출판 사람들 / 2018. 12. 26
11. 성공하는 기업의 8 가지 습관 / 제리 포라스 외 / 김영사 / 1996. 7. 5
12. 리딩으로 리드하라 / 이지성 / 문학동네 / 2010. 11. 17
13. 천재는 이렇게 만들어진다 / 유아 영재교육연구회 / 동천사 / 2003. 8. 15
14. 그 의사 장기려 / 지강유철 / 홍성사 / 2007. 2. 20
15. 환자 혁명 / 조한경 / 에디터 / 2017. 11. 11
16. 20년 젊어지는 비법 1. 2 / 우병호 / 모아북스 / 2013. 4. 6
17. 신비한 물 치료 건강법 / 벳맨 겔리지 / 중앙생활사 / 2014. 9. 14
18. 최고의 학습법 / 박남기 / 쌤 앤 파커스 / 2017. 2. 28
19. 무엇이 세계 최고 선수를 만드는가 / 박민호 / 그리조아 / 2017. 12. 8
20. 그들은 왜 이기는 법을 가르치지 않는가 / 조세민 / 그리조아 / 2015. 8. 20
21. 아이의 재능에 꿈의 날개를 달아라 / 박미희 / 폴라북스 / 2008. 7. 7
22. 스타디움 / 박정운 / 도서출판 사람들 / 2013. 11. 14

23. 축구 지능 1 / 댄 블랭크 / 푸른솔 / 2014. 9. 27
24. 88연승의 비밀 / 존 우든 외 / 클라우드나인 / 2014. 2. 24
25. 조직을 성공으로 이끄는 우든의 리더십 / 존 우든 외 / 이지북 / 2006. 6. 13
26. 코칭과학 / 마틴 레이너 / 대한 미디어 / 2007. 9. 3
27. 의식혁명 / 데이비드 호킨스 / 한문화 / 1997. 3. 30
28. 이노베이터의 조건 / 피터 드러커 / 청림출판 / 2001. 6. 20
29. 교사와 학생 사이 / 하임 기너트 / 양철북 / 2003. 11. 15
30. 최고의 교사는 어떻게 가르치는가 / 더그 레모브 / 해냄 / 2013. 2. 5
31. 항우와 유방 1.2.3 / 시바 료타로 / 달궁 / 2002. 10. 15
32. 2017 K리그 아카데미 – CEO 과정 / 프로 축구 연맹
33. 중국 슈퍼리그(2017) / 프로 축구 연맹
34. 외국인 선수 운영에 관한 매뉴얼(2014) / 프로 축구 연맹
35. J리그 프로필(2014) / 프로 축구 연맹
36. k리그 스포츠마케팅 및 티켓 세일즈 세미나(2009) /프로 축구 연맹
37. 2018 K LEAGUE CSR REPORT / 프로 축구 연맹
38. 2014 K리그 신인 선수 교육 / 프로 축구 연맹
39. EPL – West Ham United Youth System Benchmarking Report(2014) / 프로 축구 연맹
40. 사회공헌 &지역커뮤니티 프로그램 Manual(2013) / 프로 축구 연맹
41. 유소년 활성화(2013) / 프로 축구 연맹
42. 마케팅. 사회 공헌(2013) / 프로 축구 연맹
43. 일본 J리그 벤치마킹 리포트(2012) / 프로 축구 연맹
44. 프로스포츠 활성화 방안 / 스포츠서울 / 2008. 6. 19
45. 한국 프로농구 발전방안 심포지엄 / 2006. 12. 18 / 한국 프로농구 연맹